HAYMON verlag

Als Mmadi Maké im 18. Jahrhundert von einem Menschenhändler aus Afrika ins sizilianische Messina verschleppt wird, raubt man ihm nicht nur seine Würde und seine Heimat, sondern auch seinen Namen: Er wird katholisch getauft, fortan „Angelo Soliman" genannt und nach höfischer Tradition erzogen. Als „Geschenk" für einen Fürsten kommt er ins Wien Maria Theresias, steigt zum Soldaten und schließlich zum Kammerdiener auf. Er lernt mehrere Sprachen und wird in die Freimaurerloge „Zur wahren Eintracht" aufgenommen, verkehrt mit Kaiser Joseph II. und Wolfgang Amadeus Mozart. Doch am Ende seines Lebens steht das Ungeheuerliche: Angelo Solimans Körper wird präpariert und im Kaiserlichen Naturalienkabinett ausgestellt – verkleidet als halbnackter „Wilder" mit Federn und Muschelkette.

Inspiriert von diesem bewegenden Leben erzählt Felix Mitterer in seinem ersten Roman mit viel Feingefühl von einem aktuellen Thema mit dringlicher Brisanz: In einer rassistischen Gesellschaft, die ihn diskriminiert, ihn als Fetischobjekt und Symbol der Aufklärung zu vereinnahmen versucht, muss sich Angelo Soliman behaupten.

Felix Mitterer

Keiner von euch

Roman

Dieses Buch ist ein Roman, keine Biografie. In diesem Roman verbindet der Autor im Sinne schriftstellerischer Freiheit historische Fakten mit literarischer Fiktion.

LAND TIROL

KULTUR NIEDERÖSTERREICH

Gedruckt mit freundlicher Unterstützung durch die Abteilung Kultur der Tiroler Landesregierung und durch die Abteilung Kunst und Kultur der Niederösterreichischen Landesregierung.

MIX
Papier aus verantwortungsvollen Quellen
FSC® C083411
FSC www.fsc.org

Auflage:
7 6 5 4
2023 2022 2021 2020

HAYMON verlag
Innsbruck-Wien
www.haymonverlag.at

ISBN 978-3-7099-3495-1

Buchinnengestaltung nach Entwürfen von: himmel. Studio für Design und Kommunikation, Innsbruck / Scheffau – www.himmel.co.at
Umschlag: Eisele Grafik · Design, München
Umschlagabbildung: Schloß Schönbrunn Kultur- und Betriebsges.m.b.H./ Fotograf: Edgar Knaack/Sammlung Bundesmobilienverwaltung (Hofdamast im Hintergrund), Klassik Stiftung Weimar, Herzogin Anna Amalia Bibliothek, Signatur HAAB Weimar 19 A 732 (2) (Pflanze)
Satz: Da-TeX Gerd Blumenstein, Leipzig
Abbildung auf Seite 5: ÖNB Wien: Pg 11.313:I(1a)
Autorenfoto: Haymon Verlag / Fotowerk Aichner

Gedruckt auf umweltfreundlichem, chlor- und säurefrei gebleichtem Papier.

Inschrift unter dem Mezzotinto (46,7 x 32,2 cm) von Johann Gottfried Haid (Wien Museum, Inv. Nr. 215962):

Angelus Solimanus, Regiae Numidiarum gentis Nepos, decora facie, ingenio validus, os humerosque Jugurthae Similis. In Afr. In Sicil. Gall. Angl. Francon. Austria Omnibus Carus, fidelis Principum familiaris.

Zu deutsch: *Angelo Soliman, aus der königlichen Familie der Numider, ein Mann mit schönen Zügen, großem Geist, ähnlich den Jugurtha in Gesicht und Bau, teuer allen Einwohnern Afrikas, Siziliens, Frankreichs, Englands, Frankens und Österreichs und ein treuer Gesellschafter des Fürsten.*

Josephine Soliman

16. April 1801. Heute bin ich 20 Jahre alt. Es ist Frühling in Messina. Das goldene Licht der Abendsonne fällt durch das kleine, vergitterte Fenster in meine Zelle. Ich höre draußen die Vögel zwitschern. Die Orangenblüten duften zu mir herein. In der Ferne sehe ich den schneebedeckten Gipfel des Ätna. Gleich kommen sie. Ich bin verzweifelt. Aber es muss sein.

Meine weiße Novizinnentracht leuchtet im Halbdunkel. Ich habe in einem heiligen Buch ein zerbrochenes Stück Spiegel versteckt, hole es hervor, schaue hinein. Sehe mein Gesicht, das anders ist als das der anderen hier. Dunkel. Mein Taufpate – nach dem ich benannt bin – fand es schön. Viele Wiener fanden es schön. Was für ein hübsches Mohrenkind! Ich fand mich selber auch schön. Und ich sehe im Spiegel meine prächtigen schwarzen Haare, die ich unter der Novizinnenhaube streng zusammengebunden habe. Sie quellen trotzdem hervor. So stolz war ich immer auf meine Haare. Hoffart, ich weiß. Nach einem letzten Blick lege ich den Spiegel in das Buch zurück.

Ich schiebe mir das Oberkleid über die Schultern, reiße es am Rücken auseinander und nehme die neunschwänzige Katze. Knie mich vor dem großen Kruzifix hin, das neben der Eingangstür hängt. So viele blutende Wunden. Armer Mann. Es sollen Bleistücke in die Geißeln geflochten worden sein. So weit bin ich noch nicht.

Ich hole aus und beginne, meinen nackten Rücken auszupeitschen. „Mea culpa, mea culpa, mea maxima culpa!“

Beißender, stechender Schmerz. Ganz warm fühle ich es am Rücken hinunterrinnen. Mea culpa! Recht geschieht mir.

Ich höre ihre Schritte näher kommen, die Tür öffnet sich. Ich peitsche weiter meinen Rücken, sollen sie es nur sehen.

Vier Schwestern kommen herein, die großen Flügelhauben wiegen auf ihren Köpfen, der Luftzug biegt die Ecken zurück. Man sieht kein Haupthärchen, denn alle sind sie kahlrasiert. Die Mutter Oberin ist eine strenge, kalte Frau, schon immer habe ich mich vor ihr gefürchtet. Sie trägt ein Bündel Briefe in der Hand. Schwester Teresa, die Liebe, Fürsorgliche, hält eine Schere etwas versteckt an der Seite, es ist ihr wohl peinlich. Und sie hat Mitleid, als sie sieht, wie ich mich peinige. Die eine jüngere Nonne trägt meine zukünftige Tracht samt Flügelhaube, legt sie auf den Tisch. Die andere hält eine brennende Fackel. Mutter Oberin schaut die Nonne mit der Fackel an, die geht zum Fenster, schließt es.

Auf einmal geht die Sonne unter.

Die Oberin gibt mir ein Zeichen, dass es reicht. Schwester Teresa nimmt mir die blutige Peitsche weg, legt sie mit spitzen Fingern angeekelt auf den Tisch. Ich ziehe mein Kleid über die Schultern hoch, spüre das Blut durch den Stoff sickern, der an den Wunden kleben bleibt. Es schmerzt so sehr! Ich will aufstehen, die Oberin bedeutet mir aber knien zu bleiben. Und beginnt mit der Tortur. Gegen die eine Selbstgeißelung harmlos ist.

„Bete mir nach, Josephine. – Ich bin nicht würdig, die Braut Christi zu werden."

Ich antworte der Mutter Oberin nicht, starre zu Boden. Ich weiß – Hochmut! Ich kann nicht anders.

„Du sollst mir nachbeten, hörst du?! – Ich bin nicht würdig, die Braut Christi zu werden."

Und da sage ich es: „Ich bin nicht würdig, die Braut Christi zu werden."

„Ich bin die Frucht einer Todsünde, entstanden aus dem Samen eines schwarzen Dämons."

Schon wieder. Tränen steigen mir in die Augen. Und trotzdem wiederhole ich es: „Ich bin die Frucht einer Todsünde, entstanden aus dem Samen eines schwarzen Dämons."

Was sie dann von mir verlangt, sage ich gerne und auch freiwillig immer wieder.

„Herr, in deiner unendlichen Güte ..."

„Herr, in deiner unendlichen Güte ..."

„... nimm mich dennoch als deine Braut an ..."

„... nimm mich dennoch als deine Braut an ..."

„... denn ich bin gewillt zu büßen ..."

Sie hat ja recht, aber es würgt mich trotzdem in der Kehle, ich bringe es kaum heraus: „... denn ich bin gewillt zu büßen ..."

„Lauter!", sagt sie. „Bekenne!"

„... denn ich bin gewillt zu büßen ..." Jetzt ist es gleich vorbei.

„... bis ans Ende meiner Tage."

Und nun rinnen mir wieder die Tränen über die Wangen. Denn ich muss es ja endlich einsehen. Und dann bin ich befreit von der Schuld. In meinem Fall viel schlimmer als die Erbsünde, ich weiß. Und ich sage es: „... bis ans Ende meiner Tage."

Die Mutter Oberin bekreuzigt sich, ich tue es ihr gleich. Sie gibt ein Zeichen und die Nonne mit der Fackel stellt einen Hocker in die Mitte des Raumes. Ich setze mich darauf, die Nonne nimmt mir die Novizinnenhaube ab und löst mein prächtiges Haar. Schwester Teresa kommt mit der nun erhobenen Schere auf mich zu, will sie ansetzen, da gebietet ihr die Mutter Oberin Einhalt. Sie nähert sich mir. Und zeigt mir das Bündel Briefe.

„Der Dämon hat dir viele Briefe geschrieben in den letzten zehn Jahren. Er wollte dich von hier weglocken. Du wirst diese Briefe jetzt verbrennen, Josephine."

Die Oberin reicht mir die Briefe, ich schaue sie an, schaue die Mutter Oberin an. Sie hat mir zehn Jahre lang meine Briefe vorenthalten?

Auf einen Blick der Mutter Oberin will mir die eine Nonne die Fackel reichen. Aber ich nehme sie nicht, schaue nur auf den obersten Brief. Es ist ein zusammengefaltetes Blatt Papier mit einem erbrochenen Siegel – einem Pentagramm, das von zwei Kreisen umrandet ist, darin ein nackter Mann mit gespreizten Armen und Beinen.

An Frl. Josephine Soliman, Kloster der barfüßigen Büßerinnen, Messina, Sizilien.

Ich falte das Blatt auseinander:

Wien, am 5. März 1801.
Josephine, geliebte Tochter, wann kommst du endlich nach Wien? Wir warten auf dich! Mutter ist krank, sie braucht dich! Beeile dich, bevor es zu spät ist!
Dein Vater Angelo

Ich suche auf dem Blatt nach einer Absenderadresse, finde keine. Und bin voller Freude. Mein Körper wird von einer unglaublichen Freude durchflutet. Sie leben! Mutter lebt! Vater lebt!

„Verbrenn sie, Josephine! Los, mach schon!"

Die junge Nonne hält mir die Fackel hin, aber ich reagiere nicht darauf. Zu meiner Freude gesellt sich Wut. Die Mutter Oberin hat mir die Briefe vorenthalten! Ich schaue sie an. Auch sie packt die Wut: „Verbrenne den Dämon, verbrenn ihn!"

Die Vögel draußen verstummen plötzlich.

Mir fällt das auf, den anderen nicht. Ich spüre etwas herannahen.

Mutter Oberin gibt ein ungeduldiges Zeichen, die eine junge Nonne will mir die Briefe aus der Hand reißen, ich lasse es nicht zu, wir kämpfen um die Briefe, stürzen zu Boden.

Auf einmal setzt ein starkes Erdbeben ein, die Nonnen taumeln, schreien. Ich aber stehe auf, stehe wie ein Seemann breitbeinig da, schwanke zwar, aber falle nicht um. Alle Angst ist verschwunden, wie ausgelöscht.

Die Mutter Oberin wankt an die Wand neben der Tür. Über ihr das Kruzifix. Ich stecke die Briefe in meine Tracht und gehe Richtung Tür, die Oberin will sich mir in den Weg stellen, aber durch die starke Erschütterung fällt sie um. Ich will die Tür öffnen, sie klemmt. Die Mauer über der Tür ist in Bewegung, die Tür knirscht, verzieht sich, fällt in den Raum. Ich weiche vor den Trümmern zurück, gehe dann hinaus. Und sehe noch: Das Kreuz an der Wand fällt herunter, trifft den Kopf der Oberin, die aufschreit und mit dem Kreuz zu Boden geht. Sie schreit mir nach: „Hexe! Hexe!"

Da bin ich schon im Flur, im Kreuzgang, laufe Richtung Klostergarten. Schreiende Nonnen rennen mit flatternden Flügeln herum, versammeln sich im Innenhof. Mauerteile brechen aus dem Kreuzgang, erschlagen eine Nonne.

Draußen auf der Straße flüchten Menschen – zu Fuß, zu Pferd, mit Kutschen. Chaos, Schreie, Trümmer, Staub im Licht der untergehenden Sonne. Ich blicke um mich. Ein Reiter kommt heran, auf einem schwarzen Hengst, sein Pferd steigt auf, wirft ihn ab. Ich fange den Hengst ein, springe auf, reite davon.

Kurz vor dem Dom Maria Santissima Assunta sehe ich es: Der Ätna ist ausgebrochen. Die rotglühenden Lavamassen schießen weit hinauf in den Himmel.

Je dunkler es nun wird, da die Sonne untergegangen ist, umso heller wird dieser rote Schein. Der Anblick des feuerspeienden Berges ergreift mich zutiefst, ich kann die Augen nicht davon wenden. Mongibello nennt man ihn hier auf Sizilien.

Das Pferd steigt wiehernd auf, ich drücke ihm meine Fersen in die Flanken, es galoppiert los.

Als ich die Stadt hinter mir lasse, beginnt es, heiße Asche zu regnen. Aschefetzen, manchmal so groß wie verbrennende Papierblätter, die in der einsetzenden Dunkelheit immer mehr rot aufleuchten.

Der Hengst spürt schmerzlich die glühheißen Fetzen, geht schließlich voller Panik mit mir durch. Es riecht nach verbranntem Haar. Seines oder meines?

Über den Weg zum Herrenhaus verläuft ein breiter Spalt, den das Erdbeben verursacht hat, das Pferd sieht ihn im letzten Moment, springt darüber. Dann galoppieren wir durch die Allee. Mein Habit beginnt zu brennen, das Pferd wirft mich ab. Ich ersticke mit dem Unterteil der langen Tracht den Brand, richte mich wieder auf, suche das Pferd. Aber es rast schon Richtung Meer davon.

Zu Fuß eile ich weiter. Das Beben ist vorbei, kein Feuer schießt mehr vom Ätna in den Himmel, aber ich sehe ihn auch nicht mehr, die Aschewolken verdecken die Sicht. Es ist nun ganz still und dunkel, vereinzelt leuchten die Aschefetzen noch rot auf und senken sich knisternd nieder auf die Landschaft, auf mich, kühlen aber schon langsam ab.

Dem ehrwürdigen Herrenhaus ist wenig passiert, ein paar Mauersprünge und zerbrochene Fenster, außerdem sind ein Kamin und etliche Dachziegel auf die Erde gestürzt. Vor dem Haus brennt ein verlassenes Feuer. Oben am Dach sehe ich Knechte, die Wasser über die Ziegel schütten.

Meine geliebte Zofe Giulietta, die mir so viel Gutes getan hat, kommt aus dem Haus, erkennt mich sofort, obwohl sie mich zehn Jahre nicht gesehen hat, umarmt mich weinend und erleichtert. Aber ich habe keine Zeit für sie. „Wo ist die Gräfin, Giulietta?"

Sie deutet zur Terrasse. „Wir wollten sie ins Haus holen. Sie will nicht, sie will einfach nicht!"

Ich laufe auf die Terrasse. Sehe zum Meer hinunter: Der Hengst stürzt sich eben in die Brandung. In der Nähe der Balustrade sitzt neben einem Tischchen in einem Rollstuhl die nun alte Gräfin Pietrasanta, meine Großmutter. Wie immer ist sie schwarz gekleidet, mit einem schwarzen, von Asche bedeckten Spitzentuch über dem Kopf, mit Handschuhen, den Rosenkranz um die rechte Hand geschlungen, einen knotigen Stock zwischen den Beinen. Auf dem Tisch und am Boden daneben befindet sich eine Menge von Asche bedeckter Wertsachen, die meine Großmutter wohl aus Vorsicht retten ließ: Schatullen mit Schmuck und Geld, mehrere prallvolle Geldbeutel, Geschirr, Besteck, wertvolle Kandelaber, ein großes silbernes Kruzifix, mehrere Gemälde. Auch wichtige Papiere und Akten sind am Boden gestapelt. Neben dem Tisch steht ein Becken mit glühender Kohle, als ob es nicht schon warm genug wäre. Ein eiserner Schürhaken ragt in die Kohle hinein.

Die Gräfin sieht den Inhalt einer Schatulle durch, vermisst etwas, schaut auf die Sachen am Boden, schiebt mit dem Stock ein Gemälde beiseite, es fällt um. Im Rahmen auf der Rückseite steckt ein kleines Blatt. Sie beugt sich hinunter, zieht das Blatt heraus, wendet es, starrt es verbittert an. Ich stehe vor ihr.

Lange bemerkt sie mich nicht. Dann blickt sie mich an, erkennt mich sofort – und erstarrt. Ich lege den Brief meines Vaters vor ihr auf den Tisch. „Warum haben Sie mich angelogen, Großmutter? Warum?"

Die Gräfin hält mir ihre behandschuhte Hand hin, ich knie vor ihr nieder, küsse ihr die Hand.

Sie greift mir grob in die Haare, zerrt zornig daran. „Nenne mich nicht Großmutter!“

Ich stehe auf, weiche vor ihr zurück. „Warum haben Sie mir gesagt, dass mein Vater tot ist?“

„Er ist tot, dieser schwarze Teufel! Was machst du hier?“

Ich ziehe all die Briefe aus meiner Tasche, zeige sie ihr. „Er hat mir geschrieben! Er hat mir all diese Briefe geschrieben in den letzten zehn Jahren! Und ich wusste es nicht! Die Mutter Oberin hat sie mir vorenthalten!“

„Der schwarze Teufel ist tot, und deine Mutter ist davongerannt! Sie will nichts mehr von dir wissen! Finde dich endlich damit ab!“

Ich glaube ihr kein Wort. „Ihr lügt! Ihr lügt alle!“

„Diese Briefe lügen!“

„Ich muss nach Wien! Ich muss meine Eltern suchen!“

„Du gehst sofort wieder ins Kloster zurück!“

„Das Kloster ist zerstört! Und ich reise nach Wien!“

An der zerbrochenen Flügeltür des Salons erscheint Giulietta. „Kind! Es tut mir so leid!“

Die Gräfin schlägt sich mit beiden Händen die Asche vom Kopf, greift nach mir: „Josephine! Du hörst mir jetzt zu!“

Ich sinke verzweifelt auf die Knie. „Nein! Ich will nicht mehr zuhören! Ich habe lange genug zugehört!“

Die Gräfin greift nach dem Stock, schlägt ihn mir über die Schulter, ich weiche zurück. Sie schnauft auf, lehnt sich in den Rollstuhl, fasst sich. „Josephine! Dein Vater hat großes Unglück gebracht über zwei Häuser. Über meines und über das Haus Thurnstein in Wien. Und das alles, weil meine Tochter vergessen hat, woher sie kommt und was sich gehört! Meine Tochter, eine Gräfin Pietrasanta, bricht die Ehe und wirft sich einem Neger an den Hals! Einem Negersklaven! Unfassbar! Nur eine Hure macht so etwas! Nur eine Hure! Und du bist das Kind dieser Hure! Wann wirst du endlich einsehen, dass du für die Todsünde deiner Eltern büßen musst?“

Giulietta hört bestürzt zu, kommt auf mich zu und nimmt mich schützend an den Schultern. „Gräfin, das ist ein unschuldiges Gotteskind! Was kann denn sie dafür?“

„Halt den Mund, Giulietta!“

Ich stehe wütend auf. „Ich büße doch, seit Jahren büße ich schon, seit du mich ins Kloster verbannt hast! Ich weiß, dass ich eine Frucht der Sünde bin! Und ich hasse mich auch dafür, ich hasse mich! Aber jetzt, da ich weiß, dass sie leben, muss ich gehen und sie suchen! Ich habe Fragen an sie!“

Erst jetzt fällt mir das Bild auf dem Tisch auf: Es ist das Porträt meines Vaters Angelo als junger Mann.

Tränen rinnen mir über die Wangen. Oh, Vater, lieber Vater! Ich will das Porträt nehmen, doch die Gräfin wirft es in das Feuer. Als ich das Bild retten will, schlägt die Gräfin mit dem Stock nach mir. Ich greife in die Flammen, will das Bild nehmen, da zerfällt es schon. Ich berge die verbrannte Hand an meinem Leib.

Giulietta gestikuliert verzweifelt. „Gräfin, ich bitte Sie, haben Sie doch Mitleid!“

Ein dumpfes Grollen ist vom Ätna her zu hören. Die Gräfin hebt ihren Stock und ruft: „Alessandro! Vittorio!“

Zwei Knechte kommen über die Außentreppe auf die Terrasse herauf.

„Bringt sie ins Kloster zurück!“, kreischt Großmutter.

Die Knechte gehen auf mich zu, ich weiche zurück, nehme blitzschnell den glühenden Schürhaken aus dem Kohlebecken, schlage damit nach den Männern. Sie haben Angst vor mir, scheuen zurück.

Die Gräfin echauffiert sich über alle Maßen: „Macht schon! Ergreift sie!“

Die Männer drängen mich Richtung Terrassenbrüstung. Ich springe auf die Brüstung, schaue den steilen Abhang hinunter, der am Strand zum Meer hin endet. Die Männer kommen näher, ich werfe den Schürhaken nach ihnen, sie weichen aus. Mein Blick fällt auf den Ätna, der in der Ferne erneut glühende Lavamassen hochschleudert. Oh, wie schön! Wie mächtig!

Aus den Augenwinkeln sehe ich, wie die Knechte die Gelegenheit nutzen und wieder näher kommen. Aber trotzdem – meine ganze Aufmerksamkeit gilt jetzt dem Vulkan. Und ich schreie zu ihm, in Wándala, der Muttersprache meines Vaters. Ich habe alles von ihm gelernt, auch seine Sprache: „Göttin des Vulkans! Hilf mir! Hilf mir doch!"

Die Knechte halten irritiert inne, schauen zum Vulkan. Ja, schaut nur, das Feuer wird euch verschlingen!

Giulietta ist auf meiner Seite, war es immer. „Gräfin! Bei der heiligen Maria Mutter Gottes! Erlauben Sie ihr doch zu gehen!"

„Halt den Mund, Giulietta! Fasst sie endlich, ihr Taugenichtse!"

Diese widerwärtige Frau! Diese scheinheilige Bestie!

Ich schreie sie an: „Du willst die schwarze Hexe tot sehen, Großmutter?"

Die Männer sind nun gefährlich nahe, ich schaue noch einmal zum Ätna, entscheide mich, drehe mich um, mache mich zum Sprung in den Abgrund bereit. Ich breite die Arme aus, komme mir wie ein Engel vor, der sich zum Fliegen bereit macht.

Hinter mir höre ich Giulietta: „Josephine, nicht! – Gott wird Sie strafen, Gräfin!"

Und ich höre – wie weit entfernt – die furchtbare Greisin, die gnadenlose Großmutter: „Du willst meiner Familie noch mehr Schande zufügen?! Das würde dir so passen! Geh mir aus den Augen! Von mir aus, fahr nach Wien! Du wirst schon sehen, was du davon hast!"

Ich senke die Arme und drehe mich zur Gräfin. Fast tut es mir leid, dass ich nicht gesprungen, dass ich nicht geflogen bin.

Die Zofe kniet am Boden, bekreuzigt sich erleichtert, steht auf. Die Gräfin nimmt einen Geldbeutel vom Tisch, wirft ihn mir vor die Füße. „Du wirst schon sehen, was dich dort erwartet! Und komm nie mehr wieder!"

***

Es ist schon Ende Mai, als ich mich Wien in einer Reisekutsche nähere. Wir halten an einem Bildstock am Rande der Stadt. Der Kutscher lässt uns aussteigen und die Glieder strecken. Er erklärt uns die Geschichte des Bildstocks, den die Wiener „Spinnerin am Kreuz" nennen. Es ist eine durchbrochene Säule, in der Christus als Gepeinigter und mit Dornen Gekrönter dargestellt ist. Zur Zeit der Kreuzzüge soll hier eine Frau Wolle spinnend 20 Jahre lang auf ihren Ritter gewartet haben, der nach Jerusalem gereist war, um das Heilige Land von den Muselmanen zu befreien. In der Nähe gab es früher eine Hinrichtungsstätte.

Nach der Fahrt durch eine unendlich lang scheinende Allee erreichen wir Wien.

Ich stehe auf der Straße, gegenüber befindet sich das große Mietshaus, in dem ich zuletzt mit meinen Eltern wohnte. Schaue hinauf zu unseren Fenstern. Vater Angelo, Mutter Clara und Kind Josephine. Eine glückliche Familie.

Unzählige Passanten, Kutschen und Fuhrwerke – ein Höllenlärm. Es verwirrt mich, bestürzt mich, habe ich doch jahrelang das Kloster nicht verlassen. Schon versucht mir ein magerer, zerlumpter Junge meine Tasche aus der Hand zu reißen, aber ich schlage sie ihm um die Ohren und er verzieht sich.

Ich will die Straße überqueren, da werde ich beinahe von einem Fuhrwerk überfahren, springe zurück. Der Kutscher schimpft lauthals mit mir: „Bist deppert, Muhrl?! Wühst, dass i mi dersteß, samt meiner Fuhr?“ Zum ersten Mal höre ich wieder den Dialekt meiner Heimatstadt. Wie unter Lebensgefahr hetze ich auf die andere Seite.

Leute bleiben stehen und starren mich unverschämt neugierig an. Und sind überhaupt nicht so freundlich wie damals, als ich ein hübsches, ordentlich gekleidetes Mohrenkind war. Jetzt trage ich die einfache Kleidung einer Köchin, die ich in Messina erworben habe.

Ein paar Kinder umringen mich, glotzen mich mit großen Augen an. Ein älterer Bub greift mir mit Daumen und Zeigefinger ins Gesicht, kneift mich und schaut auf seine Finger, um zu prüfen, ob die Farbe echt ist. Ich bin angespannt und verärgert, wehre ihn brüsk ab. Der Vater der Kinder, bürgerlich gekleidet, kommt her, gibt dem Buben einen ärgerlichen Stoß, die Kinder gehen mit ihm weiter.

Im Innenhof stehe ich an der Haustür und betätige mehrmals den Klopfer, neben mir ein Schild: *Betteln und Hausieren verboten!* Die Tür öffnet sich. Sofort erkenne ich den Mann vor mir, er hat schon in meiner Kindheit hier nach dem Rechten gesehen. Er ist betrunken, was früher nie vorkam, hält eine Schnapsflasche in der Hand. „Hearst, kannst ned lesen? Betteln und Hausieren verboten, steht da aufm Schild!“

„Ich bin Josephine Soliman, ich habe hier in diesem Haus gewohnt, als Kind.“

Zuerst schaut er mich verwundert an, dann dämmert es ihm: „Ah, waaß scho, die Tochter vom Gstopften!“

„Wie bitte?“

„Fesches Madel, fesches Madel! Dich tät ich schon auch gern einmal stopfen!“ Er trinkt aus der Schnapsflasche. Widerlich.

Aber so schnell gebe ich nicht auf: „Sind noch Sachen von uns da?"

„Hat die Behörde alles beschlagnahmt. Nix mehr da. Alles beschlagnahmt! In Wien wird alles beschlagnahmt! Da kennen mir nix! Du wirst jetzt auch beschlagnahmt! Und gstopft! Geh her, lass di stopfen!"

Der Hausmeister reißt mich an sich, will mich küssen, da zerkratze ich ihm das Gesicht. Er schreit auf, die Schnapsflasche zerschellt am Boden.

Meine Suche führt mich an die Eingangstür einer mir so wohlbekannten Villa. Das Hausmädchen schaut mich misstrauisch an: „Der Herr von Sonnenberg wohnt schon lange nicht mehr hier."

„Wissen Sie, wohin er gezogen ist?"

„Nein. Aber ich hab gehört, er ist verrückt geworden."

Es wird Abend. Und ich bin sehr müde, muss einen Ort zum Übernachten finden. Ich klopfe bei einer Pension am Spittelberg an. Ich muss sparen, wer weiß, wie lange meine Suche dauert. Niemand öffnet, ich will wieder gehen und wende mich ab.

Da geht die Tür hinter mir auf. „Die Dame suchen ein Zimmer?"

Ich drehe mich um. Eine dicke Pensionswirtin in einem schlampigen Hausmantel, mit lottriger Frisur leuchtet mir mit ihrer Öllampe ins Gesicht. Und erschrickt: „Marandjosef!"

Die Wirtin weicht zurück und schlägt die Tür zu. Wohin jetzt? Mir fallen bald die Augen zu.

Als es bereits finstere Nacht ist, gelange ich zu einem Platz, der mir bekannt vorkommt. Keine Menschen mehr unterwegs. Ich wundere mich. Dieses Gebäudegeviert kenne ich. Dort oben ist das kaiserliche Naturalienkabinett. Dort war ich schon mit meinem Vater Angelo, hier hat er lange gearbeitet, mit großem Einsatz. Plötzlich ist er mir ganz nahe, es überkommt mich eine Übelkeit. Jetzt erkenne ich auch die Augustinerkirche und die große Kuppel über dem Prunksaal der Hofbibliothek.

Aber das Reiterstandbild, das jetzt in der Mitte des Platzes steht, kenne ich nicht. An allen vier Ecken ist es von Steinpfosten umgeben, die mit Ketten verbunden sind. Wer ist der Mann auf dem Pferd? Ich schlüpfe unter der Kette durch, auf dem Sockel steht auf Latein: *Kaiser Joseph II., der für das allgemeine Wohl lebte – nicht lange – aber gänzlich.*

Überrascht trete ich zurück, schaue auf den Kaiser. Ja, doch, das ist er.

„Majestät ... Ich bin's, Ihr Patenkind Josephine, Ihnen zu Ehren so benannt. Im Kloster, in Sizilien, hat man sehr viele schlechte Dinge über Sie erzählt. Weil Sie die Klöster aufgehoben haben, weil Sie nicht an Gott geglaubt haben. Und jetzt sitzen Sie auf so einem hohen Ross ..."

Auf der Rückseite des Denkmals, wo ich von der Straße her nicht gesehen werden kann, setze ich mich auf die oberste Stufe. Ich wickle mich in ein warmes Schultertuch und lehne mich zurück, schließe die Augen. Obwohl ich todmüde bin, kann ich nicht schlafen. Durch die großen Fenster des Kuppelsaals der Hofbibliothek scheint mattes Dämmerlicht. Mein Vater, meine Mutter ... Wo sind sie?

Irgendwoher kommen schnelle Schritte. Vorsichtig blicke ich um die Ecke des Sockels. Zwei junge Leute nähern sich, wahrscheinlich Studenten, beide unrasiert, mit Brillen und in abgenutzter Kleidung. Der erste trägt eine Fahne, der zweite einen Packen Flugblätter. Obwohl ich gleich wieder zurückzucke, bemerken sie mich. Sie kommen zu mir, schauen mich an. Als sie sehen, dass ich schwarz bin, stutzen sie einen Moment, dann aber stößt der eine junge Mann den anderen an, legt den Packen ab, steigt darauf und verschränkt die Hände vor sich. Der andere steigt auf seine Schultern, zieht sich zur Reiterstatue hinauf, klettert aufs Pferd und befestigt die Fahne unter Josephs Arm. Ich stehe auf, schlüpfe unter der Kette durch und trete zurück. *Freiheit, Gleichheit, Brüderlichkeit* steht auf der Fahne.

Herangaloppierende Pferde sind zu hören. Schnell springt der Student vom Denkmal, der zweite fängt ihn auf und ergreift die Flugblätter. Ein Blick zu mir, und der junge Mann, der eben noch auf dem Sockel stand, hat meine Tasche in der Hand: „Schnell! Weg hier!"

Er läuft mit mir in eine Seitengasse, wir verstecken uns, schauen zum Platz. Von der Michaelerkirche her nähern sich berittene Polizisten. Der beim Denkmal zurückgebliebene Mann wirft die Flugblätter in die Luft und läuft in unsere Richtung. Die Polizisten halten ihre Pferde an, schauen sich um. Sofort klettert einer von ihnen auf das Denkmal und zündet die Fahne mit einer Fackel an – sie lodert auf, *Freiheit, Gleichheit, Brüderlichkeit* verbrennen. Der junge Mann tritt aus unserem Versteck und schreit: „Die Fahne könnt ihr verbrennen, aber nicht die Worte! Die sind nämlich in unseren Köpfen!" Wir rennen los, die Reiter hinter uns her. Schnell holen sie ihn ein – er erhält einen Säbelhieb über den Kopf und stürzt zu Boden. Der andere Student zieht mich in ein Haus, verriegelt die Tür. Wir jagen durch einen schmalen, miefigen Flur, dann durch die Hintertür auf eine andere Gasse.

Atemlos halten wir vor einer Spelunke, die offenbar schon lange nicht mehr in Betrieb ist: Das schmiedeeiserne, mit einem roten Hahn bemalte Schild ist verrostet, hängt schief in der Luft. Die Fenster sind von innen verhängt. Der junge Mann holt einen Schlüssel hervor und sperrt die Tür auf, immer wieder schaut er sich gehetzt um. Er schiebt mich ins Haus und sperrt hektisch die Tür hinter uns ab.

Wir sind in Sicherheit.

Was wohl einmal eine Gaststube war, ist nun eine schmutzige, heruntergekommene Druckereiwerkstatt. Im Licht eines Öllampenlusters erkenne ich eine alte Druckerpresse und Stöße von Flugblättern. Ein anderer junger Mann – mit Druckerschwärze an den Händen und im Gesicht – steht an der Presse, sieht mich verwundert an. Der Student stellt meine Tasche ab und sinkt erschöpft auf eine zerrissene Chaiselongue nieder. „Sie haben Georg erwischt."

Der Mann schaut ihn bestürzt an, druckt dann resigniert weiter seine Flugblätter.

Mein Retter will ihn aufmuntern: „Stimmt schon, wir werden jeden Tag weniger. Aber das wird sich ändern. Bald werden auch die bisher braven Bürger aufbegehren." Dann schaut er mich an, steht auf und führt mich zu einem Tisch. Er deutet mir, mich zu setzen, und nimmt eine Blechkanne. „Kaffee?"

Kaffee? Ich antworte nicht.

Der junge Mann schenkt schwarzes Gebräu in zwei Blechtassen. Er reicht mir eine und setzt sich. Ich koste von dem Gebräu, es schmeckt mir überhaupt nicht, nur mit Widerwillen schlucke ich es. Da erinnere ich mich: Mein Vater trank damals auch Kaffee.

„Bitte verzeihen Sie, dass Sie wegen uns in Gefahr geraten sind."

Ich betrachte ihn genau. Wie lange schon habe ich keinen jungen Mann mehr gesehen?

Mein Blick ist ihm unangenehm. „Haben Sie keine Unterkunft?"

„Nein."

„Sie können dort schlafen."

In der dunklen Ecke, in deren Richtung er jetzt deutet, liegen mehrere abgenutzte Rosshaarmatratzen. Auf einer schläft ein abgerissener junger Mann, den ich vorher nicht wahrgenommen habe und der unser Ankommen nicht bemerkt zu haben scheint.

„Das ist nur ein Kommilitone von uns. Er kann nicht nach Hause, die Polizei sucht ihn.“ Er trinkt vom Kaffee, schaut mich an. „Fremd in Wien?“

„Ja, sehr. Obwohl ich hier meine Kindheit verbracht habe.“

„Es gibt keine dunklen Menschen mehr in Wien. Die kleinen Mohren, die den Herrschaften den Kaffee serviert haben, sind aus der Mode gekommen. Die werden jetzt in Amerika gebraucht, als Sklaven, beim Baumwollpflücken.“

Der Drucker hat seine Arbeit beendet und zieht seine Jacke an. Er setzt seine Mütze auf und wickelt einen Packen Flugblätter in ein rotes Stoffstück. Grüßend hebt er die Hand, als er zur Tür geht und sie aufsperrt. Von außen sperrt er wieder ab.

Eines der Flugblätter liegt vor mir am Tisch, ich nehme es an mich und lese:

Kaiser Joseph war ein Republikaner!
Kaiser Franz ist eine Kanaille!
Hoch die Bürgerrechte!
Nieder mit dem Polizeistaat!

Ich schaue den jungen Mann an. „Sie sind für Kaiser Joseph?“

„Natürlich! Joseph hat den Feudalismus abgeschafft. Mit Franz ist der Feudalismus wieder zurückgekehrt. Und der ganze katholische Mief. Aber wir werden das ändern. Notfalls mit einer Revolution.“

„Ich bin katholisch.“

Er wirkt irritiert. „Ah ja? Sind Sie das?“

Ich senke die Augen vor seinem forschenden Blick, dann schaue ich ihn wieder an.

Dieser junge Mann gefällt mir. Irgendwie.

Aber jetzt senkt auch er schüchtern seinen Blick.

Ich kenne dieses Gesicht doch von irgendwoher! Ich kenne es! Oder täusche ich mich? Wien ist manchmal wie ausgelöscht in meinem Kopf.

Er schaut wieder auf und lächelt verlegen. Sofort komme ich mir schlecht vor.

„Entschuldigen Sie. Ich habe keinen jungen Mann mehr gesehen, seit ich erwachsen bin."

Das scheint ihn noch mehr zu verwirren.

„Außer Jesus Christus. Ein junger Mann am Kreuz. Der mir als Bräutigam zugedacht war."

Stille. Er kennt sich nicht aus mit mir. Kein Wunder.

Unsicher blicke ich mich im Raum um. Ein Bild an der Wand zieht meine Aufmerksamkeit auf sich. Ich schaue genauer hin, glaube etwas zu erkennen.

Fassungslos stehe ich auf und gehe zur Wand. Tatsächlich: Dort hängt ein Kupferstich mit dem Porträt meines Vaters.

Ich nehme ihn herunter und schaue ihn an. Ich muss mich setzen.

Es gelingt mir kaum, die Tränen zurückzuhalten. Mit verschwommenem Blick schaue ich den jungen Mann an, der nun noch erstaunter ist. „Entschuldigen Sie. Es überkam mich."

Er starrt mich an, scheint auf einmal zu begreifen. „Bist du Josephine?"

Nun bin ich es, die verblüfft ist: „Woher wissen Sie ...? Sie kennen meinen Vater?"

„Ach, Fini, erinnerst du dich nicht an mich?"

Woher kennt er meinen Kosenamen?

„Ich bin David! David Blumauer!"

Ich studiere sein Gesicht. – Ja, das ist er! Freilich! Bald Ende der 20 muss er jetzt sein.

„Habe ich mich so verändert?“, fragt er.

„Der Bart, die Haare ...“

„Stimmt, ich habe mich etwas zuwuchern lassen. Ich werde gesucht, es gibt Zeichnungen von mir.“

„Bist du Dichter geworden? Wie du es wolltest?“

„Dichter und Demokrat. Und Student.“

„Ach, David! Dass ich auf dich treffe!“

„Woher kommst du auf einmal?“

„Aus Sizilien. Ein heiliger, feuerspeiender Berg hat mich gerettet. Der Ätna.“

David kennt sich nicht mehr aus.

„Ich bin vor zehn Jahren mit meiner Mutter Clara in ihre Heimatstadt Messina geflohen. Weil uns ein Mörder verfolgte.“

„Ich weiß das alles. Ich weiß um den ganzen Schrecken. Deshalb bin ich, was ich bin.“

Natürlich, David musste genauso büßen.

Er schaut mich an. „Und was weiter?“

„Mein Vater wollte nachkommen. Aber er kam nicht. Also reiste meine Mutter wieder nach Wien, um ihn zu suchen. Auch sie kehrte nicht mehr zurück.“

„Dein Vater ist unser großes Vorbild. Auf den Fahnen der Revolution wird sein Name stehen“, sagt David nach einer Weile.

„Der Name eines schwarzen Dämons?“

„Ein Dämon? Wie kommst du denn auf so etwas?“

„Das hat man mir immer gesagt. Er soll zwei Frauen umgebracht haben.“

„Das ist nicht wahr! Das musst du doch wissen!“

„Ich weiß nur, dass er meine Mutter verführt hat. Eine weiße Frau, eine Adelige. Deshalb musste ich büßen. Deshalb kam ich ins Kloster.“

David scheint nichts zu begreifen, blickt mich aufgewühlt an.

„Und jetzt bin ich da. Weil er mir geschrieben hat. Mein Vater."

„Wann?"

„Der letzte Brief kam vor ein paar Monaten an." Ich nehme ihn aus der Tasche, reiche ihn David.

„Das kann nicht Angelo geschrieben haben", meint er ungläubig, als er fertiggelesen hat.

„Nein?"

David gibt mir den Brief zurück, trinkt vom Kaffee. Er weicht meinem Blick aus.

„Warum nicht? Warum kann mein Vater diesen Brief nicht geschrieben haben?"

Er antwortet nicht.

Ich schaue auf das Porträt meines Vaters. „Weil er tot ist?"

David schaut mich an, wirkt sehr bedrückt.

„Antworte mir, bitte!"

Kein Wort kommt ihm über die Lippen.

„Ich kann es ertragen, David. Ich habe schon viel ertragen. Das ist Teil meiner Buße."

Entrüstet steht er auf: „Was redest du dauernd von Buße? Das ist ja furchtbar! Du brauchst überhaupt nichts büßen! Was willst du denn büßen? Ich wäre stolz darauf, Angelo Soliman zum Vater zu haben! Der katholische Mief in Sizilien muss ja noch schlimmer sein als hier!"

„Ist er tot?!"

David setzt sich wieder. Schweigt. Es scheint eine Ewigkeit zu dauern, bis er antwortet: „Ja. Er ist tot."

„Und meine Mutter? Clara?"

„Von Clara weiß ich leider nichts."

Das ist ein harter Schlag. Das ist schrecklich. Ich beginne zu weinen, ganz furchtbar, ich schäme mich dafür.

Im Kloster haben wir gelernt, uns in Selbstbeherrschung zu üben. Aber ich kann mich nicht mehr beherrschen. Ich schaue das Bild meines Vaters an, presse es an mich.

David weiß sich nicht zu helfen. Schließlich findet er doch noch Worte: „Es gibt da einen alten Bettler, ohne Beine. Josip mit Namen, er ist Bosniak. Schläft offenbar unter der letzten Brücke über die Wien. Vielleicht weiß der etwas über deine Mutter."

Durch die Tür dringt plötzlich eine leise, aber hastige und befehlende Stimme. Voller Angst schaut David hin. Dann hören wir die Stimme des jungen Druckers: „David! Haut ab! Schnell! Die Scherg–" Seine Stimme bricht mit einem gurgelnden Todesschrei ab.

Die Tür wird mit einem Vorschlaghammer krachend eingeschlagen, der getötete Student von einem Polizisten mit einem blutigen Säbel in der Hand hereingestoßen, fällt zu Boden. Mit gezogenen Säbeln stürmen die Polizisten herein, einer hält den riesigen Vorschlaghammer.

David springt blitzschnell auf, reißt mich hoch und drückt mir meine Tasche in die Hände. Dann zerrt er mich schon zu einer Hintertür, öffnet sie und stößt mich hinaus. Ich zögere kurz, schaue zurück. Der vorhin noch schlafende Student springt verschreckt von der Matratze hoch. Sofort schlägt ihn der Polizist mit dem Hammer nieder, zerschmettert seine Brust. Die anderen drei Polizisten stürzen sich auf David. Er wehrt die Säbelhiebe mit einer Eisenstange ab. Ein Hieb trifft ihn an der rechten Schulter, die Stange fällt zu Boden. Und ich fliehe endlich.

Durch den finsteren Hinterhof laufe ich davon. Zwei Polizisten verfolgen mich. Eine hohe Mauer versperrt mir den Weg. Ich drehe mich um, die Polizisten sind schon so nah – meine Situation erscheint ausweglos. Ich stehe mit dem Rücken zur Wand. Ein Polizist winkt mich mit seinem Säbel grinsend zu sich, der andere legt seine Pistole auf mich an. Ich gehe langsam auf die beiden zu, drehe mich dann aber um, nehme Anlauf, springe hinauf und ziehe mich an der Mauerkrone hoch. Ein Schuss fällt, aber trifft mich nicht. Ich lasse mich über die Mauer gleiten.

Das Nächste, an das ich mich erinnere, ist, dass ich unter einer Brücke stehe.

Neben einem Lagerfeuer schlafen ein paar Bettler auf Decken und zerrissenen Matratzen. Ich trete näher und betrachte jeden einzelnen. Josip fällt mir sofort ins Auge. Obwohl er schon sehr alt aussieht, bin ich mir sicher, dass er es ist. Vater hat mir viel von ihm erzählt. Er hat eine schmutzige Pferdedecke über sich gezogen, als Kissen dient ihm eine Art Brett mit Rollen. Josip scheint meinen Blick zu spüren und öffnet die Augen. Er erkennt mich sofort und richtet sich überrascht auf: „Fräulein Josephine!"

Als er die Decke wegschiebt, sehe ich, dass ihm tatsächlich die Beine fehlen. Er schlüpft mit den Händen in zwei Holzklötze mit Lederschlaufen und benutzt sie als Stützen. Geschickt bewegt er sich mit ihnen ein Stück weg von den anderen.

Ich folge und setze mich zu ihm. Er strahlt mich mit seinen entzündeten Augen an: „Was für eine Freude!" Er küsst meine Hand. „Was für eine Freude!"

„Ich bin nach Wien gekommen, um meine Eltern zu suchen, Herr Josip. Mein Vater ist tot, das habe ich bereits erfahren. Wissen Sie, woran er gestorben ist?"

„Schlaganfall, hat man gehört. Aber ich glaub das nicht. Er hatte Feinde."

Deutlich hört man beim Sprechen Josips bosnischen Akzent, von dem mein Vater mir schon erzählt hat.

„Wo ist sein Grab?"

„Es gibt kein Grab", sagt er mit betrübtem Blick.

„Es gibt kein Grab?"

Josip schaut auf einmal ganz traurig und verzagt. „Nein. Hören Sie zu, Fräulein Josephine –“

Ich bin ganz außer mir und unterbreche ihn: „Wieso gibt es kein Grab?“

„Das ist alles furchtbar! Furchtbare Dinge sind passiert! Ersparen Sie sich das, Fräulein Josephine! Reisen Sie wieder ab, ich bitte Sie!“

„Meine Mutter? Wissen Sie etwas über meine Mutter? Sagen Sie schon!“

Josip antwortet nicht, schaut mich nur an. Er zieht eine schmierige Schnapsflasche hervor, trinkt daraus, starrt vor sich hin.

Ich ziehe einen Geldbeutel aus meiner Tasche und nehme Münzen heraus. Als ich sie Josip reichen will, schiebt er meine Hand weg. „Ich hab eine Vermutung, was Ihre Frau Mutter anbetrifft. Aber wenn sie stimmt, dann sind Sie in großer Gefahr, Fräulein Josephine.“

„Sie hat mich im Stich gelassen, Herr Josip! Ich muss sie fragen, warum sie das getan hat. Weil sie sich meiner schämte? Ich will es von ihr erfahren. Sie soll es mir ins Gesicht sagen. Sie hat sich ja mit dem schwarzen Mann eingelassen! Warum soll ich allein dafür büßen?“

„Es gibt da einen, der hat für die Feinde Ihres Vaters gearbeitet. Er heißt Toni. Vor ein paar Monaten sah ich ihn aus dem Narrenturm kommen. Er trug eine Uniform.“

Ich darf bei den Bettlern schlafen. Sie behandeln mich wie ihresgleichen: gut.

***

Am nächsten Tag besorge ich einen Korb, kaufe Brot, Wein, Obst, Lebensmittel und mache mich auf den Weg zum Narrenturm. Josip folgt mir, indem er sich auf seinem rollenden Brett hockend mit den Klötzen voranschiebt. Ich kenne das Gebäude hinter dem Spital. Mein fortschrittlicher Taufpate hat nicht nur das Allgemeine Krankenhaus, sondern auch das Irrenhaus errichten lassen. Es gilt als das modernste in Europa. Einwandfreie hygienische Zustände, nur die „Wütenden" werden noch angekettet. Als wir ankommen, sind entfernte Schreie zu hören.

Josip schüttelt den Kopf. „Sie sollten da nicht hineingehen."

„Ich muss. Ich habe nichts zu verlieren."

Josip begreift mein bitteres Lächeln und meine Worte nicht. „Doch, Ihr Leben, Ihr junges Leben, Fräulein Josephine."

„Das bedeutet mir nichts, Herr Josip." Ich hole den Lederbeutel aus meiner Tasche, nehme ein paar Silbermünzen heraus und verstaue sie in der Tasche. „Bewahren Sie das für mich auf?", bitte ich Josip, als ich ihm den Beutel reiche.

Josip steckt den Beutel ein. „Danke für Ihr Vertrauen."

Ich nicke ihm zu und gehe zum Eingangstor.

„Fräulein Josephine!"

Ich drehe mich nach Josip um.

„Ich achte schon darauf, dass Ihnen nichts passiert. Das bin ich Ihrem Vater schuldig."

Ich stehe vor einem abgesperrten Gittertor. Schon von hier aus ist zu sehen, wie sich die Zellen in mehreren Stockwerken um den Innenhof gruppieren. Von irgendwoher höre ich die Schreie eines Verrückten. Und bin entsetzt darüber, dass hier meine Mutter eingesperrt sein könnte. Ein Idiot wischt im Hintergrund die Steinplatten des Bodens auf. Ein Wärter kommt von innen auf das eiserne Gittertor zu, in der einen Hand einen Schlüsselbund, in der anderen einen Ochsenziemer. Er ist nicht mehr ganz jung, kräftig, untersetzt, hat einen leicht irren Blick, wirkt eher wie ein Insasse als wie ein Aufseher. Seine Uniform ist schmuddelig, an seinem Gürtel trägt er ein langes Messer in einer Scheide.

Durch das Gitter schaut er mich überrascht an, setzt ein Grinsen auf. Irgendwie kommt er mir bekannt vor.

„Eine Negerin, na so was! So eine fesche auch noch! Was is los, bist närrisch worden, willst herein zu uns?"

„Sind Sie der Herr Toni?"

„Immer noch derselbige. Was steht zu Diensten?"

Ich lange durchs Gitter, drücke ihm eine Münze in die Hand. „Ich möchte jemanden besuchen. Clara Soliman."

„Clara Soliman? Die soll bei uns sein?"

Ich greife in meine Handtasche, hole drei weitere Münzen heraus, lege sie Toni auf die ausgestreckte Handfläche.

Er beißt auf eine Münze, dann steckt er sie ein. „Soliman, Soliman? Irgendwie kommt mir was ..."

Ich lege noch zwei Münzen dazu, Toni grinst. Er lässt das Geld verschwinden, sperrt auf und macht eine einladende Geste. Hinter mir versperrt er das Tor wieder.

Ob ich hier jemals wieder rauskomme?

Draußen sehe ich, halb versteckt, Josip auf seinem Brett. Sein Blick wirkt besorgt.

Ich folge Toni durch den Hof zur Treppe, steige mit ihm bis zur letzten Galerie hinauf. Wir gehen die Galerie entlang, passieren zahlreiche Zellentüren. Hinter einer von ihnen beginnt ein Insasse zu singen: „Der Vogelfänger bin ich ja, stets lustig, heißa, hopsassa! Ich Vogelfänger bin bekannt bei Alt und Jung im ganzen Land ..."

Toni reagiert ungehalten, tritt mit seinem genagelten Schuh an die Tür. „Kusch! Halt die Pappen!"

Der Sänger hört nicht auf.

Unter den Zellentüren fließen in einer Rinne Kot und Urin heraus, verschwinden in einem Rohr. Ich rutsche aus, falle beinahe über das Geländer in die Tiefe. Toni fängt mich grinsend auf: „Obacht, Fräulein!"

Erschreckt werfe ich einen Blick hinunter in den Innenhof, befreie mich von Toni. Wir gehen weiter und halten schließlich vor einer Zellentür. Toni entriegelt und öffnet sie.

„Bitte sehr, das Fräulein!", deutet er mir in den Raum.

Ich trete ein. Es stinkt fürchterlich.

„Ich muss leider absperren, Fräulein Josephine. Einfach klopfen, wenn Sie wieder den Duft der Freiheit atmen wollen."

„Woher kennen Sie meinen Namen?", will ich fragen, da verriegelt er schon die Tür hinter mir.

An der Tür ist eine schmale Luke eingelassen, die sich öffnet. Von Tabakrauch gebeizte Augen schauen herein. Dann klappt die Luke zu, Tonis Schritte entfernen sich.

Durch den Fensterschlitz, der so weit oben ist, dass man nicht hinausschauen kann, dringt Licht in den Raum. Ich schaue mich um und – und erstarre. Eine Frau um die 50 – sie könnte aber auch viel älter sein – kauert in einer Ecke auf fauligem Stroh. Sie trägt eine verdreckte, zerrissene Kutte. Ihr Kopf ist kahlgeschoren, um den ganzen Kopf herum ist eine ebenmäßige Narbe zu sehen und viele weitere Narben, Krätze, Kratzwunden. Schorf und Kratzer auch im Gesicht und an den Beinen, dicke Narben am Hals und an den Pulsadern der Handgelenke. Ihre Finger- und Zehennägel müssen seit Jahren schon nicht mehr geschnitten worden sein. Am linken Knöchel sind dunkle Spuren zu sehen – von einer lange angelegten Eisenschelle?

Bis auf das Stroh und einige Eisenringe an den Wänden gibt es nichts in dem vor Dreck starrenden Raum. Und dann sehe ich es: Hier hatte jemand begonnen, etwas in die Wände zu kratzen. Einige Zeilen Text, viele Zeichnungen. Mit rotbrauner Farbe. Etwa mit Blut? Ich versuche zu lesen, zu erkennen. Da steht mein Name, ganz groß! Allmächtiger! Und die Zeichnungen ... ein kleiner Junge, der von einer Klippe ins Meer springt ... ein Mann, der gegen ein Heer kämpft, Türken vielleicht? Da, auf einem Pferd ein Mann, er trägt dieselbe Kleidung wie mein Vater auf dem Kupferstich. Mein Vater, das ist mein Vater! Und da, in ganz großen Buchstaben, steht *ANGELO!!!*

Es besteht kein Zweifel mehr: Diese gequälte, gefolterte, wohl seit Jahren in dieser Zelle eingesperrte Frau muss meine Mutter Clara sein.

„Mamá! Mamá!“, rufe ich sie an.

Meine Mutter blickt langsam auf, schaut mich mit ganz leeren Augen an, scheint mich nicht zu erkennen.

„Ich bin es – Josephine. Du musst mich doch erkennen! Mamá!“

Mutter wendet ihren Kopf ab. Ich gehe zu ihr hin, sie kriecht erschreckt in ihre Ecke zurück, hält die Hände vors Gesicht, so als hätte sie Angst, geschlagen zu werden.

Ich stelle den Korb ab und knie mich vor ihr hin. Ich rüttle sie an den Schultern. Und jetzt muss ich weinen, ich kann es nicht zurückhalten: „Mamá! Mamá! Schau mich an! Bitte!“

Aber Mutter reagiert nicht. Schluchzend berge ich mein Gesicht an ihrem Rücken. Wut überkommt mich und ich laufe zur Tür, trommle dagegen. „Was habt ihr gemacht mit ihr? Was? Was?“

Niemand kommt, niemand öffnet die Luke. Ich sinke weinend an der Tür zu Boden, schaue dann wieder zu Mutter. Sie kniet nun beim Korb, entnimmt ihm eine Wurst und ein Stück Brot, beginnt unkontrolliert zu essen, stopft sich die Trauben in den Mund, isst wieder Wurst und Brot. Dann entdeckt sie die Weinflasche mit dem losen Korken, greift nach ihr und trinkt gierig, muss husten und trinkt weiter, trinkt die Flasche halb leer. Dabei beobachtet sie mich fortwährend, als hätte sie Angst, ich würde ihr alles wegnehmen.

„Mamá! Mamá! Ich bin es doch, deine Tochter Josephine! Du musst mich doch erkennen! Schau mein Gesicht an! Es ist das Gesicht von Angelo!“

Mutter hält sich die Ohren zu, verkriecht sich.

Plötzlich entriegelt jemand von draußen die Tür. Ich springe auf und weiche an die Wand zurück. Die Tür öffnet sich, draußen steht Toni. Er schaut jemanden an, den ich von hier aus nicht sehen kann, und deutet stolz auf mich, auf seinen Fang. Eine schwarz behandschuhte Hand klopft Toni auf die Schulter. Und nun kommt er herein. Toni bleibt, mit dem Ochsenziemer spielend, in der offenen Tür stehen.

Der Ankömmling ist eine ganz und gar unheimliche Erscheinung. Er wirkt sehr heruntergekommen, ist wohl selbst auf gewisse Weise wahnsinnig, seine schwarze Kleidung speckig, schmutzig, abgewetzt, an den Ärmeln ausgefranst. Sein Rücken ist gebeugt, die Haare sind ihm ausgegangen, über seine Haut ziehen sich schlimme Pusteln und grauer Schorf, seine Augen sind blutunterlaufen. Die Hände des Mannes sind zu Klauen verzogen, die Knöchel voller Knoten, an den Fingern fehlen zum Teil die Nägel. Er steht gebeugt, auf einen Stock gestützt – den Stock meines Vaters! Ich erkenne ihn auf der Stelle. Ein schwarzer Stock aus Ebenholz, ein Löwe aus Elfenbein bildet den Knauf.

Als meine Mutter den Mann sieht, stößt sie einen entsetzten Schrei aus und krümmt sich panisch noch weiter in die Ecke.

Ich glaube, ich bin auch diesem Mann schon einmal begegnet. Nein, ich habe ihn bestimmt schon mehrmals gesehen! Aber wo? Wie? Wer ist er?

Er verbeugt sich vor mir, entblößt seine schwarzen Stumpen, die einmal Zähne waren, lächelt mich an: „Ich wusste, dass Sie kommen würden, eines Tages, Fräulein Soliman. Es hat lange gebraucht. Ich habe viele Briefe schreiben müssen. Unter dem Namen Ihres Vaters. Aber nun sind Sie da. Nun kann ich mein Werk zu Ende bringen."

Ja, diesen Mann kenne ich. Aus einer Zeit, da er noch ganz anders ausgesehen hat.

Er betrachtet mich eindringlich von oben bis unten. „Wie schön Sie sind, Josephine ... Das Abbild Ihres Vaters."

„Professor Hoffmann?"

„Richtig, Fräulein Josephine. Der berühmte, berüchtigte Professor Ernst Hoffmann."

„Was tun Sie hier?"

„Ich bin der Direktor ... dieser Anstalt. Ihr Herr Taufpate, Kaiser Joseph, hat sie erbaut, wie Sie bestimmt wissen. Er wollte eine menschenwürdige Behandlung der Geistesschwachen. Er hatte keinen Weitblick, Ihr Herr Taufpate, leider, auch in dieser Hinsicht nicht. Die Geistesschwachen schwächen das ganze Volk. Seit ich Direktor bin, wird kein Narr sehr alt hier im Narrenturm. Ausgenommen die Freimaurer, diese Geistesgrößen, ich habe ein paar von ihnen zur Buße hier. Und natürlich ausgenommen Gräfin Clara, Ihre Mutter, sie lebt nun schon seit zehn Jahren bei uns."

„Aber warum? Was ist passiert?"

„Das hat mit Ihrem Vater zu tun, Fräulein Soliman."

„Was geschah mit ihm, Herr Professor? Bitte! Sagen Sie es mir!"

„Fragen Sie Ihre Mutter."

„Sie erkennt mich nicht!"

„Das kommt schon. Wissen Sie, Ihre Mutter hat sich mir entzogen. Zuerst hatte sie versucht, sich umzubringen. Es gelang ihr nicht. So hat sie sich mir auf andere Weise entzogen. Aber nun, da Sie gekommen sind, Fräulein Soliman, wird ihr Geist wieder auftauchen aus der Dunkelheit. Und sie wird das Ende unserer gemeinsamen Geschichte bewusst miterleben können."

Hoffmann hält den Stock nun am Griff hoch, der Knauf ist ganz deutlich zu sehen.

„Ich weiß, das ist der Stock meines Vaters."

Hoffmann schaut ihn an, zieht den Löwenknauf ein Stück heraus, ein Florett kommt zum Vorschein. „Ich halte ihn hoch in Ehren, mein Fräulein." Hoffmann schiebt das Florett wieder hinein, zieht dann aus seiner Jacke ein dickes Buch hervor. Der Ledereinband ist schmutzig, blutig und abgenutzt. Er reicht es mir. „Das ist das Tagebuch Ihrer Mutter."

Ich schlage das Buch auf, sehe ihre Handschrift.

Hoffmann schaut mich an. „Sie hatte das Bedürfnis, alles für Sie aufzuschreiben, Josephine." Er blickt auf die Zeichnungen an den Wänden. „Zuerst begann sie, mit ihrem eigenen Blut und den Fingernägeln an die Wände zu schreiben und zu zeichnen. Das hätte sie nicht lange durchgehalten. Das wäre Selbstmord gewesen. Also gab ich ihr das Buch. Lesen Sie es. Man kann viel daraus lernen."

Er verbeugt sich leicht vor mir, geht hinaus, wendet sich zu Toni um: „Fräulein Soliman bleibt unversehrt. Hat Er mich verstanden?"

„Aber gewiss, Herr Professor."

Hoffmann geht und Toni kommt herein, schließt die Tür hinter sich. Er geht auf mich zu, entreißt mir die Tasche und durchsucht sie, nimmt die restlichen Münzen an sich. Ich versuche, ihm die Tasche wieder wegzunehmen, da schlägt er mich mit dem Ochsenziemer nieder und wendet sich meiner Mutter zu. Er nimmt ihr Wurst und Brot und die Weinflasche weg, gibt alles in den Korb.

Ich nütze die Gelegenheit, laufe zur Tür und öffne sie, aber da steht ein zweiter Wärter, ebenfalls bewaffnet. Er stößt mich weit in die Zelle zurück, sodass ich hinfalle.

Toni marschiert mit dem Korb und meiner Handtasche hinaus, der zweite Wärter knallt die Tür zu und verriegelt sie. Meine Mutter sinkt erleichtert zusammen.

Jetzt bin ich in der Falle.

Zusammen mit meiner Mutter.

Hervorragend geplant. Wie dumm ich doch war, wie naiv. Ach, das Klostermädchen kennt sich nicht aus in dieser furchtbaren Welt. Es überwältigt mich, ich beginne zu schluchzen: „Oh, mein Gott! Oh, mein Gott!"

Meine Mutter greift sich plötzlich an den Magen, kriecht zur Abortrinne und erbricht sich.

Dann wird es Nacht. Durch den Fensterschlitz ein schmaler Streifen Mondlicht. Ich sitze am Boden, lehne an der Wand und betrachte meine Mutter. Sie kauert in der Ecke auf dem nassen Stroh und schaut mich unverwandt an. Von draußen dringen Schreie und Stöhnen in unsere Zelle.

„Mutter! Du musst mich doch erkennen!"

Sie reagiert nicht. Ich will zu ihr, doch sie weicht sofort zurück, ich halte resigniert inne.

Da stimmt der Sänger wieder sein Lied an: „Der Vogelfänger bin ich ja, stets lustig, heißa, hopsassa ..."

Ich muss wohl vor Erschöpfung eingeschlafen sein. Trotz aller Schrecken. Das Morgenlicht fällt durch den Fensterschlitz, weckt mich auf. Und die vermehrten Schreie und das Gepolter der Gefangenen. Ich richte mich an der Wand auf, schaue zur Mutter. Sie ist wach, kratzt sich mit beiden Händen den Schorf vom Kopf, Blut rinnt über ihr Gesicht.

„Ich bin es! Deine Tochter! Verstehst du nicht? Josephine! Dein Kind! Dein und Angelos Kind!"

Ich gehe zu ihr und packe sie an den Schultern. „Schau mich an! Schau mich an! Ich bin schwarz! Wie dein Ehemann! Ich bin ihm nachgeraten, nicht dir!“

Mutter blickt mich entsetzt an, stößt mich von sich, verkriecht sich in die Ecke. Ich verlasse sie und das eklige, feuchte Stroh, krieche hinter die Tür, stoße dabei an das Tagebuch. Ich nehme es, schlage es auf und beginne zu lesen: *Josephine, mein geliebtes Kind!* steht auf dem ersten Blatt geschrieben.

Sofort steigen mir die Tränen in die Augen. Ich schaue zu meiner Mutter, die mit abwesendem Blick auf dem Stroh kauert und ihre blutigen Hände aneinanderreibt.

„Ja? Bin ich das? Bin ich dein geliebtes Kind, Mutter?“

Sie reagiert überhaupt nicht. Ich wende mich wieder dem Tagebuch zu. Das wird dauern. Aber ich habe jetzt wohl viel Zeit. Wahrscheinlich nicht so viel wie meine Mutter, aber vielleicht reicht es, um zu erfahren, was passiert ist. Ich entziffere den Beginn, es fällt mir leicht, denn die Handschrift ist hier noch klar und deutlich:

Wenn du mich findest, ist es vielleicht schon zu spät, und ich bin wirklich wahnsinnig geworden. Ich hoffe auf eine Revolution wie in Frankreich, ich hoffe darauf, dass auch diese Bastille erstürmt wird vom Volk, und vielleicht, so erträume ich es mir, bist du dabei, mit der Waffe in der Hand. Ich versuche alles aufzuschreiben, was ich weiß, was ich erlebt und erfahren habe. All das Schöne und all das Schreckliche. So vieles habe ich erlebt und erfahren, auch von anderen, später. Professor Hoffmann hat mir das Buch gegeben und lässt mich schreiben. Ich weiß nicht warum, aber wir werden es eines Tages wohl herausfinden. Ich beginne am Anfang, ich habe viel Zeit. Am Anfang stand ein verspätetes Geburtstagsgeschenk für mich, für die kleine Clara. Im Land, wo die Zitronen blühen. In Sizilien.

Aus dem Tagebuch von Clara Soliman

Sommer 1759, an einem späten Nachmittag auf der Terrasse unseres Herrenhauses bei Messina. In der Ferne lag friedlich der schneebedeckte Gipfel des Ätna. Unter einem Sonnensegel wurde an einem Tisch um sehr viel Geld Karten gespielt.

Da waren lauter noble Leute: meine Mutter, die Gräfin Pietrasanta, eine schöne Frau Mitte der 30, mit hochgetürmter weißer Perücke, immer in schwarzer Witwentracht, mit schwarzem Spitzentuch über dem Kopf, vor dem Gesicht. Fürst Thurnstein, im selben Alter, sowie eine ältere Dame und noch ein Herr, beide aus bester Gesellschaft.

Fürst Johann Christian von Thurnstein war österreichischer Feldmarschall und Gouverneur von Sizilien und er trug deshalb an diesem Tag die Uniform des Gouverneurs. Thurnstein war ein attraktiver Mann, der das Prachtvolle liebte, seine Kleidung stets kostbar und baroque. Er trug immer noch die langen, gelockten Perücken, die eigentlich längst aus der Mode waren. Meine Mutter hatte sich in Thurnstein verliebt, dieser sich aber nicht in sie. (Wie ich heute weiß.)

Auf dem Schoß von Thurnstein saß ich, die achtjährige Clara, die süße, blondgelockte Tochter der Gräfin Pietrasanta. Auch ich, die ich keinen Vater mehr hatte, verehrte auf meine kindliche Weise den schönen, prächtigen Thurnstein. In meinen Händen hielt ich den Stock des Fürsten, den Ebenholzstock mit dem Löwenknauf. Ein Diener wartete auf, schenkte Getränke nach. Ich blickte auf die Karten Thurnsteins, kicherte zu ihm hoch, da ich wusste, dass er gewinnen würde, denn er gewann meistens. Thurnstein legte mir scherzhaft die Hand auf den Mund, präsentierte seine Karten auf dem Tisch. Die anderen Spieler stöhnten auf, schoben ihr Geld zu Thurnstein. Meine Mutter nahm es nicht tragisch, schob ebenfalls ihren Münzenstoß zu ihm, lächelte ihn auf reizende Weise an. Ich kann mich noch daran erinnern, dass sie sagte, der Fürst würde sie alle schamlos berauben.

Thurnstein küsste die Hand meiner Mutter mit elegant zugespitztem Mund, bat um Verzeihung und machte die Feststellung, dass er eben im Spiel unglaubliches Glück habe, was solle er dagegen machen.

Man hörte ein Pferd wiehern, da schaute ich neugierig, schlüpfte von Thurnsteins Schoß, drückte ihm seinen Stock in die Hand und ging zur Freitreppe, um zu sehen, wer da gekommen war: eine offene Kutsche, darin ein nordafrikanischer Sklavenhändler, ein Araber mit Turban. Er war schon einmal da gewesen, mit verdorbener Ware, wie meine Mutter gemeint hatte, denn die Ware lebte nur kurz. Am Boden der Kutsche sah ich sofort mein Geschenk. Der Sklavenhändler winkte mir grinsend zu, stieg von der Kutsche und hievte einen groben, schmutzigen Leinensack auf seinen Rücken. Endlich kam er die Treppe herauf! „Mamá, er ist da!“, rief ich vor Freude.

Alle schauten zu mir. Ich begleitete den Sklavenhändler zum Tisch und blickte erwartungsvoll auf den Sack. Als ich aufgeregt in den Sack zwickte, war ein zorniger Aufschrei zu hören.

Der Sklavenhändler wandte sich an meine Mutter: „Euer Gnaden, Ihre Bestellung!“

Mutter reagierte missgestimmt und wies den Araber darauf hin, dass mein Geburtstag schon vor fünf Wochen gewesen sei. Der Sklavenhändler erwiderte, dass der Weg durch Afrika und übers Meer lange und beschwerlich und voller Hürden sei. Er ließ den Sack unsanft auf den Boden fallen. Die Leute waren neugierig geworden und vom Tisch aufgestanden. Mutters Zofe, Giulietta, eine gestandene Matrone, und der Verwalter kamen nun auch auf die Terrasse, um einen Blick auf die Ware zu werfen.

Ich kniete mich auf den Boden und versuchte, den Inhalt zu ertasten. Mutter wollte mich besorgt hochziehen – „Sachte, Clara, sachte!“, rief sie –, aber ich war einfach zu ungeduldig, da biss mich der Inhalt des Sacks durch den groben Stoff hindurch in die Hand. Ich schrie erschreckt auf: „Mamá! Es hat mich gebissen!“ Mutter meinte, sie habe mich ja gewarnt. Der Sklavenhändler gab dem Sack einen brutalen Fußtritt. Wie ein Tier schrie es darin auf und krümmte sich zusammen. Ich lutschte an meiner Bisswunde. Giulietta nahm mein Händchen, schaute sich besorgt die Wunde an. Mutter wandte sich entrüstet an den Sklavenhändler und fragte brüsk, warum er „ihn“ noch nicht gezähmt habe. Der Händler rang die Hände, entschuldigte sich untertänigst und meinte, „er“ sei schon ziemlich umgänglich gewesen. Mit dem Hinweis, man möge zurücktreten, kniete der Araber sich hin und knüpfte den Sack auf. Sofort schoss ein kleiner schwarzer Junge in meinem Alter heraus und versuchte zu entkommen. Er war nackt und sehr schmutzig. Seine Füße und Hände waren gefesselt, die Hände auf dem Rücken. Spuren von Schlägen am Körper und im Gesicht.

Fürst Thurnstein machte dem Fluchtversuch des schwarzen Jungen ein Ende, indem er ihm die Stockspitze an die Brust drückte. Der Sklavenhändler schnappte ihn, drückte ihn brutal auf sein Gesicht nieder und verdrehte ihm einen Arm. Der Junge stöhnte vor Schmerz auf.

Thurnstein kniete sich beim Jungen nieder, betrachtete ihn, studierte vor allem interessiert die Narben an den Innenseiten seiner Oberschenkel. „Er ist ja nackt!“, empörte sich meine Mutter. Der Sklavenhändler wand sich, „er“ habe sich ständig die Kleider vom Leibe gerissen, was solle man da machen?

Ich näherte mich nun ebenfalls dem Jungen und hockte mich vor ihn hin. „Nein, ist der entzückend! So etwas Entzückendes!“ Mutter beeindruckte das nicht sonderlich, entzückend sei er ja, aber auch bissig, ich solle vorsichtig sein. Der Sklavenhändler wollte schon mit ihm hinters Haus gehen und ihm eine ordentliche Tracht Prügel verpassen, da protestierte ich heftig. Ich beugte mich zum schwarzen Jungen und streichelte seine Wange. Dass es ihm gut gehen werde bei uns, flüsterte ich ihm zu, dass wir es lustig haben würden miteinander.

Der Junge schaute mich erstaunt an. Wahrscheinlich hatte noch kein weißer Mensch so freundlich mit ihm gesprochen. Ich befahl dem Sklavenhändler, der den Jungen immer noch brutal niederdrückte, ihn sofort loszulassen.

Der Araber näherte seinen Mund dem Ohr des Jungen und flüsterte, dass er ihm sämtliche Knochen brechen würde, wenn er nicht pariere. Dann ließ er ihn vorsichtig los, blieb aber in lauernder Stellung. Der Junge kniete sich nun langsam auf und betrachtete uns. Alle warteten gespannt darauf, was er tun würde. Als er aber regungslos knien blieb, näherten sich alle und begutachteten ihn. Auch Mutter äußerte zum ersten Mal Wohlwollen: „Er ist wirklich lieb. Ein entzückendes Mohrenkind, ich muss es sagen.“ Fürst Thurnstein war offenbar ohnehin von Beginn an begeistert und meinte, er werde bestimmt einen reizenden Spielgefährten für mich abgeben. Der Sklavenhändler stellte seine Ware erleichtert auf die Beine – „gesund wie ein Araberfohlen“ sei der Junge –, griff ihn ab und quetschte seine Wangen zusammen, sodass sich der Mund öffnete und man die perlweißen Zähne sehen konnte. „Ist das nicht eine Pracht?“, fragte er stolz. Mutter hatte nun genug davon: „Ja, ja, das sehen wir selbst! Mach Er endlich seine Fesseln los!“

Der Sklavenhändler schnitt die Fesseln mit einem Messer auf. Der Junge lief nicht weg.

Mutter schaute ihn prüfend an, er blickte offen zurück. Sie sah – wie auch ich – die Angst in seinen Augen und legte ihm begütigend die Hand an die Wange. Er zuckte zuerst zurück, ließ es sich aber dann gefallen. „Gut. Wir nehmen ihn“, sagte meine Mutter. Der Sklavenhändler richtete dem Jungen die Schultern gerade. „Na, das will ich glauben!“ Der Verwalter übergab ihm einen Beutel mit Münzen, die der Araber auf die Handfläche rollen ließ, um sie zu zählen. „Euer Gnaden, das wird nicht reichen“, sagte er, „sein Vater war Häuptling, es fehlen noch 30. Verzeihen, untertänigst!“ Mutter wandte sich unwillig ab, das interessiere sie nicht, er solle sich zufriedengeben oder den Jungen wieder mitnehmen. Daraufhin packte der Sklavenhändler den Jungen im Genick und wollte damit beginnen, ihn wieder zu fesseln. Aber nicht mit mir.

„Ich will ihn aber, Mamá! Ich will ihn! Du hast mir zum Geburtstag einen kleinen Mohren versprochen! Was man verspricht, muss man halten!“, protestierte ich lautstark.

Ein Plaggeist sei ich, meinte Mutter. Fürst Thurnstein betrachtete den schwarzen Jungen und setzte schon an: „Also, wenn Sie ihn nicht nehmen, Gräfin ...“ Offenbar schwante meiner Mutter da schon, dass sie sich dann fortan mein unzufriedenes Klagen anhören müsse. Auf einen Blick von ihr übergab der Verwalter dem Sklavenhändler den Rest des Geldes, worauf dieser den Jungen losließ und fragte: „Braucht noch jemand von den Herrschaften Elfenbein, Weihrauch, Myrrhe?“ Mutter wurde ungeduldig und deutete ihm zu verschwinden. Da verbeugte er sich mehrmals untertänigst, und während er sich buckelnd zurückzog, empfahl er noch, dem Jungen täglich eine Tracht Prügel angedeihen zu lassen.

Ich nahm die Hand des Jungen: „Willkommen, mein kleiner Mohr! Ich bin Clara. Clara. Und wie heißt du?“, fragte ich und tippte ihm auf die Brust. „Dein Name. Wie du heißt, möchte ich wissen! Name!"

Da sprach der Junge zum ersten Mal: „Mmadi Maké."

Ich verstand ihn nicht. „Wie?" Mutter interessierte das alles gar nicht: „Wir werden einen Namen für ihn finden, Clara. Sein afrikanischer Name spielt hier sowieso keine Rolle! Er ist unser Besitz und hat sich an unsere Sitten und Gebräuche anzupassen. Das beginnt mit dem Namen." Fürst Thurnstein war gänzlich ihrer Meinung: „Gut gesprochen, Gräfin. Man sollte ihn vielleicht waschen."

Eine Stunde später, die Sonne war schon untergegangen und die Gäste hatten unser Anwesen verlassen, saß der schwarze Junge in der marmornen Badewanne und wurde von der Zofe Giulietta gründlichst gereinigt. Sie ging zart mit ihm um, war vorsichtig mit dem weichen Meeresschwamm. Der Junge spürte das und genoss es. Noch nie war er wohl in einer Badewanne gesessen, in warmem Wasser.

Ich saß auf einem Hocker daneben und schaute zu. Und war schon richtig verliebt in diesen Jungen.

Die Zofe berührte eine blaugelb geschlagene Stelle am Körper, der Junge zuckte zusammen. Giulietta schüttelte mitleidig den Kopf. „Armer Kleiner", sagte sie, „was man dir angetan haben muss ..." Vorsichtig hob sie ihn hoch, sodass er in der Wanne stand und sie ihn sorgfältig waschen konnte.

Mein Blick fiel auf die Narben an den Innenseiten seiner Schenkel, ich fuhr mit der Hand darüber. „Ganz regelmäßig, siehst du, Giulietta?", fiel mir auf. Die Zofe meinte, es sei vielleicht eine Sitte bei seinem Volk.

Auf einmal begann der Junge zu sprechen, zum zweiten Mal an diesem Tag. In einer fremden Sprache – seiner Heimatsprache? Er sprach und sprach, und natürlich verstanden wir kein Wort. Und dennoch: Ich war beeindruckt von seiner Rede, die so erwachsen klang. Und so redete ich zu ihm in meiner Sprache: „Ich verstehe dich leider nicht. Schade, dass du unsere Sprache nicht sprichst. Du könntest uns sicher viel erzählen. Wie ihr schlaft unter dem Sternenhimmel. Die Gazellen im Mondlicht ... Und die Löwen schleichen knurrend herum. Ach, ich stelle mir das wunderbar vor. Ich wär viel lieber ein Mohrenkind, das sag ich dir. Weit und breit kein Lehrer ... Ohne Kleider umherlaufen ...“ Ich lächelte ihm zu und spritzte ihn mit Wasser an. Da lächelte auch er und spritzte zurück, und ich schrie vergnügt auf.

Seine Vergnügtheit dauerte aber nicht lange an, im Gegenteil, denn er machte uns einige Umstände.

Giulietta und die anderen erzählten mir nachher Folgendes: Die Zofe hatte den Jungen in die Kammer der weiblichen Dienstboten mitgenommen. Mehrere große Betten für die Frauen befanden sich darin. Der schwarze Junge, nun mit einem weißen Nachthemd bekleidet, lag bei Giulietta. Die Zofe hatte ihn mütterlich an sich gedrückt und schlief tief und fest. Nach einer Weile schlüpfte der Junge vorsichtig aus ihrem Arm, glitt wie eine Schlange aus dem Bett und kroch an den anderen Betten vorbei zur Tür. Und weg war er.

Er musste durch die Allee talwärts gelaufen und in den Olivenhain abgebogen sein, den er dann durchquerte. Da war draußen schon Hundegekläff zu hören, bis in meine Kammer drang es und weckte mich auf. Männer mit Fackeln und Knüppeln waren auf der Suche nach dem Jungen. Zusehends näherten sie sich ihm im Mondlicht. Er floh weiter, gelangte unvermittelt auf eine Klippe, die über das Meer hinausragte, und blickte in den Abgrund, als die Männer mit den Hunden von allen Seiten auftauchten, allen voran der Verwalter. Der Junge wollte zur Seite laufen, aber er war in der Falle. Verzweifelt blickte er sich um, aufs Meer hinaus, rief bitterlich etwas in seiner Muttersprache. Jahre später erzählte er mir, was er gerufen hatte: „Vater! Vater! Rette mich!“

Die Männer kreisten ihn ein, da schrie der Verwalter ungeduldig: „Was ist los? Ergreift ihn!“

Sie wollten schon die Hunde von der Leine lassen, als ich angerannt kam und rief: „Kleiner Mohr! Kleiner Mohr! Komm doch zurück!“

Die Hunde blieben an der Leine, die Männer gingen langsam auf den Jungen zu. Als er schon bis an den Rand der Klippe zurückgewichen war und seine Verfolger knapp vor ihm standen, nahm sein Blick plötzlich eine klare Ruhe an. Die Männer streckten ihre Hände nach ihm aus – da ging er in die Knie und machte aus dem Stand einen Salto rückwärts. Für einen Augenblick glich er in seinem weißen Nachthemd einem Engel.

Wir rannten alle zur Klippe und blickten hinunter: Der Junge fiel ins Meer.

Er tauchte kopfüber ins Wasser, kam dann wieder hoch und blickte zu uns herauf, entledigte sich des Nachthemds und schwamm auf die offene See hinaus. Ich war verzweifelt.

Immer weiter schwamm der Junge hinaus, dem Mond entgegen, der über dem Horizont stand. Der Verwalter hatte sofort nach seinem Sprung ein Boot nach ihm schicken lassen, war selbst mit an Bord gegangen. Die Männer näherten sich ihm rasch.

Mutter, die Zofe und ich, die sich am meisten Sorgen machte um den Jungen, waren am Landungssteg zurückgeblieben. „Tut ihm nicht weh! Tut ihm ja nicht weh!“, rief ich auf das Meer hinaus. Er musste meinen Ruf gehört haben, denn ich glaubte im Mondlicht zu erkennen, dass er kurz innegehalten und sich umgedreht hatte.

Doch was dann am Horizont erschien, erschreckte ihn offenbar noch mehr als seine Verfolger im Ruderboot. Erschreckte uns alle: eine große Kriegsflotte! Der Junge hielt inne, ruderte auf der Stelle, wusste nicht, wohin.

Die Männer holten ihn nun ein, zwei versuchten, ihn aus dem Wasser zu ziehen, aber er tauchte immer wieder unter.

„Heilige Maria! Sie kommen! Seht ihr nicht? Die Spanier kommen!“, schrie der Verwalter, als er die feindliche Armada erblickte.

Die Männer schauten entgeistert auf die Schiffe. Als mein kleiner Mohr wieder nach Luft schnappend neben dem Boot auftauchte, schlug ihm einer blitzschnell ein Ruder auf den Kopf und zog den ohnmächtigen Jungen an Bord.

Mutter wollte mich zuerst nicht zu ihm lassen, aber ich setzte mich natürlich durch. Nicht nur, weil ich so lästig war, sondern weil die Spanier von ihren Schiffen aus die Stadt beschossen. Das machte Mutter desperat, denn sie hatte Besitzungen an der Küste.

So musste mir also der Verwalter die Tür zu einem Vorratskeller aufschließen, in den man den schwarzen Jungen gesperrt hatte. Der Verwalter hielt zur Vorsicht einen dicken Knüppel in der Hand und betrat den Raum zuerst. Ganz hoch oben befanden sich ein paar schmale Fenster, die nicht erreichbar waren. Zuerst sah ich den Jungen gar nicht, sondern nur den leeren Strohsack und den Schemel daneben, auf dem eine unberührte Schüssel mit Essen und eine Schale mit Wasser standen. In einer Ecke erblickte ich den Kübel für die Notdurft. Und dann sah ich den Jungen. Er war noch immer gänzlich unbekleidet, stand an einer Wand und hielt uns drohend einen langen Nagel entgegen. Der Verwalter ging mit erhobenem Knüppel auf ihn zu. „He! Warte Er draußen!“, schrie ich ihn an. Der Verwalter zögerte, denn er traute dem Jungen wohl nicht. „Tu Er, was ich sage!“, befahl ich ihm. Er gehorchte und verließ missmutig den Raum. Ich schloss die Tür hinter ihm und ging zum Jungen.

„Ich verstehe dich doch. Jedes Tierchen will nach Hause. Weißt du, sie haben mir mein Kätzchen weggenommen und verschenkt, weil es eine Chaiselongue zerkratzt hatte. Aber das Kätzchen war am nächsten Tag schon wieder da. Sie haben es mir wieder weggenommen, und diesmal kam es nicht mehr zurück. Sie haben es im Meer ersäuft, ganz bestimmt. Dasselbe würde dir passieren, kleiner Mohr. Es ist zu weit nach Afrika. Du würdest ertrinken wie mein Kätzchen.“

Draußen ging es wieder los: Dumpfer Geschützdonner und der Lärm von Einschlägen waren zu hören, der immer stärker wurde. Der Junge duckte sich und lauschte erschreckt. Kanonen an Land antworteten dem Feuer der Schiffe. Der Junge zuckte immer wieder zusammen. Ich legte die Hand beschwichtigend an seinen Arm. „Hab keine Angst, ihre Kanonen reichen nicht bis zu uns. Es sind die Spanier, sie wollen Sizilien. Aber wir haben einen mächtigen Beschützer. Er wird die Armada zurückschlagen. Gott Neptun persönlich.“

Da ich mich nicht aufregte, beruhigte sich auch der Junge. Nun wurde es ohnehin wieder still. Ich blickte auf den Nagel in seiner Hand, er schaute an die Wand. Dort hatte er eine Menge Springböcke hinein geritzt. Mit gestreckten Beinen schienen sie durch die Luft zu schweben.

„Die sind aber lustig! Genau so ein Böcklein bist du auch!“, sagte ich zu ihm. Er schaute mich nur unverwandt an. „Ich weiß, du hast Heimweh. Nach deinen Eltern. Nach deinem Dorf.“

Ich nahm die Schüssel, tauchte den Löffel in den Brei. „Mund auf! Jetzt wird gegessen. Na, wird’s bald? Du musst doch wieder zu Kräften kommen!“ Der Junge gehorchte, öffnete den Mund, ich fütterte ihn. Es schmeckte ihm nicht sonderlich, er verzog das Gesicht. „Du wirst unsere Sprache lernen, kleiner Mohr. Dann kannst du mir sagen, was du am liebsten hast. Ihr esst Heuschrecken, Schlangen und Affen, nicht wahr?“ Ich fütterte ihn weiter, stopfte ihm schließlich den letzten vollen Löffel in den Mund.

„So – jetzt wird es aber Zeit, dass du einen Namen bekommst. Ich habe lange darüber nachgedacht. Ich werde dich Angelo nennen. Das heißt Engel. Bist du einverstanden?“

Der Junge verstand mich nicht.

Ich tippte ihn an. „Angelo. Ich bin Clara, du bist Angelo.“

Der Junge tippte sich an die Brust. „Mmadi Maké!“

„Made was? Made klingt aber gar nicht gut. Das ist ja richtig unappetitlich.“

Der Junge wurde ungehalten. „Mmadi Maké!“

„Das versteht doch kein Mensch. Du bist Angelo. Ab heute bist du Angelo. Aber einen Familiennamen brauchst du auch.“

Er schaute mich misstrauisch an. Ich dachte über einen gut klingenden Familiennamen nach.

„Süleyman. Das war ein Muselmane. Ein berühmter türkischer Sultan. Vor langer Zeit hat er mit seinem Heer Wien belagert. Vergeblich. – Aber nein, du bist ja kein Türke. ... Solemann. Sole heißt Sonne auf Italienisch, weißt du? Solemann ... Nein, das ist nicht gut. – Soliman. Das ist besser! Soliman. Angelo Soliman. Klingt doch, gut, oder?“

Der Junge wurde zornig. „Mmadi Maké!“

Er schlug mir den Löffel aus der Hand, da gab ich ihm eine saftige Ohrfeige. Verblüfft schaute er mich an. „Du bist ganz schlimm, weißt du das? – Na gut ... Ich komme heute Abend wieder. Sei ein braver Junge.“

Ich ging zur Tür, und als ich sie öffnete, war plötzlich der Junge da und stieß mich beiseite. Der Verwalter, der draußen gewartet hatte, wollte ihn aufhalten und holte mit dem Knüppel aus, der Junge aber schlüpfte zwischen seinen Beinen durch und lief davon.

Es war Abend, die Sonne noch nicht untergegangen. Mutter saß auf der Terrasse, legte eine Patience. Giulietta und ich saßen angespannt daneben. Der Verwalter war mit seinen Leuten immer noch nicht von der Suche nach dem Jungen zurückgekehrt. Als wir ein Pferd herangaloppieren hörten, lief ich sofort zur Freitreppe.

Fürst Thurnstein preschte auf seinem edlen Streitross durch die lange Allee auf mich zu. Diesmal trug er die Uniform eines Feldmarschalls. Vor ihm lag – bäuchlings über dem Sattel – der nackte Junge, an Händen und Füßen gefesselt. Thurnstein bremste sein Pferd heftig ab, sprang vom Sattel, packte den Jungen und kam mit ihm unter dem Arm die Treppe herauf.

„Ich habe gehört, du vermisst etwas, Clara", sagte Thurnstein und küsste meiner Mutter die Hand, den noch immer verdatterten Jungen stellte er auf den Boden.

Mutter war erleichtert, aber auch hilflos: „Danke, Fürst, ich bin Ihnen sehr verbunden. Dabei haben Sie im Augenblick ganz andere Sorgen!"

„Meine Soldaten hätten den Bengel beinahe massakriert. Sie hielten ihn für einen feindlichen Spion."

„Was mache ich nur mit ihm? Ständig läuft er mir weg. Ich habe schließlich eine Unsumme für ihn ausgegeben!"

„Da hilft nur eines, Gräfin", wusste der Fürst lächelnd Abhilfe.

Die Abhilfe bestand darin, dass der ungehaltene Verwalter meinen kleinen Mohren später im Vorratskeller auspeitschte. Ich stand vor der verschlossenen Tür und trommelte vergeblich daran. „Aufhören! Aufhören! Aufhören!“, schrie ich. – Doch der Verwalter hörte nicht auf.

Ich lief zur Mutter auf die Terrasse, wo sie mit Thurnstein Karten spielte. „Mamá! Er soll aufhören! Sag ihm, er soll aufhören!“, beklagte ich mich. Mutter schaute mich nicht einmal an, sondern sagte nur, dass ich auf der Stelle zu Bett gehen solle. „Ich hasse dich! Ich hasse dich!“, war ich außer mir. Ich kniete mich vor den Fürsten hin: „Fürst, bitte! Er hat so eine zarte Haut! Eine Haut wie Samt! Die darf man doch nicht schänden!“ Da wurde Thurnstein gnädig und gab mir recht. Er schaute meine Mutter lächelnd an, diese stöhnte ungehalten auf.

Der kleine Mohr lag bäuchlings im Kellerraum am Strohsack, Giulietta behandelte die blutigen Striemen, die seinen ganzen Rücken überzogen, gerade mit Salbe.

Ich kniete mich weinend neben ihn: „Gib nach! Bitte gib nach! Angelo! Angelino! Bitte gib nach! Mir zuliebe!“

Der Junge wandte mir sein Gesicht zu, streckte dann die Hand aus und wischte mir die Tränen ab.

***

Von da an gab es unzweifelhaft Fortschritte. Ich kann mich noch daran erinnern, wie ich einmal im Salon ein Tablett in der Hand hielt, auf dem sich eine Kaffeekanne, zwei Tassen, Zucker, Löffel und Biskuits befanden. Ich übergab dem kleinen Mohren das Tablett und nickte ihm aufmunternd zu. Der Junge trug nun eine türkische Tracht mit Pluderhosen und Schnabelschuhen und auf dem Kopf einen Fez. Ich öffnete ihm die Tür nach draußen, der Junge ging mit dem Tablett auf die Terrasse. Durch den Türspalt beobachtete ich die Szene. Thurnstein stand in seiner Uniform an der Brüstung und schaute aufs Meer hinaus. Draußen lag die spanische Armada. Die Sonne ging eben auf. Mutter stand neben ihm, um die Schultern ein Tuch. Weil er noch nicht geübt war, rutschten dem Jungen beinah die Tassen vom Tablett, die Löffel klirrten. Mutter und Thurnstein drehten sich um und staunten nicht schlecht. Der Junge kam mit dem Tablett auf die beiden zu. Mutter war wieder versöhnt und hocherfreut. Der Fürst war höchst entzückt.

Ich machte die Tür ganz auf, verbeugte mich leicht, forderte den zu mir schauenden Jungen mit einer Geste auf, dasselbe zu tun. Er gehorchte, verbeugte sich vor Thurnstein und Mutter, dann stellte er das Tablett auf einem Tischchen ab und schenkte Kaffee ein. Die beiden gingen zu ihm, nahmen sich die Tassen. Mutter tätschelte seine Wange. „Danke, Angelo."

Fürst Thurnstein tätschelte die andere Wange. „Angelo? Also habt ihr schon einen Namen gefunden?" Mutter teilte ihm mit, dass das ein Einfall meinerseits war, woraufhin er zur Wahl gratulierte. Sie nippten am Kaffee. Mutter drückte ihre Begeisterung über die Wirkung der Prügel aus.

Der Fürst lächelte: „Prügel helfen immer. Nur so kann ich die Disziplin meiner Truppe aufrechterhalten. Ich muss mir gelegentlich auch so einen Bengel zulegen. Mein Leibdiener ist ein Rohling, zeigt absolut kein Benehmen. Und redet in einem fort ungeheuerlichen Blödsinn."

Mutter pflichtete ihm bei: „Und sie sind so dekorativ, nicht? Was ist, Angelo? Du kannst gehen."

Angelo verbeugte sich erneut vor den beiden und kam zu mir zurück. An der Salontür erwartete ich ihn vergnügt und küsste ihn auf die Wange. „Gut gemacht, Angelo!"

***

Zu dieser Zeit hörte man noch immer Geschützfeuer in der Ferne. Da saßen Angelo und ich einmal im Obsthain unter einem Baum, auf einem Tuch hatte ich verschiedene Früchte ausgebreitet: eine Orange, eine Zitrone, eine Feige und Trauben. Ich schälte die Orange sorgfältig. Angelo erschrak schon nicht mehr vom Kanonenlärm und schaute mir interessiert zu. „Das ist eine Orange“, erklärte ich ihm. „Orange.“ – „Orange“, sprach er mir nach.

„Richtig.“ Ich nahm eine Spalte, steckte sie ihm in den Mund. „Gut?“ – „Gut.“

Ich nahm die Zitrone, schnitt sie mit einem Messerchen entzwei, hielt eine Hälfte über seinen Mund. Er öffnete ihn und ich träufelte ihm den Saft auf die Zunge. „Zitrone. Zitrone.“

Er verzog den Mund und wiederholte: „Zitrone.“ – „Ja, Zitrone. Sauer.“ – „Sauer.“

Angelo nahm die Trauben, pflückte eine herunter, steckte sie mir in den Mund: „Traube. Süß.“

Ich küsste ihn lächelnd, schnellte ihm mit der Zunge die Traube in den Mund, er verschluckte sich, hustete. Und ich lachte wie ein silbernes Glöckchen. Alle Erwachsenen sagten nämlich, dass ich ein Lachen hätte wie ein silbernes Glöckchen. Deshalb lachte ich ziemlich oft.

Plötzlich blickten Angelos Augen an mir vorbei in die Ferne und wurden groß.

„Was hast du denn?“, fragte ich und folgte seinem Blick. „Das ist der Ätna, ein Vulkan. Du musst keine Angst haben, er ist im Moment ganz brav.“

Angelo kniete sich auf, hob die Arme gegen den Vulkan und sprach etwas in seiner Muttersprache Wándala. Ich hatte ihm verwundert zugesehen und seinen Worten gelauscht, denn damals verstand ich ja nicht, was er sagte. Angelo lachte mich plötzlich an und umarmte mich. Viel später, als ich die Sprache ihm zuliebe erlernte, erzählte er mir, was er damals gesagt hatte:

„Meine Göttin, Göttin des Feuers,
ich bin so froh, dass du mir gefolgt bist.
Meine Göttin, Göttin des Feuers,
mit dir sind meine Ahnen mir gefolgt.
Jetzt bin ich nicht mehr allein,
jetzt bin ich nicht mehr einsam.
Meine Göttin, Göttin des Feuers, ich danke dir.“

***

Die Taufe von Angelo fand in der Kathedrale Maria Santissima Assunta von Messina statt. Anwesend waren Fürst Thurnstein in der Uniform des Gouverneurs, meine Mutter, meine Wenigkeit, die Zofe Giulietta, der Verwalter, ein Priester am Taufbecken. Und natürlich Angelo selbst. Thurnstein war sein Taufpate. Angelo – in seiner türkischen Tracht – fürchtete sich, weil er nicht wusste, was das alles bedeuten sollte. Er wollte flüchten, aber der Verwalter hielt ihn eisern fest. Der Priester näherte dem Gesicht von Angelo ein Kruzifix und sprach dabei monoton ein lateinisches Gebet.

Und das werde ich niemals vergessen, so hat es sich mir eingeprägt: Als der Junge den gekreuzigten Mann immer größer werdend auf sich zukommen sah, erschrak er furchtbar und begann wie am Spieß zu schreien und sich zu wehren. Der Verwalter konnte ihn kaum festhalten. Angelo biss ihn in die Hand, der Verwalter schrie auf und schlug ihm auf den Kopf. Der Priester nahm ungerührt das Kruzifix wieder weg und fragte Thurnstein, auf welchen Namen er den Jungen taufen solle. – „Angelo.“

Angelo war immer noch verängstigt. Lateinische Formeln murmelnd, tauchte der Priester ein Kännchen in das

Weihwasser, füllte es und ließ etwas Wasser über die Stirn des Jungen fließen. Da fürchtete er sich noch mehr und schüttelte heftig den Kopf. Die Weihwassertropfen spritzten von ihm weg.

***

Nach der Taufe kam die Belohnung für uns Kinder: Wir machten einen Ausflug ans Meer. Ganz deutlich steht mir noch das Bild vor Augen, ich sah ihn von unten aus dem Wasser: Der nackte Angelo stand auf einer hohen Klippe und schaute aufs Meer hinaus. Dort lagen bewegungslos die Schiffe. Zu dieser Zeit kam bereits kein Beschuss mehr von ihnen. Und rundum der schöne Sandstrand einer abgeschlossenen Bucht. Es war noch hell, aber die Sonne stand schon tief.

Angelo sprang von der Klippe, landete neben mir im Wasser, verschwand, tauchte wieder auf. Ich klatschte begeistert, drückte dann seinen Kopf unter Wasser. Nachdem er nicht mehr auftauchte, war ich etwas erschrocken und schaute mich um. In einiger Entfernung tauchte Angelo lachend auf, schwamm auf mich zu, spritzte mich an. Ich flüchtete, er verfolgte mich, fing mich ein, umarmte mich lachend.

Plötzlich tauchte Thurnstein nackt zwischen uns auf, trennte uns. Ich erschrak und stieß einen spitzen Schrei aus. „Das ist Neptun! Hilfe, er frisst uns!"

Der Fürst brüllte auf und griff nach mir, ich quietschte vergnügt und entkam. Er aber wandte sich Angelo zu, wollte ihn fassen, er entglitt ihm jedoch wie ein Fisch. Thurnstein schwamm ihm nach.

Als ich an anderer Stelle wieder auftauchte, sah ich am Strand unsere Zofe Giulietta. Sie saß unter einem Sonnenschirm auf einer Decke und blickte voller Unmut in unsere Richtung. Ich wusste schon lange, dass sie den Fürsten nicht mochte. Jetzt gerade ärgerte sie sich wohl über sein „kindisches“ Gehabe. Warum sollten Erwachsene nicht auch einmal „kindisch“ sein? Ach, Giulietta, lass uns doch spielen!, dachte ich bei mir.

Ich drehte mich wieder um und hielt Ausschau nach Fürst Thurnstein. Ich sah, dass er Angelo verfolgte, und wollte seine Aufmerksamkeit auf mich lenken: „Hier bin ich, Neptun! Fang mich doch! Fang mich doch!“ Aber Thurnstein hatte nur Augen für meinen kleinen Mohren: „Du bist ja ein Delphin, mein kleiner Patensohn! Lass dich doch endlich fangen!“

Angelo schaute grinsend zurück und tauchte unter. Thurnstein schaute sich nach ihm um, da wurde er plötzlich in die Tiefe gezogen. Ich tauchte ebenfalls unter und sah es: Angelo zog ihn an einem Bein immer weiter in die Tiefe. Der Fürst bückte sich nach ihm, zog ihn zärtlich zu sich herauf. Das erfüllte mich mit Eifersucht.

Später am Strand hatte mich die Zofe schon abgetrocknet und half mir in die Kleidung. Thurnstein war bereits angezogen, seine Jacke und das Gehänge mit dem Säbel lagen neben ihm. Er kniete am Boden und trocknete den nackten Angelo sorgfältig ab. Giulietta schaute missbilligend zu den beiden. Und ich war rasend eifersüchtig auf Angelo. Der Fürst gehörte mir! Mir! Unbemerkt von Thurnstein zwickte ich Angelo ins Ohrläppchen und flüsterte ihm zu: „Das ist mein Neptun, Äffchen!“

Angelo schaute mich verwundert an, rieb sich das Ohr und schlüpfte in seine Kleider. Dabei schaute er auf Thurnsteins Säbel, der ihn zu faszinieren schien. Der Fürst sah das, zog den blanken Säbel aus der Scheide und reichte ihn Angelo. Ehrfürchtig betrachtete er ihn, fuhr mit dem Finger über die scharfe Schneide, schwang den Säbel durch die Luft und spazierte damit herum. Thurnstein hockte sich in den Sand und schaute ihm lächelnd zu. In seinem Blick lag etwas, das ich damals noch nicht kannte. Aber trotzdem fühlte. Ich ließ mich auf des Fürsten Schoß fallen, fuhr ihm mit meinem Zeigefinger in den Mund und zog einen Mundwinkel herunter, sodass seine Zähne zu sehen waren. „Böser Neptun! Frisst kleine Kinder!"

Thurnstein zwickte mich scherzhaft in die Wange, schaute dabei immer noch zu Angelo, der gerade einen Ausfallschritt gegen einen imaginären Feind machte, schrie und zustach. Als dunkle Silhouette zeichnete er sich gegen den Sonnenuntergang ab.

***

Am nächsten Morgen standen wir alle wieder auf der Terrasse und schauten aufs Meer hinaus: meine Mutter, Angelo in seiner türkischen Tracht, ich selber, Giulietta, der Verwalter, ein Hauslehrer und mehrere andere Angestellte. Allgemeiner Jubel herrschte, denn der Horizont war frei, kein Schiff mehr zu sehen. Ich habe noch ganz genau im Ohr, wie Giulietta in die Hände klatschte und rief: „So, nun an die Arbeit, an die Arbeit!"

Die Bediensteten entfernten sich, ich ging mit meinem Hauslehrer an das andere Ende der Terrasse, wo ein Tisch mit Stühlen stand und eine Schultafel. Der Hauslehrer nahm den Unterricht auf. Wie langweilig das alles war! Gerade in diesem Moment! Ich hatte nur Augen für das, was am anderen Ende der Terrasse vor sich ging: Mutter setzte sich an ihren Tisch, auf dem ein Tablett mit Zitronenlimonade und mehrere Gläser standen, daneben lagen wie üblich ihr Gebetbuch und der Rosenkranz. Sie nahm das Buch, begann darin zu lesen. Angelo bediente einen riesigen Fächer über ihr, indem er an einer Schnur zog, die den Fächer auf und nieder bewegte. Er schaute dabei zu mir herüber, bei der er natürlich viel lieber gewesen wäre. Da lächelte ich ihm zu und streckte dem Lehrer hinter seinem Rücken frech die Zunge heraus. Angelo lächelte zurück.

Nun kam der Fürst in seiner Feldmarschallsuniform über die Freitreppe herauf zu meiner Mutter, nahm den Hut ab und küsste ihr galant die Hand. Dann tätschelte er Angelo die Wange. Ich wollte sofort zum Fürsten. „Neptun!", rief ich. Aber Mutter war nicht einverstanden, ich solle brav lernen. So blieb ich schmollend bei meinem Hauslehrer. Was für eine Gemeinheit! Thurnstein blies mir einen Kuss zu.

Mutter deutete aufs Meer hinaus und sagte, wie erleichtert sie sei, dass die Blockade vorbei war. Sie schenkte ihm Limonade ein, der Fürst setzte sich und trank davon: „Alle sind erleichtert, Gräfin. Die Bürger von Messina befürchteten schon, die Spanier würden ihnen all ihre Häuser zusammenschießen. Und den schönen Hafen." Wie er das geschafft habe, wollte sie wissen. „Verhandlungsgeschick!", verriet er ihr. „Es stellte sich aber als weniger schwierig dar, denn die Spanier sind nicht daran interessiert, das Haus Habsburg zu demütigen." Mutter wirkte etwas irritiert: „Und was bedeutet das?" – „Sizilien gehört jetzt den Spaniern. Aber sie gewähren mir freien Abzug."

„Wie bitte?", Mutter war ihre Beunruhigung anzuhören. „Keine Sorge, Gräfin, für Sie ändert sich gar nichts. Für keinen Einwohner Siziliens ändert sich etwas. Die Spanier wollten nur das, was Messina reich gemacht hat: den Handel mit Seide und Sklaven."

„Gott sei's gedankt", sprach sie, dann schaute sie ihn erschrocken an. „Andererseits bedeutet das wohl ..." – „Ja, leider, Gräfin, die Stunde des Abschieds ist gekommen. Aber ich muss ohnehin nach Böhmen, um meine Ländereien zu besichtigen. ‚Wenn der Herr zu lange aus dem Haus ist, halten die Mäuse Kirchtag' – wie meine Bauern zu sagen pflegen. Nach diesem Besuch ruft wieder das Feld." Mutter war sichtlich traurig und fragte, wann er abzureisen gedenke. – „Sobald der spanische Gouverneur eintrifft. Ich nehme an, er wird bereits heute von Neapel ablegen." Es war nicht zu übersehen, dass Mutter ebenfalls eine Schwäche für Thurnstein hatte: „Sie werden mir fehlen, Fürst." – „Sie mir auch, Gräfin."

Thurnstein schaute zu Angelo. Man sah ihm an, dass er Angelo viel mehr als meine Mutter vermissen würde, die gerade versuchte, ihren Abschiedsschmerz zu zügeln: „Ihre Gattin wird sich jedenfalls freuen, Sie nach so langer Zeit wiederzusehen." Da drückte Thurnstein seinen Zweifel aus: „Ich bin mir nicht sicher, Gräfin ... Unser Verhältnis ist etwas getrübt. Sie hat es verabsäumt, mir einen Sohn zu schenken." Mutter antwortete nicht, schaute vor sich hin, dann zu mir. Auch sie hatte ihrem Mann keinen Sohn geschenkt. Sie wirkte verdrossen, was Thurnstein nicht verborgen blieb: „Entschuldigen Sie, Gräfin, ich wollte Sie nicht kränken. Wenn Ihr Mann nicht so früh von uns gegangen wäre, hätten Sie ihm bestimmt ein paar prächtige Söhne geschenkt."

Thurnstein schaute zu mir. Der Lehrer hatte inzwischen aufgegeben, mir Unterricht erteilen zu wollen. Auch er war neugierig auf das, was sich da drüben abspielte.

„Sie werden eines Tages einen tüchtigen Mann für Clara finden", sprach der Fürst. „Bei mir hingegen sind die Umstände komplizierter. Wir sind ein Fürstenhaus. Ein Fürstenhaus braucht einen männlichen Erben. Der Name Thurnstein darf nicht aussterben."

Er wischte sich mit einem Taschentuch den Schweiß von Stirn und Nacken. Angelo sah das und bewegte den Fächer heftiger. Thurnstein bemerkte den verstärkten

Luftzug und schaute zu Angelo: „Danke, mein Junge." Der Fürst reichte Angelo sein Limonadenglas, der es in einem Zug austrank und Thurnstein das leere Glas zurückgab. Thurnstein lächelte bitter.

Die Erkenntnis war meiner Mutter längst gekommen: „Der kleine Mohr ist Ihnen ans Herz gewachsen, Fürst, nicht wahr?" – „Ja, das ist er. Wahrhaftig, das ist er." – Und dann sagte sie etwas Merkwürdiges: „Manchmal muss ich daran denken, was sein wird, wenn er ein erwachsener Mann ist. Ein großer schwarzer Mann."

Auch Thurnstein schien sie nicht zu verstehen. Ich schnitt zu Angelo hin Gesichter, dieser antwortete mit denselben Grimassen. Dann mussten wir einfach lachen. Was gingen uns die Erwachsenen an?

***

Nicht lange danach war es, dass Thurnstein vor dem Herrenhaus auf seinem Streitross saß. Er griff nach dem erwartungsvollen Angelo, hob ihn hoch und setzte ihn vor sich aufs Pferd. Mein kleiner Mohr ging offenbar sehr gern mit dem Krieger Thurnstein. Mutter und mir liefen Tränen übers Gesicht. Der Fürst beugte sich zu mir herunter und tätschelte mir die Wange und sagte: „Ich werde ihn hüten wie meinen Augapfel, kleine Contessa. Vielleicht besuchst du uns einmal in Wien." Er lüftete seinen Hut, gab dem Pferd die Sporen und ritt durch die Allee davon.

Angelo winkte mir lachend zu. Ich rannte ihnen ein Stück hinterher und rief nach meinem kleinen Mohren: „Angelo! Angelo!" Der zog Thurnsteins Säbel aus der Scheide, reckte ihn in die Luft und stieß Kriegsgeheul aus. Ich lief weinend hinter ihnen her, stürzte, richtete mich auf und blieb dann trostlos mitten auf der Schotterstraße sitzen. Noch heute spüre ich auf meiner Haut die Staubwolke von Thurnsteins Pferd, die mich einhüllte.

Viele Wochen weinte ich bittere Tränen um meinen süßen kleinen Mohren. Doch nach einiger Zeit legte sich mein Schmerz. Angelo war vielleicht nicht mehr als ein Spielzeug für mich gewesen, Mutter hatte einfach meine liebste Puppe verschenkt. Wer mir dafür immer mehr als strahlendes Bild vor Augen trat, das war Fürst Thurnstein, der österreichische Feldmarschall, mein Gott Neptun, der mit mir und Angelo in den Fluten des Meeres gespielt hatte.

Als ich zwölf war, begann ich, schwärmerische Briefe an ihn zu schreiben. Er antwortete auf die reizendste Weise, humorvoll, liebevoll, manchmal fast zärtlich. Ausführlich berichtete er von den Kriegszügen, von abenteuerlichen Reisen in ferne, barbarische Länder. Natürlich erkundigte ich mich auch nach Angelo, und der Fürst schrieb, dass mein kleiner Mohr wie der Teufel ritt und ihm sogar in einer fürchterlichen Schlacht das Leben gerettet hatte. Und ich träumte davon, mit Angelo an der Seite des Fürsten zu reiten, zu streiten, eine Kriegerin, wie Johanna, die Jungfrau von Orleans.

Die Jahre vergingen, jeden Monat wanderte ein Brief hin und her. Ich wurde zur Frau. Und die Briefe wurden leidenschaftlicher. Die des Fürsten und meine. Natürlich sorgte ich dafür, dass Mutter die Briefe nun nicht mehr zu Gesicht bekam. Der Fürst war ja verheiratet, meine bigotte Mutter hätte diesen Briefverkehr niemals geduldet.

Immer mehr, immer sehnlicher wünschte ich mich weg aus dem engen, katholischen Sizilien, weg von meiner ständig klagenden Mutter. Nach Wien wollte ich, nach Wien, in die Hauptstadt der Monarchie: frei sein, unabhängig sein!

Die erste Frau des Fürsten war im Kindbett gestorben, warum nicht auch die zweite? Zehn Jahre lang widerstand ich allen Heiratsanträgen von reichen, adeligen Jungmännern aus Messina, Mutter wurde immer ungeduldiger und drohte, mich ins Kloster zu geben.

Dann hörten die Briefe plötzlich auf, und es schien, als müsse ich letztlich doch einen dieser fahlen Gecken aus Messina heiraten.

Aber dann kam neuerlich ein Brief des Fürsten, gerichtet an Mutter. Seine dritte Frau sei verstorben, immer noch sei er ohne Nachkommen, und er wünsche sich ein Porträt von mir, so ich noch ledig und ungebunden sei. Mutter war begeistert, denn das Haus Thurnstein war reicher als das Haus Habsburg, das wusste man auch hier in Sizilien. Also schickte Mutter mein Porträt. Ich war 28 Jahre alt.

***

Es war im Jahre 1779. Unsere Kutsche hatte draußen vor der Stadt angehalten, bei der Spinnerin am Kreuz. Der Kutscher und sein zweiter Mann ruhten sich aus, ich selbst stand vor dem Bildstock. Ich war ein bildhübsches Kind gewesen, nun war ich eine schöne Frau. Mein heftiges Temperament immer noch dasselbe. Nur war ich jetzt erwachsen und ließ mir nichts mehr dreinreden. Ich trug einfache Reisekleidung, meine langen blonden Haare ungebändigt. Perücken hatte ich immer schon verabscheut.

Auf den Stufen des Bildstocks nahm meine liebe, nun deutlich gealterte Zofe Giulietta eine Stärkung zu sich. In einiger Entfernung entdeckte ich eine aus Holzstämmen erbaute Vorrichtung, an der mit Stricken um die Hälse fünf tote, schon halb vermoderte Männer hingen. Nein, eine Frau war auch darunter. Und an einem weiteren Strick baumelte nur ein halbverwester Kopf, der Körper lag schon am Boden. Raben saßen auf den Schultern der Gehenkten, Raben krallten sich an die bloßen Bäuche, fraßen daran. Ich war entsetzt und angeekelt, wandte mich an meine Mutter, die in der Kutsche saß, nun mit hoher Perücke angetan. „Das ist aber gar kein guter Treffpunkt, Mamá!"

Mutter sah die Gehenkten nicht, sie schimpfte bloß aus der Kutsche: „Eine Unverschämtheit, uns hier warten zu lassen! Meine Gesundheit habe ich mir auf dieser Reise ruiniert!" Sie war in den letzten Jahren sehr verbittert geworden, wie immer schwarz gekleidet, hielt ständig ihren Rosenkranz um ihre rechte Hand gewickelt. „Du hättest zu Hause bleiben sollen, Mutter. Ich habe es dir gesagt!"

Die trommelnden Hufe eines Pferdes waren zu hören, ich wandte mich um. Angelo kam schnell durch die Allee auf einem schwarzen Araberhengst dahergeritten. Ich erkannte ihn sofort: Er war von großer Schönheit, trug Reitstiefel und war im Stil der Osmanen gekleidet, in einer Pluderhose, dazu einen weißen Turban und Ohrringe. In der linken Hand hielt er wie eine Reitgerte Thurnsteins Stock mit dem Löwenknauf. Alle Blicke fielen auf ihn.

Nun hielt Angelo das Pferd abrupt an, es stieg hoch auf, er tätschelte seinen Hals und das Pferd setzte die Vorderhufe wieder auf den Boden. Angelo stieg ab und wandte sich an mich. Er tat, als wären wir uns nie begegnet. „Clara Contessa Pietrasanta?"

Ich gebe zu, Angelos Auftritt und seine Erscheinung hatten mich aufgewühlt. Es war, als würde ein Traum in Erfüllung gehen, den ich nie gewagt hatte zu träumen. Aber ich fasste mich schnell: „Hab ich mich so sehr verändert?"

Angelo gab sich betont distanziert. „Der Fürst wird in wenigen Augenblicken hier sein."

Mutter schaute aus der Kutsche. „Das will ich hoffen!"

Angelo bemerkte meine Mutter erst jetzt und verbeugte sich vor ihr. „Er entschuldigt sich für die Verspätung, Gräfin."

Mutter schien mir nun ebenfalls etwas verwirrt durch Angelos Erscheinung. „Der kleine Mohr hat sich gut herausgemacht. Du bist es doch, Angelo, oder?"

Er verbeugte sich noch einmal leicht. „Ich bin es, Gräfin."

Ich schaute Angelo an und kam nicht umhin, ihn zu umarmen. Doch er war überrascht und konsterniert, erwiderte meine Umarmung nicht. Mutter war völlig außer sich: „Clara! Das ist ja nicht zu glauben!"

Ich schaute Angelo ins ungerührte Gesicht. Seine Distanziertheit brüskierte mich: „Angelo! Was ist los mit dir?"

Angelo antwortete nicht, führte nur sein Pferd zur Säule, um es dort anzubinden. Dabei übersah er Giulietta, die mit großen Augen hinter dem Bildstock saß. Er ging ein paar Schritte auf dem Weg Richtung Stadt und hielt Ausschau nach Thurnstein.

Ich ärgerte mich: „Willst du mich nicht mehr kennen?"

„Clara! Du kommst sofort zu mir in die Kutsche, hörst du?!", echauffierte sich Mutter.

Ich ignorierte sie. Angelo drehte sich um und sah nun erst die Zofe, die hinter dem Bildstock hervorlugte. „Signorina Giulietta!"

Sie stand freudestrahlend auf, Angelo ging zu ihr und küsste ihr beide Hände. Giulietta war beschämt und erfreut darüber, sie nahm ihn an den Armen. „Was für ein schöner Mann du geworden bist, Angelo! Was für ein schöner Mann! Komm, setz dich, setz dich!" Sie zog ihn auf die Stufen nieder und setzte sich zu ihm. „Bist du hungrig, magst du etwas Salami?"

„Nein, danke, Giulietta."

Ich ärgerte mich immer mehr über die Distanziertheit von Angelo.

„Hab ich Ihm erlaubt, sich zu setzen, Angelo?"

Er stand sofort auf. „Verzeihen Sie, Contessa."

Ich war ganz außer mir und ging nervös auf und ab. Angelo schaute Richtung Stadt. Mutter ärgerte sich über meine Verwirrung und beharrte noch immer darauf, dass ich zu ihr in die Kutsche steigen sollte. „Lass mich in Ruhe, Mutter!", sagte ich ungehalten.

Pferdegetrappel und das Schnalzen einer Peitsche waren zu hören. Eine prächtige Karosse mit dem Thurnstein'schen Wappen kam angefahren, gezogen von sechs edlen, geschmückten Pferden. Auf den Trittbrettern standen Lakaien, davor und dahinter ritten je vier Edelknaben auf prächtigen Rössern.

Mutter bekam es eilig. Die zwei Kutscher halfen ihr aus der Kutsche und reichten ihr den Stock. Giulietta verstaute rasch ihre Jause, putzte sich die Brösel ab und erhob sich. Der Tross hielt an, die Lakaien öffneten die Tür der Karosse und hängten eine Treppe ein. Fürst Thurnstein stieg aus der Kutsche.

Thurnstein schien mir nun schon ziemlich verlebt, seine Vorliebe für prachtvolle Kleidung und lange, gelockte Perücken war geblieben, sein Gesicht geschminkt und gepudert. Er wollte jünger wirken, aber die Maskerade tat seinem Aussehen nicht gut. Ich war sehr enttäuscht über seine Veränderung.

Unsere zwei Kutscher und die Zofe verbeugten sich tief. Thurnstein blickte zu mir und nahm das Medaillon an seiner Halskette zur Hand, auf dem mein Porträt auf Emaille gemalt war. Umständlich holte er dann noch ein Lorgnon hervor und verglich das Bildnis mit mir. Mutter machte einen tiefen Knicks, stieß mich mit ihrem spitzen Ellbogen an, und ich tat es ihr gleich, wenn auch etwas schlampig.

Er schaute wieder auf das Bild. „Auf dem Porträt wirken Sie mädchenhafter, Clara."

„Ein wenig geschwindelt, ja. Meine Mutter hatte Angst, ich könnte Ihnen schon zu alt sein."

Thurnstein betrachtete mich ausführlich von oben bis unten. Ich drehte mich etwas spöttisch um die eigene Achse, hob dabei den Rock an.

Er schien zufrieden. „Sie sind mir ganz recht so, Contessa. Wissen Sie, unsere Damen hier belieben immer mehr zu werden wie die Knaben, in deren Becken überhaupt kein Kind mehr Platz hat. Und ich brauche ein Kind. Mehr als alles andere." Mutter räusperte sich etwas übertrieben, da wandte er sich ihr zu: „Gräfin! Verzeihen Sie, ich hielt Sie für ..."

Mutter spielte die Gekränkte: „Ich bin alt geworden, Fürst, ich weiß."

„So ergeht es uns doch allen", sagte er und küsste ihr galant die Hand. „Spielen Sie immer noch so leidenschaftlich die Karten, Madame?"

„Schon lange nicht mehr, Fürst. Mit Gottes Hilfe hab ich mich von allen Lastern befreit."

„Sie Glückliche! Gott hat mir in dieser Hinsicht leider jede Hilfe versagt." Er deutete auf seine Karosse. „Darf ich bitten ...?"

Thurnstein reichte mir seinen Arm, ging mit mir und Mutter zur Karosse. Die Bedienten verneigten sich und hielten die Türen auf.

Der Tross setzte sich in Bewegung in Richtung der Stadt.

Ich steckte meinen Kopf zum Fenster hinaus und sah zurück. Angelo schaute mir nach. Jetzt glaubte ich in seinem vorher noch so kalten Blick doch etwas zu erkennen.

***

Ich saß in meinem Badezimmer im fürstlichen Palais in einer verzinkten Blechwanne, Giulietta wusch meinen Rücken. „Was für eine schöne, gesunde Haut du hast, Clara! Und so gebräunt. Ganz entgegen der Mode", sagte sie.

„Ich geh nicht nach der Mode, Giulietta. Warum soll ich aussehen wie eine Wasserleiche?"

Sie wusch mich weiter, nach einer Weile seufzte sie auf. „Sag mir, hast du keine Angst, mein Täubchen?" – „Nein, wovor?" – „Er gefällt mir nicht. Er hat mir nie gefallen." – „Wer?" – „Der Fürst." Ich antwortete ihr nicht, war mir aber unsicher, ob ich wirklich die richtige Entscheidung getroffen hatte.

Es klopfte an der Tür, Giulietta war ungehalten über die Störung. „Ja, bitte?"

Die Tür öffnete sich, eine ältere Frau kam herein. Sie wirkte vergrämt und hatte Ähnlichkeit mit meiner Mutter, war ebenso schwarz gekleidet. In ihren Augen stand geschrieben, dass sie mich nicht für standesgemäß hielt. Sie benahm sich herablassend mir gegenüber, einen Knicks machte sie dennoch. „Gräfin, ich bin die Baronin Auershof. Im Falle der Vermählung mit dem Fürsten werde ich Ihre Hofdame sein."

„Wieso im Falle, Baronin?", wunderte ich mich.

„Eine kleine Prozedur wäre noch zu erledigen." Sie wandte sich zur offenen Tür und winkte. Professor Ernst Hoffmann, mein späterer Peiniger, trat herein. Die Hofdame ging hinaus, schloss die Tür hinter sich.

Hoffmann trug einen langen schwarzen Mantel und schwarze, dünne Handschuhe, keine Perücke. Jetzt hatte er noch dichte Haare und keine Hautkrankheit, sein Gesicht war aber durch die Nachtarbeit sehr blass. Er wirkte wie ein Asket. In der rechten Hand trug er eine schwarze Arzttasche mit Messingbügel. Er verbeugte sich vor mir. „Guten Abend, Gräfin. Entschuldigen Sie bitte die späte Störung. Ich bin Professor Hoffmann."

Giulietta war redlich empört und deckte schnell ein Badetuch über mich. „Was sind denn das für Sitten hier in Wien? Das ist ja unglaublich! Sehen Sie denn nicht ...?“

„Ich bin untröstlich, aber ich handle im Auftrag des Fürsten.“

Auch ich wurde ungehalten und obendrein misstrauisch: „Was wollen Sie denn?“

Hoffmann wandte sich an Giulietta. „Würden Sie bitte den Raum verlassen? Ich habe mit der Gräfin ein Gespräch unter vier Augen zu führen.“ Die Zofe war ganz aufgebracht.

Ich stand auf, stieg aus der Wanne und legte das Badetuch um meinen Körper. „Geh nur, Giulietta“, sagte ich. Die Zofe ging hinaus und schaute Hoffmann dabei missbilligend an. Ich setzte mich auf einen Stuhl und trocknete mir die Haare. „Also, bitte ...“

„Ich bin der Leibarzt des Fürsten, Gräfin. Er hat mich gebeten, Sie zu untersuchen.“

„Sie wollen mich untersuchen? Wo wollen Sie mich denn untersuchen?“

„Die ganze Prozedur dient nur der Überprüfung Ihres allgemeinen gesundheitlichen Zustandes.“

„Allgemein? Also nichts Spezielles? Es geht nicht darum zu überprüfen, ob ich noch Jungfrau bin?“

„Wir sind hier nicht in Sizilien, Gräfin. Nein, es geht um etwas anderes. Nun, wie soll ich es sagen ...? Der Fürst braucht einen Nachfolger.“

„Also wollen Sie mir doch zu nahe kommen?“

„Diese Untersuchung ist eine Bedingung des Fürsten. Er hat das Ihrer Mutter mitgeteilt.“

Ich stand auf, ließ das Badetuch fallen und ging zu ihm. Ich nahm ihm die Tasche aus der Hand, öffnete sie, schaute hinein und drehte sie um. Die Instrumente fielen zu Boden. Einige merkwürdige Zangen waren dabei, auch ein

Instrument, um etwas auseinanderzuspreizen. Und eine längliche Blechschatulle hatte sich geöffnet und zeigte nun ihren Inhalt: Sezierbestecke, ein langes, scharfes Messer. Erschreckt ließ ich die Tasche fallen und schaute auf die Instrumente. „Sie wollen mich doch wohl nicht mit diesen Werkzeugen malträtieren?"

Hoffmann schaute mich von oben bis unten an. Zum zweiten Mal schon drehte ich mich heute um die eigene Achse. Idioten!

Nach einer Weile entschied Hoffmann sich: „Ich verzichte auf die Untersuchung, Gräfin. Sie ist nicht notwendig. Sie sind die schönste und gesündeste Frau, die ich je gesehen habe. Der Fürst kann sich glücklich schätzen." Er räumte seine Instrumente in die Tasche, verbeugte sich und ging hinaus.

Was sollte ich von diesem merkwürdigen Mann halten?

***

Der nächste Tag, der nächste Abend. Heute hatten der Fürst und ich im Stephansdom geheiratet, der Kardinal selbst hatte die Trauung vollzogen. Nun waren wir im Festsaal von Thurnsteins Stadtpalais. Unzählige Kerzen an den venezianischen Lustern. Eine Musikkapelle. Und unzählige Gäste. Toute Vienne. Reifröcke, aufgetürmte Haarpracht. Männer wie Frauen mit Perücken, Männer wie Frauen geschminkt, beide Geschlechter wie Puppen. Ich war keine Puppe. Weder verkleidet noch überschminkt wie die anderen Damen. Mein Gatte hingegen äußerst prachtvoll in Brokat und Seide gekleidet, sein Gesicht übermäßig geschminkt und gepudert. Rote Wangen hatte er sich aufmalen lassen und zahlreiche goldene Schönheitspflästerchen ankleben, die das Licht spiegelten. Niemand durfte ihn in seinem Glanz übertrumpfen.

Der Kardinalerzbischof war ganz in Purpurrot, trug ein schweres goldenes Kreuz um den Hals. Nur zwei waren schwarz gekleidet: meine Mutter, die ihr Schicksal als Witwe immerzu hervorkehren musste, und Professor Hoffmann, des Festes wegen heute mit dunkelgrauer Perücke.

Es herrschte Stille und alle Gäste standen der mächtigen Doppeltür zugewandt, denn wir erwarteten einen bedeutenden Gast.

Mein Blick fiel auf den Mann neben der offenen Flügeltür. Es war Angelo. Er trug wieder seine weiße, türkische Kleidung und hielt den kostbaren Stock mit dem Löwenknauf in beiden Händen. Angelo schaute nun auch her, ich lächelte ihm zu, aber er tat, als hätte er mich nicht gesehen, wandte schnell seinen Kopf ab und schaute zur Tür hinaus. Zwei verlebte Damen in seiner Nähe tuschelten anzüglich hinter ihren Fächern über ihn, himmelten ihn an.

Angelo sah den Ehrengast kommen und klopfte mit seinem Stock dreimal auf den Boden:

„Seine Majestät, Joseph II., römisch-deutscher Kaiser, König von Ungarn und Böhmen, Erzherzog von Österreich …"

Der Kaiser kam eilig herein. Er war am bescheidensten von allen gekleidet, fast farblos. Ein etwas steifer Mensch sollte er sein, der – wie mir berichtet worden war – das Hofleben verabscheute und sich sehr zum „einfachen Volk" hingezogen fühlte. Nur Angelo, der Kaiser und ich selbst kamen mir wie lebendige Menschen vor, alle anderen in diesem Raum wirkten wie Untote.

„Lass Er's gut sein, Soliman. Erspar Er mir den Sermon", sprach er Angelo an. Der verstummte und verbeugte sich. Zwischen den buckelnden Menschen hindurch kam Joseph auf uns frisch Vermählte zu. Der Fürst verbeugte sich tief: „Majestät, meine Gattin Clara. Alter österreichischer Adel, aber nach Sizilien verschlagen."

Ich setzte zu einem tiefen Knicks an, Joseph aber hob mich sofort am Ellbogen hoch und küsste mir ungeschickt den Handrücken. Er betrachtete mich aufmerksam und ein wenig zu lange. „Ich freue mich, Sie kennenzulernen, Clara. Sizilien, also?" Er zog die Luft durch die Nase. „Ja, wahrhaftig, Sie duften nach dem Süden." Er beugte sich ein wenig näher an meine Schulter und schnupperte daran. „Oliven, ein wenig herb. Das gefällt mir. Und Limonen. Ich höre sogar die Grillen zirpen."

Ich musste amüsiert lächeln, mein Gatte war ein wenig echauffiert. „Und hier die Mutter meiner Braut, die Gräfin Pietrasanta, eine geborene Stollkamm." Mutter machte eine tiefe Verbeugung.

Joseph reichte ihr knapp die Hand. „Ich gratuliere. Zur Tochter und zur Vermählung." Er wandte sich an den Fürsten. „Wie viele Ehefrauen haben Sie jetzt schon überlebt, Fürst?" Thurnstein schaute etwas befremdet. „Waren es vier?" – „Drei, Majestät." – Joseph lächelte mir zu. „Na, ich denke, Sie dürften ihn schaffen."

Er bot mir den Arm an, ging mit mir auf die Tanzfläche, die Musik setzte ein, und wir tanzten ein Menuett. Mir gefiel diese gezierte Art des Tanzens nicht, wo man sich kaum berührte und meist nur gegenüberstand. Der Kaiser war kein sonderlicher Tänzer, auch er schien es nicht zu mögen, er wirkte sogar peinlich berührt, als nun alle auf uns starrten. Er forderte mit einem Wink die Gesellschaft auf, ebenfalls zu tanzen. Ich erhaschte hin und wieder einen Blick auf Angelo, der aber starrte stolz geradeaus, ins Leere. Joseph mühte sich augenscheinlich ab, versuchte sich an Konversation: „Ich bin ihm etwas neidig, dem Fürsten. Vermählt sich ständig mit den schönsten Frauen ... Das mag daran liegen, dass er keine Mutter hat, die ihm politische Hochzeiten aufzwingt. – Meine zweite Frau war übrigens so hässlich, dass ich die Tür von meinem Schlafzimmer zu ihrem zumauern ließ."

Diese Rede gefiel mir gar nicht. „Eine ziemlich brachiale Maßnahme." – „Nach zwei Jahren war ich erlöst. Sie starb." – „Es gibt auch eine innere Schönheit, Majestät." – „Die kennenzulernen, hatte ich nicht die Gelegenheit, ich gebe es zu."

Als wir aufeinander zutanzten, stieg er mir auf einen Fuß und hielt aufatmend inne. „Ich bin für diese gezierte Herumhüpferei nicht geschaffen. Warum spielt man nicht Polka, wie in den Vorstadtwirtshäusern?" – „Ich bitte Sie, Majestät, das tanzt man ja mit verschlungenen Leibern, sagt man." – „Was Sie nicht sagen!"

Da nahm er mich in den Arm, tanzte ein paar Schritte Polka mit mir und summte eine Melodie. Die Gesellschaft war starr vor Staunen. Mein Gatte verzog säuerlich den Mund und der Kardinal schüttelte missbilligend den Kopf. Hoffmann, den ich ganz hinten an die Wand gelehnt sah, trug ein leichtes Lächeln auf den Lippen. Und Mutter war wie immer konsterniert. Angelo blickte her und lächelte. Aber das Lächeln galt offenbar nicht mir, sondern dem Kaiser. Was hatten die beiden miteinander zu schaffen?

Joseph begann, meine Rippen abzutasten. Ich reagierte befremdet und wich zurück, er aber drückte mich fest an sich. „Sie tragen kein Schnürmieder, Clara." – „Ich lasse mich nicht gern einschnüren, Majestät." – „Famos, ganz famos! Sie sind die erste Frau am Hofe, die sich daran hält." – „Woran hält?" – „Ich habe im ganzen Reich die Verwendung von Schnürmiedern untersagt. Die Menschen müssen atmen! Atmen! Auch die Frauen! Es ist ein Vergehen, die Frauen einzuschnüren!"

Das fand ich nun überraschend sympathisch und lachte. Schon wieder trat mir der Kaiser auf die Füße und seufzte. „Selbst das gelingt mir nicht. Alles vergebens." Er winkte meinem Gatten herzukommen. „Hier haben Sie Ihre Gemahlin zurück, Fürst Thurnstein. Ungern. Na, los, tanzt schon, tanzt, ihr glücklichen Leute! Ich muss noch arbeiten."

Der Fürst und ich reihten uns ein und begannen das Menuett mitzutanzen, das er perfekt beherrschte. Joseph ging schnell Richtung Ausgang, die Gäste wichen zurück und begannen sich zu verbeugen. Unwillig winkte er ab. Auch Angelo verbeugte sich. Der Kaiser ging an ihm vorbei und hinaus, kam dann wieder zurück: „Soliman, Sie sind mir noch eine Revanche schuldig." Dann verschwand er. Angelo schaute ihm lächelnd nach.

***

Als wäre es erst gestern gewesen, so gut kann ich mich an diese Nacht erinnern, habe ich alles vor Augen, was ich sah, und alles, was wir sprachen, klingt mir noch im Ohr. Von meinem fürstlichen Schlafgemach führte eine Tapetentür zu dem meines Gatten. Man hatte mich über alles aufgeklärt. Ich zog ein Nachthemd an, Giulietta half mir in den seidenen Hausmantel. Währenddessen besprühte mich Mutter mit Parfüm und redete auf mich ein: „Du bist die Letzte von uns. Du musst ihm unbedingt männlichen Nachwuchs schenken. Dann leben wir Stollkamms und Pietrasantas in den Thurnsteins weiter."

„Ich werde mich bemühen, Mutter."

„Wenn es in den ersten Monaten nicht klappt, dann klappt es nie mehr. Die Männer verlieren bald ihr Interesse. Ein Mann ohne Engagement im Bett zeugt keinen Sohn. Setze deine Waffen ein. Auch die Kirche erlaubt das."

„Ich werde meine Waffen einsetzen, Mutter."

Giuliettas Gesichtsausdruck verriet, dass sie an einem guten Fort- und Ausgang zweifelte. Mutter küsste mich auf die Wange. „Und jetzt geh zu ihm. Alles Gute!"

Mit einem mulmigen Gefühl ging ich durch die Tapetentür.

Drei hübsche junge Diener bereiteten unter Angelos wachsamen Augen ein kaltes und warmes Buffet vor, auch Wein, Champagner, Port und Sherry wurden bereitgestellt. Ich freute mich, Angelo zu sehen, verbarg es aber. Ich habe auch meinen Stolz, schwarzer Mann, dachte ich.

„Was macht Er da, Angelo?"

Angelo verbeugte sich vor mir, die Diener taten es ihm gleich, aber noch viel tiefer. Bei ihm war es mehr ein Nicken. „Ich bin der Erste Kammerdiener des Fürsten, Durchlaucht." Mit einem Wink scheuchte er die jungen Diener hinaus, verbeugte sich und wollte ihnen folgen. Aber das ließ ich nicht zu: „Angelo!" Ich nahm von einer Obstschale eine Orangenspalte, ging zu ihm hin und steckte sie ihm in den Mund. „Kannst du dich erinnern?"

Angelo verschluckte sich beinah. „Ich darf mich jetzt zurückziehen, Fürstin."

„Du sollst dich aber nicht zurückziehen, Angelo! Ich habe dich 20 Jahre lang nicht gesehen!" Angelo war unentschlossen. Ich überwand meinen Stolz: „Bleib wenigstens, bis er kommt. Bitte."

Angelo blieb stehen, wo er war, und ich bediente mich hungrig am Buffet, aß mit den Fingern. „Ich habe beim Diner vor Nervosität keinen Bissen hinuntergebracht. Bitte mach den Champagner auf."

Angelo ging zum Getränkebuffet und öffnete eine Flasche. Ich schaute mich im Schlafgemach um: Kerzenlicht, ein prächtiger, überladener Raum, ein Himmelbett mit geschnitzten Säulen, im Kopfteil Dschungelszenen aus Afrika. Nackte schwarze Buben spielten unter einem Wasserfall. An einer Wand erbeutete Waffen von den Osmanen, darunter mehrere Säbel. Drei große Gemälde hingen an den Wänden. Eines zeigte im Hintergrund das Gartenpalais von Thurnstein. Im Vordergrund, an einer Balustrade, war der Fürst mit dem kleinen Angelo zu sehen. Das zweite Bild zeigte einen enormen Konvoi, der sich in Mäandern auf dem Gemälde schlängelte. Unter den berittenen Edelknaben und Hofkavalieren fand ich ebenfalls Angelo. Er saß auf einem rotgezäumten Schimmel, ausstaffiert mit Turban und exotischem, wallendem Gewand. Und dann gewahrte ich noch ein drittes Gemälde, über dem Kopfteil des Himmelbetts. Es stellte den achtjährigen Angelo als nackten Wilden mit einem Speer dar.

Erst spät bemerkte ich, dass Angelo mir schon lange das gefüllte Champagnerglas hinhielt. Nicht das geringste Anzeichen von Ungeduld in seinem Blick. Ich sah, dass er nur ein Glas eingeschenkt hatte. „Ich will mit dir anstoßen!“ Ich nahm das Glas, Angelo schenkte sich ebenfalls ein, hob das Glas hoch, wir stießen an. „Auf mein neues Leben. Wünsch mir Glück.“

Angelo blieb betont kühl. „Meine Wünsche spielen keine Rolle.“

„Schau mich an!“ Angelo blickte mir offen und kalt in die Augen. Eine tiefe Traurigkeit packte mich. „Nein, du bist nicht mehr derselbe.“

„Sie ebenfalls nicht, Durchlaucht.“ Ich wandte mich ab und trank das Glas in einem Zug leer. Angelo stellte sein Glas ungetrunken weg. „Darf ich mir eine Frage erlauben, Fürstin?“

„Aber sicher.“

„Warum Fürst Thurnstein?“

„Er ist doch eine gute Partie, oder?“

„Die beste."

„So ist es." Angelo schien nicht befriedigt über diese Auskunft, ich sah es ihm an. Ärger überkam mich. „Sag, was ist los mit dir? Muss ich mich vor dir rechtfertigen?"

„Nein, natürlich nicht, Durchlaucht." Er verbeugte sich, wollte gehen.

Ich wurde wütend: „Ich habe dich nicht entlassen!" Angelo gehorchte und blieb stehen. Ich atmete durch, schenkte mir Champagner nach, trank davon. Ich ging ruhelos durch den Raum, dann drehte ich mich zu ihm um. „Seine Briefe ... Er hat mir so wunderschöne Briefe geschrieben ..."

„Ach? Hat er das?"

„Das hat er! Das waren nicht die Briefe eines mächtigen Fürsten. Es waren die Briefe eines Poeten, eines tieffühlenden Menschen. Zärtlich, manchmal auch ganz wild ... Ich sage dir, Angelo, hin und wieder haben mich diese Briefe fast um den Verstand gebracht." Angelo lächelte etwas spöttisch. Das verstand ich nun wirklich nicht. „Wer solche Briefe schreibt, der ist etwas ganz Besonderes. Auch wenn mich sein Aussehen ... Er hat sich sehr verändert ... Der Fürst sieht den Lackaffen von Messina nun leider sehr ähnlich." Ich trank das Glas aus. „Es wird wohl hoffentlich einigermaßen erträglich werden. Die Hauptsache ist, dass ich weg bin aus Messina." Ich hielt Angelo das Glas hin, er schenkte nach. Ich ging zum Gemälde mit dem langen Festzug, zeigte auf ihn. „Bist du das hier?"

„Ja, das bin ich."

„Da hat er dich ja geradezu als morgenländischen Fürsten ausstaffiert. Was stellt das dar?"

„Die Abholung der ersten Frau des Kaisers. Isabella von Parma."

Ich drehte mich nach Angelo um. „Der Kaiser ist ein komischer Kauz, findest du nicht?"

„Ein unglücklicher Mann."

„Warum das?"

„Er möchte regieren. Aber seine Mutter lässt ihn nicht."

„Wo ist denn hier ...?" Ich stellte mein Glas ab, schaute mich suchend um und sah dann einen Leibstuhl hinter einem Paravent. Ich ging hin und öffnete den Deckel. Neben dem Leibstuhl befand sich eine Waschschüssel. Ich zog den Paravent schlampig zu und setzte mich hin. Fast zornig brachte Angelo den Paravent in Ordnung. Ich redete ohne Pause weiter. „Es wäre für Maria Theresia angebracht gewesen, auf die Hochzeit zu kommen. Schließlich ist der Fürst nicht irgendwer. Aber immerhin, so war es ungezwungener. Sie soll ja ausgesprochen prüde sein. Stimmt das mit der Keuschheitskommission?"

„Ja, sie ist eifrig am Werk. Die Grabennymphen wurden geschoren und mit Fußfesseln zum Straßenkehren verurteilt. Und eben hat man die Kellnerinnen abgeschafft. Weil Maria Theresia der Meinung ist, das seien alles käufliche Dirnen."

„Aber 16 Kinder! Sie selbst scheint nicht viel von Keuschheit zu halten." Ich kam wieder hinter dem Paravent hervor und sah Angelos volles Glas, das er weggestellt hatte. „Was ist? Du willst nicht mit mir trinken?"

Angelo nahm das Glas, stieß kurz in der Luft mit mir an und nippte am Champagner.

Eine Tapetentür auf der anderen Seite öffnete sich und rückwärtsgehend erschien ein kleiner Junge, der dieselbe türkische Kleidung trug wie damals Angelo, als er in Sizilien den Kaffee servierte. Ich war fassungslos. Der Junge hatte eine Quaste in der Hand, in der anderen eine Puderdose. Fürst Thurnstein erschien und der Junge wedelte mit der Quaste in dessen Gesicht herum. Dann sah ich das Gesicht des Jungen. Ich hatte erwartet, es sei das eines Afrikaners, aber es war ein Weißer, wenn auch von dunklerer

Gesichtsfarbe, mit schwarzen Haaren. Ich schaute Angelo erstaunt an, er bewegte keine Miene. Thurnstein drückte ungeduldig die Hand des Jungen weg. „Ist ja schon genug, David! Sei nicht so lästig!“

Der Junge verbeugte sich, ging hinaus und schloss die Tür hinter sich. Mein Gatte war nun ohne Perücke, im Hausmantel aus goldrotem Brokat. Darunter war er fast nackt, trug nur ein enggeschnürtes Fischbeinmieder. Er hatte kaum mehr Haare auf dem Kopf. Sein Gesicht war nach wie vor geschminkt. Um seinen Hals hing die Kette mit meinem Porträt. Sein Blick zeigte Befremdung, als er Angelo mit dem Champagnerglas in der Hand sah. „Er kann jetzt gehen, Angelo.“

„Sehr wohl, Durchlaucht.“ Er stellte das Glas ab, verbeugte sich vor uns beiden und verließ das Gemach.

Ich schaute Thurnstein an. Und hatte nicht die geringste Lust, mit diesem verlebten, überschminkten Mann zu schlafen. Mit Angelo hätte ich gern geschlafen.

Mein Gatte deutete auf das Himmelbett, in dem sich nur auf einer Seite eine Decke befand. „Bitte, Madame.“

Ich schaute ihn noch eine Weile an, zog mich dann komplett aus und legte mich aufs Bett. Thurnstein öffnete nur seinen Mantel und legte sich auf mich. „Wenn Sie mir etwas behilflich sein wollen, Madame ...“

Ich griff an sein schlaffes Geschlecht und versuchte mein Bestes. Sein Mieder drückte mich schmerzhaft. „Sie wissen aber schon, Fürst, dass Sie gegen die Kleidervorschriften des Kaisers verstoßen?“

Thurnstein antwortete nicht, sondern bemühte sich schnaufend, dabei unablässig und starr auf etwas schauend, das sich über dem Kopfteil des Bettes befand. Ich legte meinen Kopf zurück und sah das Bild mit dem kleinen Angelo. So war das also! Grauenhaft! Schrecklich! Ich konnte es nicht fassen!

Thurnstein mühte sich weiter ab. Ich ließ es über mich ergehen. Und sah plötzlich Angelo. Die Tür stand einen Spalt offen, er schaute auf uns – mit einem rasenden Gesicht, so als würde er gleich hereinkommen und das frischvermählte Brautpaar massakrieren. Hinter Angelo erschien die Hofdame und flüsterte etwas. Ich las ihr von den Lippen, was sie sagte: „Das wird nichts. Das wird wieder nichts."

Die Hofdame ging resigniert weg. Angelo wurde immer wütender, beherrschte sich aber im letzten Moment und stürmte nicht ins Gemach, sondern schloss leise die Tür. Der Fürst hatte von alldem nichts bemerkt.

Nach dieser peinsamen Prozedur verließ ich Thurnsteins Gemach durch die Tapetentür, schloss die Tür hinter mir und lehnte mich vollkommen zerrüttet daran. Mutter und Giulietta standen im Raum und schauten höchst erwartungsvoll zu mir. Ich ging zum Bett, zog den Mantel aus und ließ ihn fallen. Giulietta eilte herbei und schlug die Decke zurück. Ich legte mich hinein und drehte mich zur Seite. Giulietta deckte mich zu, ich zog die Decke über den Kopf. Nichts mehr wissen, einfach schlafen! Aber Mutter wollte es wissen, sie riss mir die Decke weg: „Hat er es gemacht, Clara?" Ich antwortete nicht, zog die Decke wieder über meinen Kopf. „Clara! Es ist nie so, wie man sich das vorgestellt hat! Die Ehe ist eine Pflicht. Und die hat man zu erfüllen. Hat er es gemacht? Ich frage dich, ob er es gemacht hat!" Ich antwortete nicht. Mutter rüttelte mich an der Schulter. „Clara! Antworte mir!" Ich schwieg immer noch und Mutter verließ wütend und mit der Tür knallend das Zimmer.

Giulietta legte mir ihre kühle Hand an den Kopf. „Du bist nicht allein. Du hast einen Beschützer. Glaube mir." Sie küsste mich auf die Stirn, legte die Decke über meine Schultern und ging hinaus. Ich vergrub den Kopf im Polster und zog die Decke wieder über meinen Kopf.

Nach einer Weile nahm ich ein Stöhnen in Thurnsteins Zimmer wahr. Ich richtete mich auf, lauschte bestürzt und ging zur Tapetentür, um ins Schlafgemach des Fürsten zu schauen.

Ich konnte erkennen, dass Thurnstein auf jemandem lag. Der Blick auf das Gesicht des Darunterliegenden wurde frei. Es war der kleine Junge, den der Fürst David genannt hatte. Ich erkannte ihn sofort, trotz seines verzerrten Gesichtes.

Bei dem Jungen fiel es Thurnstein sichtlich leichter, erfolgreich zu sein, als bei mir. Dennoch schien er nicht zufrieden zu sein. Ich hörte seine keuchende, knarrende Stimme: „Schau mir in die Augen! Küsse mich! Warum nehm ich dich sonst wie eine Frau?!"

Der kleine David schaute Thurnstein in die Augen, dessen Zunge schnellte aus seinem feuchten, schmalen Mund. Ich wandte mich empört ab, schloss die Tür.

Nach einer Weile wurde es endlich still. Auf dem Nachtkästchen neben mir lagen die Briefe, die ich seit den Jahren meiner Kindheit von Thurnstein erhalten hatte. Ich nahm das Päckchen, löste die Masche und öffnete einen der Briefe.

Am Rand waren ein paar kleine Springböcke zu sehen. Natürlich wusste ich, wer sie gezeichnet hatte. Aber nur aus diesem Grund musste ich die Briefe meines Gatten trotzdem nicht mehr aufbewahren. Jetzt nicht mehr. Ich begann, die Briefe langsam zu zerreißen.

***

Am nächsten Morgen saß ich allein am Tisch des Frühstückzimmers. Der kleine David wartete das Frühstück auf. Ich war sehr irritiert davon. War das wieder so eine Teufelei meines Gatten? Warum tat er mir das an? Ich schaute David befremdet an, er tat mir leid. Der Junge wich meinem Blick aus. Neben mir hing an einer Wand ein Porträtstich von Angelo, ich betrachtete ihn.

Mutter und Giulietta kamen ins Zimmer. David verbeugte sich, richtete einen Stuhl für meine gräfliche Mutter. Die Zofe wandte sich an David. „Wo ist denn das Esszimmer der Dienerschaft, Junge? Im Souterrain?“ Aber das ließ ich nicht zu, sie war die Einzige, die zu mir hielt. „Setz dich, Giulietta!“ – „Aber, Durchlaucht ...“ – „Setz dich endlich, Giulietta!“

David servierte den beiden Frauen. Alle aßen schweigend, tranken Tee. Ich schaute zu David, der in seiner türkischen Verkleidung an der Wand stand, die weiß behandschuhten Hände vor sich haltend, als wollte er sein missbrauchtes Geschlecht abdecken. „Du kannst jetzt gehen, Junge.“ David verbeugte sich und verließ das Zimmer.

Ich konnte nicht mehr an mich halten. „Er verhöhnt mich! Er verhöhnt mich!“

Mutter verstand nicht. „Wie bitte?“

„Ich bin in der Falle, Mutter.“

„Was soll das heißen?“

„Willst du es wirklich wissen?“

„Ich bin deine Mutter, ich muss alles wissen!“

„Mein angebeteter Neptun, mein Krieger, mein Poet, der mir die bezauberndsten Liebesbriefe schrieb – er bevorzugt Kinder!“

Meine bigotte Mutter war fassungslos. „Was? Was sagst du da?“

„Er bevorzugt kleine Buben!“

Mutter war der Ohnmacht nahe, sie wankte auf dem reichverzierten Stuhl. Giulietta war keineswegs verwundert: „Ich ahnte es. Ich ahnte es immer. Schon, als er mit dir und Angelo im Wasser spielte.“

Mutter begann zu keuchen, bekam keine Luft mehr. „Ungeheuerlich! Ungeheuerlich!“

„Clara, du gehst sofort zum Kardinalerzbischof. Er muss diese Ehe annullieren!“, glaubte Giulietta Rat zu wissen.

Mutter echauffierte sich trotz ihrer Atemnot. „Sag nicht Clara zu ihr, Giulietta! Lass das endlich! Sie ist kein Kind mehr! Und sie ist Fürstin!“

Giulietta ignorierte Mutter. „Hörst du, Clara? Geh zum Kardinal!“

„Ach, Giulietta! Der Kardinalerzbischof hat uns getraut. Der Kardinalerzbischof ist der Beichtvater des Fürsten. Er weiß es natürlich. Er muss es wissen. Ganz Wien wird es wahrscheinlich wissen. Nur wir dummen Sizilianer wussten es nicht.“

Mutter stand auf und begann rastlos herumzugehen. Dann hielt sie vor mir inne. „Es ist wohl Gottes Strafe. Für deine Sünden. Nimm es auf dich. Du wirst ihm einen Sohn schenken. Und du wirst ihn überleben. Dann bist du die Herrin des Hauses Thurnstein.“

„Welche Sünden? Welche Sünden habe ich begangen, Mutter?“

„Glaubst du, ich habe nicht bemerkt, wie oft du gesündigt hast, im Speicher, im Olivenhain?“

Ich musste schrecklich aufweinen. „Lass mich zurückkehren in den Olivenhain! Bitte, Mutter!“ Plötzlich erschien mir das abgeschiedene Sizilien wie das Paradies auf Erden.

„Du wirst das durchstehen, du musst das durchstehen! Wir brechen heute noch auf, Giulietta. Ich werde für dich beten, Clara.“

Ohne anzuklopfen, trat die Hofdame ins Zimmer herein, machte einen nachlässigen Knicks vor mir. „Guten Morgen, Durchlaucht. Ich werde Ihnen heute, wenn Sie erlauben, die Räume des Palais zeigen und Ihnen die Dienerschaft vorstellen."

„Der Fürst geruht noch zu schlafen, Baronin?"

„Der Fürst ist aufs Land gefahren."

„In Begleitung seines Kammerdieners?"

„Herr Soliman ist ausgeritten. Das macht er jeden Morgen."

***

Bald hatte ich ihn vor mir. In den Praterauen. Es war nicht leicht, ihn einzuholen. Ich gab meiner weißen Stute die Sporen, schlug mit der Gerte auf sie ein. Angelo drehte sich um und bemerkte mich. Sein Pferd troff schon vor Schweiß, er trieb es noch schneller an und sprang über eine Hecke. Ich folgte ihm. Mir kommst du nicht davon!

Angelo hielt bei einem Baum an und drehte sein Pferd zu mir. Ich zügelte harsch meine Stute, sie kam so schnell zum Stehen, dass sie mich fast über ihren Kopf hinweg abwarf. Angelo schaute mich kühl an: „Durchlaucht wünschen?"

Ich stieg vom Pferd, ging zornig auf und ab. Angelo sprang ebenfalls von seinem Pferd und ließ es laufen, es begann zu grasen. Mit bestimmten Schritten ging ich auf ihn zu und verpasste ihm eine Ohrfeige. „Warum hast du mich nicht gewarnt? Du hättest mich warnen müssen! Spätestens da oben, bei der Spinnerin am Kreuz!" Angelo schaute mich nur stumm an. „Warum hast du mir das angetan? Wir haben uns doch gemocht als Kinder. Oder etwa nicht?"

„Doch. Wir haben uns gemocht."

In einiger Entfernung ritten zwei Herren vorbei und schauten neugierig her.

Ich fühlte mich von Angelo betrogen und schamlos hintergangen. „Du weißt ja von der Vorliebe des Fürsten, nicht wahr?"

„Wie sollte ich nicht?" In meiner Rage war mir nicht bewusst, was die Vorlieben Thurnsteins für den kleinen Angelo bedeutet haben mussten.

„Und du lässt mich trotzdem in diese Falle laufen?"

„Es war Ihre Wahl, Durchlaucht."

„Ja, das weiß ich!"

„Hätten Sie auf einen schwarzen Diener gehört?"

„Natürlich hätte ich auf dich gehört!" Ich war ganz verzweifelt, setzte mich unter den Baum.

„Brauchen Sie mich noch, Durchlaucht?"

„Ja, ich brauche dich! Ich habe niemanden sonst! Setz dich, steh nicht herum!" Angelo setzte sich ebenfalls unter den Baum, aber mit großem Abstand zu mir, beinah schon auf der anderen Seite. Was erlaubte er sich für eine Frechheit! „Wie konntest du es nur 20 Jahre lang mit diesem Mann aushalten?" Angelo antwortete nicht. Erst da fiel mir auf, was für einen Unsinn ich redete. Das Gemälde über Thurnsteins Bett! Da war mir doch schon alles klar gewesen! „Entschuldige, bitte! Oh, mein Gott!" Angelo reagierte nicht. „Oh, mein Gott! Armer Angelo! Armer Angelo!"

„Warum sagen Sie das?"

„Gott Neptun hat dich in seinem Netz gefangen, damals in Sizilien. Er hat es mit dir auch so gemacht. Als du ein Kind warst. Nicht wahr?" Angelo antwortete nicht, starrte nur vor sich hin. Ich beugte mich zu ihm, zog ihn an mich und umarmte ihn. Aber er nahm die Umarmung nicht an, blieb distanziert. Ich löste mich von ihm. „Warum hast du ihn nicht umgebracht?"

„Er ist für mich wie ein Vater. Wie kann man seinen Vater umbringen?"

„Warum bist du ihm nicht davongelaufen? Du bist doch mir auch ständig davongelaufen! Du hast dich über eine Klippe ins Meer gestürzt! Bist geflogen wie ein Engel!“ Er antwortete nicht. „Angelo! Ich verstehe dich nicht! Du hast dich zähmen lassen wie ein Haustier!“

Er stand abrupt auf. „Sie haben mich als Erste gezähmt! Vergessen Sie das bitte nicht!“

Ich erhob mich ebenfalls. „Aber ich habe dich nicht missbraucht! Warum bist du nicht längst geflohen? Warum bist du nicht nach Afrika zurück?“

Angelo deutete verzweifelt auf sein Pferd. „Frag diesen Araberhengst, wo er herkommt! Frag ihn!“

„Du bist kein Araberhengst. Du bist ein Mensch!“ Angelo wollte sein Pferd holen, ich hielt ihn zurück. „Du hast Angst vor der Freiheit, nicht wahr?“ Angelo machte sich los von mir, ging zu seinem Hengst und lehnte den Kopf an dessen Hals. Ich blickte in die Au, in den Himmel. „Ich wollte die Freiheit. Unbedingt. Aus der sizilianischen Provinz in die große, bedeutende Stadt Wien. Vom Regen in die Traufe.“

Angelo drehte sich aufgebracht zu mir. „Sie wollten einfach eine gute Partie machen, Madame! Was weiß ein Mensch wie Sie schon von Freiheit ...?“

Angelo stieg auf sein Pferd und gab ihm die Sporen. Ich stützte mich am Baum ab und sank verzweifelt an ihm zu Boden.

***

Am Abend nach diesem Vorfall in den Prateraue saß ich in einem riesigen Raum an der Stirnseite eines langen Tisches. Am anderen Ende, sehr weit weg, saß Thurnstein. Wir aßen zu Abend, livrierte Diener warteten geräuschlos auf. Kerzenlicht auf Kandelabern. Auch in diesem Raum hing ein Bild mit dem erwachsenen Angelo, ein schwarzes, sich aufbäumendes Ross haltend. Außerdem gab es ein riesiges Ölgemälde, auf dem die Kaiserin abgebildet war.

Der Fürst nahm sich gierig vom Essen, schlang es in sich hinein, mir hingegen war der Appetit vergangen.

Ich legte das Besteck weg und schaute Thurnstein eine Weile an. Er würdigte mich keines Blickes. Ich brach das unerträgliche Schweigen. „So viel Platz für zwei Leute. Wo ist denn Ihre ganze Hofgesellschaft, Fürst?“

Er schaute mich immer noch nicht an. „Den ersten Abend wollte ich mit Ihnen allein verbringen. Vielleicht haben Sie ja auch ein paar Fragen an mich.“

Ich blickte auf das Bild mit Angelo, dann betrachtete ich die Kaiserin. „Ist das die Dame mit der Keuschheitskommission?“

„Das ist die Kaiserin, ja.“

„Sie sind gut befreundet mit ihr?“

„Ich bin ihr wichtigster Ratgeber. Und Geldgeber.“

„Ihr seid alle noch verlogener als wir in Sizilien.“

Zum ersten Mal schaute er mich nun an. „Die Kaiserin ist nicht verlogen. Sie ist unser aller Mutter. Die Mutter des Reiches.“

Ich blickte auf die Diener, die diskret im Hintergrund standen. „Heute Morgen wurde ich von einem Kind bedient, von einem kleinen Jungen. Hatte das einen bestimmten Grund?“

„Allerdings.“

„Und welchen?“

„Sie sollten dieses Kind anschauen und kennenlernen, Madame.“ Der Fürst winkte den jungen Dienern zu, dabei würdigte er sie keines Blickes. Sie verbeugten sich und verließen den Raum.

„Warum sollte ich dieses Kind kennenlernen, Fürst?“

Er hörte auf zu essen. Sein Blick lag durchdringend auf mir. „Kinder sind die schönsten Wesen, die es gibt. Sie sind Engel. Rein, unschuldig. Ich vergöttere Kinder."

„Und deshalb schänden Sie sie?"

„Das ist eine sehr konventionelle Anschauung, Madame. Kinder sind genauso erotische Wesen wie Erwachsene. Es ist keine Schändung. Die Kinder erwidern meine Liebe."

„Hat Angelo diese Liebe ebenfalls erwidert?"

„Natürlich. Angelo ist mein Sohn. Ich habe ihn erzogen. Ich habe ihn zu dem gemacht, was er ist. Eines Tages verlieren alle Kinder ihre Unschuld, ihre Schönheit. Angelo ist geblieben, wie er war. Ein Gott. Ein schwarzer Gott. Ewig jung."

„Sie lieben ihn also immer noch?"

„Ja. Ich liebe ihn."

„Und wenn er Sie bitten würde, ihn freizugeben, ihn heimkehren zu lassen nach Afrika, würden Sie zustimmen?"

„Er wird mich nicht darum bitten. Sonst hätte er es längst getan."

Ich stocherte weiter in meinem Essen. Eine Weile herrschte wieder Schweigen. Dann setzte ich von Neuem an. „Und wie soll das mit uns beiden weitergehen?"

„Wir werden unsere Bemühungen fortsetzen, Madame. Ansonsten stehen Ihnen alle Annehmlichkeiten zur Verfügung, die ein Fürstenhaus zu bieten hat."

„Ich bin also für Sie eine Art Kuh, die ein hochfürstliches Stierkalb austragen soll?"

„Es gibt beklagenswertere Schicksale, Madame."

Er glich einem unnahbaren Eisklotz. „Als ich ein Kind war, bin ich auf Ihrem Schoß gesessen, Fürst. Erinnern Sie sich?"

Er trank von seinem Rotwein. „Natürlich erinnere ich mich. Sie waren das süßeste Kind, das man sich vorstellen kann. Deshalb habe ich Sie geheiratet, Clara, trotz des großen Standesunterschiedes. Mit diesem Bild im Kopf. Das kleine, süße, blondgelockte Mädchen auf meinem Schoß. Aber Sie sind nicht Angelo. Sie sind jetzt eine Frau wie jede andere.“

Ich musste auflachen, wischte mir mit der Serviette den Mund ab, stand auf und ging zur Tür. Dort drehte ich mich nach dem Fürsten um, der im Halbdunkel saß und mir den Rücken zukehrte. „Ich bin keine Frau wie jede andere, Fürst. Jedenfalls nicht vom blutleeren Hochadel. Ich bin stark. Sie werden sich noch wundern, wie stark.“

Und ich ging, sah noch aus den Augenwinkeln, wie der Fürst seinen Teller an die Wand schmetterte.

***

Völlig außer mir war ich nach diesem Vorfall. Ich nahm eine Öllampe und stieg die Dienstbotentreppe hinauf. Im Dachgeschoss ging ich den Flur entlang, bis ich zu einer Tür kam, neben der geschrieben stand: *Soliman, 1. Kammerdiener.*

Hinter mir, am Aufgang der Treppe, erschien jemand, wollte sich gleich wieder verbergen, als er mich sah. Zu spät. Ich erkannte ihn an seiner Kleidung. Es war David. Er verschwand.

Ich klopfte mehrmals leise. Klopfte wieder. Nach einer Weile öffnete sich die Tür. Angelo stand da, war konsterniert. „Durchlaucht benehmen sich unmöglich.“

„Was willst du? Mich demütigen? Mir den Einlass verwehren?“

Angelo schaute mich ungehalten an, machte mir schließlich Platz. Ich betrat sein Zimmer, er kam mir nach und schloss die Tür. Er setzte sich auf einen Diwan, nahm eine Wasserpfeife und zog daran, stieß Rauchwolken aus.

Ich schaute mich in dem kleinen Zimmer um. Es gab nur zwei schmale Fenster. Im Halbdunkel des Kerzenlichts erkannte ich: Dies war das Zimmer eines Gelehrten. Viele Bücher in deutscher, französischer und italienischer Sprache, etliche Lehrbücher über Architektur, Wasserbau, Brückenbau, Mathematik, Physik und Chemie. Auch die französische Enzyklopädie von Diderot war zu sehen. Ein dicker Weltatlas. Und eine schöne Ausgabe des Korans auf Arabisch. An einer Wand der Stich einer Landkarte Afrikas mit Sizilien. Mehrere Kreise, Pfeile und Fragezeichen in der Gegend von Nordwestafrika, *Wándala* stand dort als Bezeichnung. Und nicht weit davon entfernt weitere Zeichen, Kanem-Borno hieß dieses Land. Zwei strichlierte Linien führten davon weg, eine zu Land über die Karawanenstraße nach Tunesien, eine zu Wasser an der Westküste entlang nach Marokko. Sollten sie mögliche Reisewege darstellen? Die Wasserroute nach Marokko war durchgestrichen; auch die von Marokko über das Meer nach Sizilien. Nur die Linie von Tunesien über das Mittelmeer nach Sizilien hatte er stehenlassen. Neben der Landkarte hingen zwei afrikanische Rasseln an der Wand. Und am Boden stand eine afrikanische Trommel.

Es war aber auch das Zimmer eines Soldaten. An einer Wand befanden sich Pläne für militärische Behelfsbrücken. Ein erbeuteter türkischer Säbel, ein wertvoller Dolch in edelsteinbesetzter Scheide, eine Lanze, ein Helm und eine Reiterstandarte. Irgendwo ein türkischer Sattel. Auf einem Tischchen eine offene Schatulle mit wertvollen, ziselierten Duellpistolen.

Was war noch zu sehen? Kleiderkasten, Bett, ein Diwan mit türkischen Pölstern und Beistelltischchen. Ein Polstersessel, Schreibtisch, Stuhl, ein Gestell mit Wasserkrug und Waschschüssel. Orientalische Teppiche am Boden. Französischer Branntwein, die besagte Wasserpfeife. Auf dem Schreibtisch ebenfalls Bücher und Papiere sowie Schreibgerät, Tinte, Geometriedreieck, ein Zirkel. Unter den Büchern auch eine schmale, gedruckte Broschüre mit dem Titel *Der Sitz der Musikalität im menschlichen Gehirn – von Professor Ernst Hoffmann*. Neben der Tür, in einem schmiedeeisernen Behälter für Kaminbesteck, lehnte der Stock mit dem Löwenknauf.

Ich betrachtete die Landkarte genauer. „Du suchst ja doch deine Wurzeln ..."

„Ich hab es aufgegeben. Ich bin ein Weißer. Die Hautfarbe täuscht."

Ich schaute ihn an. „Das klingt sehr traurig, Angelo. Der Fürst lobte dich in seinen Briefen als stolzen schwarzen Krieger."

Er zog an seiner Wasserpfeife. „Wir sind nicht mehr im Krieg. Wir sind in Wien. Ich bin Diener."

Ich deutete auf die Beutestücke. „Aber das ist das Zimmer eines Kriegers."

„Souvenirs."

Ich betrachtete den Dolch, nahm ihn von der Wand und zog ihn aus der Scheide. Auf der Klinge war etwas in arabischer Schrift eingraviert. Ich hielt den Dolch in Angelos Richtung. „Kannst du lesen, was hier steht?"

„Das ist eine Sure aus dem Koran." Angelo zitierte auswendig. „‚Wenn die Bücher offengelegt und die Himmel weggezogen werden und wenn die Hölle lichterloh brennt und das Paradies uns lockend vor Augen steht, dann wird jede Seele wissen, was sie getan hat.'"

Ich schob den Dolch in die Scheide zurück und hängte ihn an die Wand, strich über den Säbel. „Ich hatte solche Angst um euch. Dass sie euch den Kopf abschlagen. Und war furchtbar stolz, dass ihr die bösen Heiden zurückgetrieben habt."

„Diese bösen Heiden behelligen weder die Christen noch die Juden in ihren eroberten Gebieten. Was machen wir? Wir zwingen den Heiden und den Juden unseren Glauben auf. Oder töten sie."

„Ein Kind mag es eben lieber, wenn die Welt in Gut und Böse eingeteilt ist, in Schwarz und Weiß."

Ich betrachtete den Koran, blickte auf die Schrift von Hoffmann (Verflucht sei er!), dann setzte ich mich in den Polstersessel. Angelo zog an seiner Pfeife und stieß weiße Wolken aus. Er sagte kein Wort. Plötzlich schnellte er hoch, ging zur Tür und riss sie auf. David kniete draußen, hatte uns wohl durch das Schlüsselloch beobachtet und belauscht. Der Junge war peinlich berührt und lief schnell davon. Angelo schloss gleichgültig wieder die Tür, setzte sich und nahm seine Pfeife.

Und ich – die Starke, die Stolze – begann haltlos zu weinen. Es gelang mir nicht, mich zu beherrschen. Dann spürte ich ihn zu mir kommen, er nahm mich in die Arme. Ich wollte ihn küssen. Aber plötzlich war seine Hand zwischen uns, lag auf meinem Mund, so als würde er mich zum Schweigen bringen wollen. Entrüstet über diese Zurückweisung stand ich empört auf. Angelo trat zurück und hielt die rechte Handfläche abweisend gegen mich erhoben. „Sie sind die Gemahlin meines Herrn. Dieses Spiel spiele ich nicht mehr. Es ist mir zu billig."

„So weit wird es nicht mehr kommen. Darin kannst du dir sicher sein!" Beleidigt verließ ich Angelos Zimmer.

Hinten an der Treppe lugte David wieder ums Eck.

***

Am nächsten Morgen traf ich beim Frühstück wieder auf den missbrauchten Jungen, er bediente mich. Nach langem Schweigen wandte ich mich an ihn. „Sag mir, Junge, wie heißt du?“ – „David Blumauer, Durchlaucht.“ – „Wo kommst du her, David?“ – „Wischnitz.“ – „Wo ist das?“ – „In den Karpaten. Bukowina.“ „So weit aus dem Osten kommst du?“ – „Der Fürst hat mich mitgenommen.“ – „Der Fürst hat Besitzungen dort?“ David nickte. „Und deine Eltern?“ – „Man hat sie ertränkt. Im Tscheremosch.“ – „Wer?“ – „Ich weiß es nicht. Die anderen.“ Diesem Jungen musste man doch helfen! „Ich könnte versuchen, eine Familie für dich zu finden, die dich aufnimmt.“ David schaute an mir vorbei. – „Möchtest du nicht weg von hier?“ Er schüttelte den Kopf.

Thurnstein trat ein, mit Akten in der Hand. David verbeugte sich, zog einen Stuhl für ihn zurecht. Thurnstein setzte sich, würdigte mich keines Blickes. David servierte Thurnstein, dieser frühstückte und studierte dabei Akten, beachtete mich noch immer nicht.

Nach einer Weile richtete ich das Wort an ihn: „Sagen Sie, Fürst, warum ist Angelo nicht verheiratet?“

Er schaute mich immer noch nicht an. „Wen soll er heiraten? Es gibt keine schwarzen Frauen in Wien. Außerdem dürfen bei mir auch die weißen Dienstboten nicht heiraten. Und wenn ich sie bei einem schlampigen Verhältnis erwische, lasse ich sie auspeitschen.“

„Ach? Ein Kloster ist das hier also? Nur der Prior darf der Fleischeslust frönen?“

Thurnstein blieb ungerührt. „Diese Methode hat sich sehr bewährt, Madame.“ Endlich schaute er mich an. „Was glauben Sie, wie viele Kinder ich sonst schon zu versorgen hätte? Tausende!“ Wie sollte ich ein Leben mit diesem Menschen aushalten? Er widmete sich wieder seinem Frühstück. „Sie brauchen sich um Angelos Geschlechtsleben keine Sorgen zu machen, Madame. Er geht zu den Straßendirnen.“

Angelo erschien in der offenen Tür und verneigte sich. „Durchlaucht wollten mich sprechen?“

Thurnstein schaufelte sich Kaviar auf seine russischen Blinis, trank vom Tee, antwortete erst nach einer Weile wie nebenbei: „Ich höre, du schläfst mit meiner Gattin?"

Angelo blickte mich überrascht an. Ich regte mich schon wieder über alle Maßen auf.

„Er hat nicht mit mir geschlafen, Fürst!"

„Ihr frönt jedenfalls der trauten Zweisamkeit. Gestern seid ihr zusammen ausgeritten und heute Nacht waren Sie auf seinem Zimmer, Madame. Was macht eine Fürstin des Nachts auf dem Zimmer eines Dienstboten? Eines schwarzen Dienstboten?" Er wurde lauter, schneidender. „Das hat es in der Geschichte des Hauses Thurnstein noch nie gegeben! Noch nie!"

„Aber die Herren des Hauses Thurnstein holen sich Knaben ins Bett und demütigen damit ihre Ehefrauen? Das ist die übliche Sitte?"

David zuckte zusammen, diese Auseinandersetzung war ihm sehr unangenehm.

Thurnstein schob seinen Teller von sich. „Wenn Sie sich noch einmal erdreisten, so etwas zu machen, Madame, wird der Familienrat zusammentreten. Wir Thurnsteins sind schon mit anderen Problemen fertiggeworden." Er wandte sich an Angelo: „Und dich muss ich wohl wieder einmal nachdrücklich daran erinnern, wer du bist."

***

Ich hörte die klatschenden Schläge, raste die Treppe hinunter und hinaus in den Innenhof. Vor den Stallungen waren Angelos Hände an einen Ring in der Mauer gefesselt, sein Oberkörper war nackt, er wurde von einem Stallknecht ausgepeitscht. Angelo biss die Zähne zusammen und gab keinen Laut von sich. Zwei andere Knechte standen daneben und schauten gleichmütig zu. Aus einiger Entfernung beobachteten andere Stallburschen die Misshandlung.

Ich lief auf den Auspeitscher zu, aber die zwei Knechte fingen mich ab. Ich versuchte, ihnen zu entkommen, sie rangen mit mir, aber sehr vorsichtig, schauten hilflos zu einem offenen Fenster. Ich folgte ihrem Blick. Dort stand Thurnstein. Ich begann zu schreien. „Ich kam zu ihm, nicht er zu mir! Und es war nichts! Es war nichts!“ Thurnstein reagierte nicht. Die klatschenden Schläge gingen weiter. Hinter einem geschlossenen Fenster in einem oberen Stockwerk des Gebäudes sah ich das Gesicht von David. Er blickte verzweifelt auf die Szene. „David! Du weißt es! Sag es dem Fürsten! Sag es ihm!“ David trat vom Fenster zurück und verschwand.

Mit aller Gewalt befreite ich mich von den Stallknechten und wusste, es wäre mir nicht gelungen, wenn ich nicht die Fürstin des Hauses gewesen wäre. Ich entriss dem verblüfften Schergen die Peitsche und schlug damit auf ihn ein. Er wagte es nicht, sich gegen die Herrin zur Wehr zu setzen, hob nur schützend die Arme vors Gesicht und schaute hilfesuchend zu Thurnstein hinauf: „Durchlaucht! Durchlaucht!“

Ich schrie, so laut ich konnte, zum Fürsten hoch: „Ich hasse Sie, Thurnstein! Ich hasse Sie!“

Der Fürst beugte sich aus dem Fenster. „Ich degradiere dich vom Ersten Kammerdiener zum Läufer“, rief er zu Angelo und verschwand vom Fenster.

Ich ging drohend auf die Knechte zu. „Losbinden! Wird’s bald?!“

Die Knechte banden Angelo los, aber es ging mir viel zu langsam, ich stieß die Männer beiseite und machte es selber. Ich wollte Angelo umarmen, aber er schob mich mit bitterem Gesicht von sich weg, hob seine Kleidung auf und ging davon, ohne zu schwanken. Ein Fliegenschwarm setzte sich auf seinen blutüberströmten Rücken, er schlug mit dem Oberhemd über die Schulter danach.

Ich wische mir über die Augen und lasse es bleiben. Es wird zu dunkel, ich kann die Schrift im Tagebuch kaum mehr entziffern. Ich schaue zu meiner Mutter, die mit dem Gesicht zur Wand am Boden kauert und immerfort ihren Oberkörper auf- und niederbewegt. Draußen Schritte, ein Geräusch an der Tür. Ich sehe, dass sich die Luke öffnet – Wärter Toni schaut herein.

Die Tür wird entriegelt und geöffnet, Mutter verkriecht sich sofort ins Eck. Toni kommt mit einem Blechnapf mit Suppe und einem Stück Brot herein. Hinter ihm erscheint der andere Wärter mit einer Fackel, steckt sie in eine Eisenhalterung an der Wand, geht hinaus und verriegelt die Tür wieder.

Toni stellt den Napf auf den Boden, legt das Brot daneben und setzt sich an die Wand. Er schaut mich an, deutet auf den Napf und holt eine Pfeife hervor, stopft sie, zündet sie an und raucht. Ich lehne mich an die Wand, bin auf alles gefasst.

Toni grinst mir ins Gesicht: „Keinen Hunger? Kommt schon. Am Ende fresst ihr alle Dreck."

„Warum sind wir hier eingesperrt, Herr Toni? Warum? Was haben wir Professor Hoffmann getan?"

„Das weiß ich nicht, Fräulein Josephine. Das ist was Philosophisches, glaub ich. Ich versteh nichts davon. Der Herr Professor ist ein Philosoph. Man weiß nie, was er vorhat. Bei mir ist das anders, ich bin ein einfacher Mensch. Ich brauch was zum Fressen, zum Saufen und einen Weiberarsch im Bett."

„Ein primitiver Mensch, sozusagen."

Toni ist überhaupt nicht beleidigt. „Du hast es erfasst, Fini."

Warum nennt er mich Fini? Frechheit! Und woher kennt er diesen Namen? Aber das ist jetzt nicht wichtig. Vielleicht erlauben seine simplen Bedürfnisse eine kleine Bestechung? „Ich habe Geld versteckt, draußen. Sehr viel Geld, Herr Toni. Wenn Sie uns helfen ...“

Ich habe mich getäuscht. Toni unterbricht mich mit Gleichmut: „Fräulein Josephine, ich habe einen Staatsposten mit Pensionsberechtigung. Und der Herr Professor steckt mir auch hin und wieder was zu. Außerdem schneidet er mir die Schädeldecke auf, wenn er dahinterkommt, und schaut in meinem Gehirn nach, warum ich das getan hab. Er möcht ja immer alles genau wissen. Wie halt die Wissenschaftler sind.“

Professor Hoffmann

Ich stand allein im Anatomiesaal am Seziertisch. Ein Forscher hat zu forschen. Ich forschte an Leichen. Eben hatte ich mit der Handsäge eine Schädeldecke rundum aufgesägt, jetzt legte ich das Werkzeug beiseite und entfernte mit beiden Händen die knöcherne Decke. Ich liebte das saugende Geräusch, das dabei zu hören war. Nun war das Gehirn des Toten zu sehen. Wie immer ein erhebender Anblick. Mein Faktotum, der abgefeimte Toni, kam herein: „Was steht zu Diensten, Herr Professor?"

Ich ging zu meinem Rock, den ich über eine Stuhllehne gehängt hatte, und entnahm ihm einen Brief. Toni schaute währenddessen auf den Leichnam. „Wer is'n das, Herr Professor?" – „Ein Komponist. Sehr begabt." – „Selbstmord? Oder is er von den Nachbarn erschlagen worden, wegen der lauten Musik?" – „Selbstmord, Toni. Gift. Keiner wollte seine Musik spielen, keiner sie hören." Ich übergab Toni den Brief. „Hier, an Herrn Soliman, aber persönlich." – „Wird erledigt, Euer Gnaden." Toni schien auf etwas zu warten. Ich drückte ihm eine Münze in die Hand, er biss hinein. „Küss die Hand!", sagte er und steckte die Münze ein.

Ich wandte mich wieder dem Gehirn zu, fuhr mit einem Spiegel hinter die Stirnpartie des äußeren linken Augenwinkels hinein und fühlte mich wieder einmal bestätigt. Toni schaute mir interessiert zu. „Herr Professor, hab ich auch so ein Gehirn?" – „Aber freilich! Nur etwas kleiner, primitiver." – Toni kratzte sich am Kopf. „Hab i mir denkt." Ich schaute ihn ungeduldig an, den lästigen Kerl: „Was ist? Mach dich auf den Weg!"

Es war Nacht und ich ging zur Spelunke „Zum Roten Hahn“ am Spittelberg. Das orientalische Kostüm hatte ich gegen unauffällige, hier übliche Kleidung getauscht, trug keinen Turban, keine Perücke. Nur den Florettstock mit dem Löwenknauf hatte ich bei mir. Zur Sicherheit. Ich war bei meinem Stammlokal angelangt. Neben der Eingangstür hing windschief ein rostiges Wirtshausschild mit einem roten Hahn, statt des Kammes trug er lodernde Flammen. Trübes Licht drang aus den Fenstern, Zithermusik und das Jodeln einer mir wohlbekannten Frauenstimme. Ich betrat die Gaststube.

Das Lokal war wie immer sehr gut besucht von zwielichtigen Gästen. Sie kamen nicht nur wegen der Liebesdienerinnen her. Der Raum war in Séparées unterteilt, wo die Herren mit ihren Damen ungestört sein konnten. Hier gehörte ich hin. Hier fühlte ich mich wohl. Weil sie mich als einen der Ihren betrachteten. Es war egal, woher man kam und wie man aussah. Menschen aus allen Ecken und Enden der Donaumonarchie verkehrten hier. Sogar welche aus dem Osmanischen Reich, aus Nordafrika, aus Spanien. Ein Völkergemisch. Ein Neger wie ich fiel hier nicht auf.

Meine Geliebte, die rothaarige Dirne Adele, begrüßte mich als Erste. Sie war nicht als Dirne erkennbar, war nicht herausgeputzt wie die anderen, ich mochte das nicht. Sie umarmte mich freudig, küsste mich. Ich zuckte vor Schmerz zusammen, denn die Wunden der Auspeitschung waren noch frisch. Adele bemerkte es, schaute mich besorgt an, aber fragte nicht. Sie wusste, dass ich Fragen nicht mochte.

Sie zog mich in unser Séparée. „Komm, Angelo, komm, wir warten schon auf dich.“ Ich setzte mich ohne Umstände zu ihnen und wurde von Rul begrüßt. Rul stammte aus

Böhmen, er war der Zuhälter von Adele und Wally, Letztere jodelte gerade im anliegenden Séparée. Der Böhme war von eher wüstem Aussehen, nämlich klein, zäh, mit einer langen Narbe über das ganze Gesicht und verfaulten Zähnen. Es fehlte ihm der linke Unterarm, an dessen Stelle war nun eine Holzprothese mit lausig geschnitzten, dreckigen und teils abgebrochenen Fingern angeschnallt. Abgesehen von seiner Faulheit war Rul aber ein gutherziger Mensch, und er hatte großen Respekt vor mir, den sie Angelo Soliman nannten. Dann gab es da noch einen jungen, stets unrasierten und schäbig gekleideten Mann namens Toni, dessen Profession niemand kannte, der aber wohl hauptsächlich von Einbrüchen lebte. Am Fußboden saß auf einem Brett der beinlose Bettler Josip.

Der Kellner brachte einen Kübel Bier, schenkte mir und Josip ein. Wir stießen an und tranken, Toni schob mir einen Brief zu. „Vom Professor, Herr Soliman“, sagte er.

Ich öffnete den Brief und las ihn. Ich wollte mich zum anliegenden Séparée begeben, da hatte Rul schon die Karten in der Hand. „Gehen S’, Herr Soliman, z’erst spiel ma a Partie! Mir warten ja scho so lang!“ Rul mischte die Karten, teilte sie aus. Wir legten unsere unbedeutenden Einsätze auf den Tisch und begannen zu spielen. Toni versuchte zu schwindeln, indem er aus dem Ärmel eine Karte in sein Spiel schmuggelte, aber ich bemerkte es freilich, nahm meinen Stock und schob lächelnd die Karte beiseite. Toni kratzte sich verlegen am Kopf. Ich gewann das Spiel, nahm den Einsatz an mich, zweigte ein paar Münzen ab und ließ sie unauffällig in die Hand von Josip fallen, der dankbar grinste. Ich nahm die Karten, mischte sie, ließ Rul abheben und gab neu.

Toni kippte seinen Stuhl nach hinten und äugte in das Séparée nebenan. Ich folgte seinem Blick. Dort saß unser Monarch, Kaiser Joseph, wie üblich mit seiner Privatdirne Wally. Der Kaiser war auf seinen Ausflügen möglichst unauffällig gekleidet, in einem abgetragenen braunen Leibrock. Wally trug eine Tiroler Tracht, hatte nur die Backen etwas rosa gefärbt und schaute ganz reizend aus. Sie hatte eine Zither vor sich, spielte darauf und jodelte dazu. Joseph war sehr eingenommen. Die anderen Gäste achteten nicht mehr darauf, sie kannten die Eigenheiten des Kaisers schon zur Genüge. Am Eingang zum Séparée saßen zwei Gardisten, die ihn auf seinen Ausflügen bewachten. Einer der Gardisten schaute Toni unwirsch-fragend an, der kippte seinen Stuhl wieder nach vorne und wandte sich an Rul: „Was zahlt er ihr denn? Der Kaiser deiner Wally, mein ich."

Rul antwortete leicht verwundert mit seinem böhmischen Akzent. „So viel wie jeder andere auch."

„Ja, spinnst du? Das is der Kaiser, der is ungeheuer reich!"

Rul schüttelte den Kopf. „Überhaupt nicht! Er hat sein ganzes Vermögen dem Staat geschenkt und zahlt sich ein Gehalt. Stimmt's, Herr Soliman?"

Ich nickte bestätigend. Toni konnte es nicht fassen: „Dann spinnt der auch! Na, so was! Mach weiter, Rul, du bist dran."

Am Ende hatte Toni die Runde gewonnen und sammelte grinsend die Karten und die Kupfermünzen ein. Rul reagierte griesgrämig. „Also, dieses Gejodel geht mir auf die Nerven! Wie soll ma sich da die Karten merken?"

Adele war nicht einverstanden. „Sie singt doch wunderschön, was hast denn, Rul?"

„Geh, Adele, der Kaiser weiß doch, dass die Wally eine Hur is. Was soll das Theater mit dem Kostüm und der Jodelei?"

„Der Kaiser mag halt das Volkstümliche."

Ich musste lächeln: „Rul, du wirst es in deinem Beruf nie zu etwas bringen. Du kennst die Sehnsüchte der Menschen nicht."

Adele küsste mich dankbar auf die Wange. Rul schielte zu Joseph. „Na, ich find's ja eh gut, dass er zu uns herkommt. Welcher Kaiser macht das schon?"

Ich schaute auf den Brief und stand auf: „Bitte entschuldigt mich."

Toni protestierte: „Na geh, wo ich doch grad ein gutes Blatt hab!"

Ich ging zum Séparée des Kaisers. Wallys Lied war eben zu Ende, sie trank einen großen Schluck Bier. Joseph klatschte begeistert, beugte sich auffordernd aus dem Séparée – ein paar der Gäste begannen ihm zuliebe ein wenig zu klatschen. Auch die zwei Gardisten klatschten verhalten. Joseph schaute sie strafend an, da klatschten sie überschwänglicher.

Der Applaus verebbte. Ich hielt den Brief hoch, die Gardisten kannten mich und ließen mich zum Kaiser durch. Ich verbeugte mich vor ihm: „Majestät ..."

„Hier Graf Falkenstein, wann merken Sie sich das endlich? Na, setzen Sie sich, setzen Sie sich schon, Soliman." Ich setzte mich und lächelte Wally zu, sie lächelte zurück. Toni äugte auf zurückgekipptem Stuhl neugierig her. Wally begann auf der Zither eine alpenländische Melodie zu spielen. Joseph schien sich über meine Anwesenheit zu freuen. „Wollen Sie mir endlich Revanche geben, Soliman?"

Ich zeigte ihm den Brief, er nahm ihn und begann ihn im schummrigen Licht zu überfliegen, dann schaute er mich fragend an. Ich klärte den Kaiser auf: „Von Professor Hoffmann, Herr Graf. Er fordert mich zu einem Schachturnier auf."

Der Kaiser gab mir den Brief zurück. „Mit mir sollen Sie endlich wieder einmal spielen!"

„Ich hab's an sich aufgegeben."

„Ja, warum denn?"

„Ich mache mich unbeliebt."

Joseph verstand mich nicht. „Wieso denn unbeliebt?"

„Die weißen Herrschaften schätzen es nicht, von einem Mohren besiegt zu werden. Sie auch nicht, wenn ich mir diese Feststellung erlauben darf."

Der Kaiser winkte ab. „Ach was, man flucht halt, wenn man verliert."

„Dieses Mal hätte ich einen Gegner, der bestimmt nicht flucht. Er ist die Höflichkeit in Person."

Joseph wunderte sich. „Wer soll das sein? Um wen handelt es sich?"

„Um den Türken. Der Türke kommt nach Wien."

Joseph wurde ganz aufgeregt: „Der Türke kommt? Na, das finde ich ja spannend! Man hört die unglaublichsten Dinge!"

„Hoffmann schreibt, der Türke wünsche sich einen würdigen Gegner und einen würdigen Rahmen."

„Gemacht, Soliman! Den Rahmen verschaff ich Ihnen!"

Toni klopft seine Pfeife auf dem Boden aus. Meine Mutter kauert unbeteiligt in der Ecke, starrt vor sich hin. Toni schaut zu ihr. „Deine Mutter war einmal eine fesche Person. Ausnehmend fesch. Hat mir viel Freude gemacht." Er grinst mich lüstern an: „Aber du bist noch fescher. Bevor alles vorbei ist, möcht ich schon noch ein bissl eine Notzucht an dir ausüben, Fini." Ja, komm nur, du wirst dich wundern! Aus einer entfernten Zelle hört man wieder den Verrückten sein Lied singen. Wie immer singt er einsam, niemand antwortet ihm. Toni ärgert sich: „Jetzt fängt der schon wieder an, dieser Freimaurertrottel!" Er steht auf, nimmt die Fackel aus der Halterung und klopft an die Tür, die daraufhin entriegelt und geöffnet wird. Toni zieht seinen Ochsenziemer vom Gürtel. „Komm!", sagt er zum zweiten Wärter. „Der braucht wieder eine Abreibung!"

Wir werden wieder eingeschlossen. Ohne Fackel ist es finster, aber jetzt schiebt sich der Vollmond vors Fenster und erleuchtet die Zelle. Nun beginnen auch andere Gefangene in den Gesang einzustimmen, ein wahrer Höllenlärm entsteht. Plötzlich bricht der Verrückte mitten im Gesang ab, dafür setzen Schreie ein, ersticken schließlich. Die anderen singen weiter.

Ich schaue zu Mutter, die nun trotz des Lärmes eingeschlafen ist. Ich schlage das Tagebuch auf und lese im Mondlicht weiter.

Aus dem Tagebuch von Clara Soliman

Der Fürst und ich saßen in der Kutsche. Ich war rasend vor Wut, Thurnstein hingegen schien vollkommen gleichgültig. Ich beugte mich aus dem Fenster und wies den Lakaien auf dem Trittbrett zur Seite, da er mir die Sicht nach vorne verstellte. Strömender Regen peitschte mein Gesicht. Es war mir einerlei. Auf den Straßen Fuhrwerke, Karren, Kutschen, Reiter, Menschen unter Schirmen. An den bröckelnden Hausmauern Zerlumpte, Hungernde, Krüppel, Bettler. Angelo lief vor unserer Kutsche. Die Gasse war ungepflastert, er sank im nassen Dreck ein, der an ihm hochspritzte. Seine helle Kleidung war schon durchnässt und verdreckt. Der weiße Turban schützte zumindest seinen Kopf.

„Platz dem Fürsten! Platz! Platz dem Fürsten!", schrie Angelo ununterbrochen. Mit seinem Stock scheuchte er zu überholende und entgegenkommende Fahrzeuge sowie Fußgänger zur Seite, ein hinkender, zerlumpter Mann mit Krücke fiel hin. Angelo war ausgesprochen zornig über seine Degradierung, auch deshalb, weil an diesem Tag ein ganz besonderes Ereignis, bei dem er die Hauptrolle spielen würde, stattfinden sollte. „Platz dem Fürsten Thurnstein! Platz! Platz!", schrie er ungeduldig.

Unser Kutscher schnalzte mit den Leitseilen und der Geißel, die vier Pferde liefen schneller, Angelo musste aufpassen, dass er nicht unter die Hufe kam. Ich zog meinen Kopf wieder ein und wandte mich an meinen Gatten. „So eine Gemeinheit! Warum demütigen Sie ihn immerfort? Ich sage es Ihnen noch einmal: Er kann nichts dafür, es war meine Schuld!" Thurnstein antwortete mir nicht. Ich steckte meinen Kopf wieder beim Fenster hinaus. „Angelo! Angelo!" Er drehte sich zu mir und ich winkte ihm, er solle sich zum Kutscher auf den Kutschbock setzen.

Thurnstein wollte mich zurückziehen, ich wehrte mich. „Angelo! Setz dich auf den Kutschbock!" Aber er reagierte nicht, lief weiter, zornig seine Rufe ausstoßend, alles vor sich verscheuchend.

Im Augarten angekommen fuhren wir auf ein kleines, bescheidenes Palais zu. Kaiser Joseph hatte es sich erbauen lassen, er lebte dort. Die Wiener nannten es das Josephsstöckl. Den Augarten selbst hatte Joseph der Bevölkerung zugänglich gemacht, und die Leute waren ihm dankbar dafür. Angelo lief uns voran durch das Portal. Joseph hatte darüber eine Inschrift anbringen lassen: *Allen Menschen gewidmeter Erlustigungs-Ort von ihrem Schätzer.*

Wir passierten einen Springbrunnen, viele Kutschen waren vor dem Josephsstöckl abgestellt, die meisten Gäste schon da. Angelo blieb aufatmend stehen und unser Kutscher hielt vor dem Eingang an. Zwei Gardisten (ich würde sie später im „Roten Hahn" wiedersehen) standen links und rechts vom Eingang. Unsere Lakaien öffneten die Türen, klappten die Stufen herunter, Thurnstein und ich stiegen aus. Ich schaute zu Angelo, der vollkommen nass und verdreckt war und seine Hände erschöpft auf den Knien aufstützte.

Vier Personen gingen gerade vor uns auf den Eingang zu und drehten sich nach Angelo um. Ich erkannte sie, denn sie waren alle berühmt – oder auch berüchtigt, wie man es eben nahm: Da war Professor Ernst Hoffmann zu nennen, wie immer schwarz gekleidet und ohne Perücke, denn er lehnte sie als Zeichen der Dekadenz ab. In seiner Begleitung befanden sich die drei führenden Aufklärer der Monarchie: Karl von Sonnenberg, Professor der politischen Wissenschaften an der Universität Wien, Ignaz von Born, Naturwissenschaftler und Hofrat der Hofkammer im Münz- und Bergwesen, sowie Fürst Dietrichstein, Letzterer sehr reich und sehr liberal. Sonnenberg und Born trugen ihre Regenschirme selbst, den von Dietrichstein hielt ein Lakai, Hoffmann hatte keinen. Alle vier Berühmtheiten registrierten mit Verwunderung die Degradierung von Angelo. Hoffmann schaute Angelo besonders mitleidig an und wandte sich an die anderen Herren: „Es muss etwas vorgefallen sein im Hause Thurnstein." Der Fürst hörte es, genau wie ich, aber er verzog keine Miene.

Im Saal saßen etwa 40 Gäste auf Stühlen im Halbkreis um ein Podium, auf dem der berühmte Schachautomat des Wolfgang von Kempelen stand. Es handelte sich dabei um eine Art Kommode, auf der sich ein Schachspiel befand. An einer Seite der Kommode wuchs eine lebensgroße mechanische Puppe heraus, die einen Türken darstellte. Deshalb wurde der Schachautomat auch „der Türke" genannt. Auf der anderen Seite der Kommode wartete ein Stuhl auf den Gegenspieler. Auf einer großen Wandtafel war das Schachbrett abgebildet, daran waren verschiebbare Symbole der Figuren befestigt, ein Diener wartete mit einem Stab, um die Figuren zu verschieben.

Thurnstein und ich saßen in der ersten Reihe, der Platz neben mir war freigehalten – warum, das wusste ich noch nicht. In der zweiten Reihe hatten Hoffmann und seine Freunde Born, Sonnenberg und Dietrichstein Platz genommen. Hoffmann lächelte mir zu und verbeugte sich leicht. Er hatte mich gut behandelt, mehr konnte ich im Moment nicht über ihn sagen. (Dass er mich später jahrelang im Narrenturm einsperren würde, konnte ich damals nicht ahnen.) Neben Hoffmann saß eine aufgeputzte junge Frau mit reichem und freizügigem Dekolleté, die mich neugierig anstarrte. Der Platz neben ihr war noch leer. Ich hielt dem durchdringenden Grinsen dieser Frau nicht stand und wandte mich ab.

Ein kleines Kammerorchester neben dem Podium begann nun zu spielen. Ein kleiner, bunt gewandeter junger Mann spielte die erste Geige und gab die Einsätze. Das musste wohl der Komponist selbst sein: Wolfgang Amadé Mozart.

Der Kaiser trat gemeinsam mit einem dicklichen älteren Mann ein, hinter ihnen der nasse und verschmutzte Angelo. Joseph trug seine Lieblingskleidung, wie man mich später unterrichtete, die Uniform des Oberstinhabers des Chevauleger-Regiments Nr. 1: grasgrüner Rock, paillefarbene Hose und kniehohe schwarze Kürassierstiefel. Joseph schaute zu Mozart und machte ein ungeduldiges Handzeichen. Der Komponist winkte die Musik ab, die Musiker hörten ungeordnet auf zu spielen.

Mozart setzte sich eilig neben die Frau, die mich vorhin so unverschämt angestarrt hatte. Dann war dies also seine Gattin Constanze. Sie beachtete ihren Mann gar nicht, schaute nur begeistert in eine Richtung. Ich folgte ihrem Blick. Wer ihre ganze Aufmerksamkeit einnahm, war Angelo. Er schien ihr ganz außerordentlich zu gefallen. Diese blöde Kuh!

Der Kaiser hob die Hände, alle verstummten. „Damen und Herren, ich darf Sie mit dem Mann bekannt machen, der diesen weltberühmten Schachautomaten gebaut hat: Baron Wolfgang von Kempelen!“ Applaus, Tusch der Kapelle, Kempelen verbeugte sich. „Der Automat – genannt ‚der Türke‘“, fuhr Joseph fort, „erlebt heute die letzte Station seiner Tournee. Wie Sie wissen, wurde diese denkende Maschine bisher kein einziges Mal geschlagen. Wir werden sehen, wie es dem Türken heute ergeht. Sein Gegner ist Herr Angelo Soliman!“ Applaus ertönte, Angelo verbeugte sich leicht. Thurnstein schaute griesgrämig, ich applaudierte begeistert. Constanze geriet beinah außer sich, Hoffmann schaute indifferent. Erst jetzt bemerkte der Kaiser, wie Angelo aussah: „Haben Sie gerade ein Schlammbad genommen, Soliman?“ Der antwortete nicht und Joseph beschloss, Angelos unpassenden Aufzug zu übergehen, und sagte abschließend: „Das Preisgeld beträgt 2.000 Gulden, verehrtes Publikum! Herr Soliman, Sie sind am Zug!“

Angelo und Kempelen stiegen auf das Podium, der Kaiser kam in meine Richtung, verbeugte sich lächelnd vor mir und setzte sich wie selbstverständlich neben mich. Thurnstein ignorierte er, was meinem Gatten einen griesgrämigen Seitenblick zu Joseph entlockte. Das vergönnte ich diesem widerlichen Lackaffen.

Kempelen öffnete nun zwei Flügeltüren vorne an der Kommode. Die Leute schauten neugierig, viele erhoben sich. Manche vermuteten, es sei ein Mensch in der Kommode verborgen, aber nun war zu erkennen, dass das Innere des Automaten ausschließlich aus Räderwerk und breiten Flügelschlüsseln zum Aufziehen bestand. Erstauntes Raunen im Saal. Kempelen kniete sich nieder und zog alle Schlüssel auf. Der Türke drehte den Kopf, rollte die Augen, bewegte den Mund und machte eine leichte Verbeugung zu uns Zuschauern, dann brachte er seine Hände in Position.

Kempelen schloss die Türen wieder, klopfte dem Türken aufmunternd auf die Schulter, verließ das Podium und setzte sich. Angelo nahm auf dem Stuhl Platz, langte über das Schachbrett und gab dem Türken die Hand. Angelo spielte die schwarzen Figuren.

Alle verfolgten gespannt das Spiel. Ein Diener verschob die Figuren an der Wandtafel. Die Zuschauer applaudierten bei guten Zügen beider Spieler. Der Türke verbeugte sich nach jedem Zug. Angelo war ruhig und konzentriert, lächelte bei mancher Gelegenheit den Türken an, behandelte ihn wie einen menschlichen Gegenspieler. Damals hatten die Türme im Schachspiel noch keine Bedeutung für mich. Heute aber, da ich hier eingekerkert bin, sehe ich in ihnen den Narrenturm. Und die Königin bin wohl ich selbst.

Nach einer halben Stunde zeichnete sich bereits ab, dass Angelo gewinnen würde. Man applaudierte ihm zu einem raffinierten Zug. Ich freute mich sehr – sollten sie nur wissen, wie klug Thurnsteins Läufer war! Der Fürst hingegen applaudierte nicht, im Gegenteil, er konnte seinen Ärger kaum verhehlen. Mozart, Constanze, Hoffmann und die Freimaurer waren begeistert. Kempelen begann zu schwitzen. Auch Joseph applaudierte, schien aber weit mehr von mir angetan zu sein und hatte nur Augen für mich. Thurnstein bemerkte dies und warf ihm einen giftigen Blick zu. Der ertappte Kaiser schaute daraufhin eiligst wieder zum Podium. Mich amüsierte die Szene.

Angelo setzte seinen Gegner schachmatt. Die Zuschauer klatschten und johlten, außer Thurnstein und Hoffmann standen wir nun alle auf und jubelten Angelo zu. Der Türke sackte in sich zusammen, Angelo reichte ihm lächelnd die Hand. Der Kaiser rannte aufs Podium, wo er Angelo strahlend die Hand schüttelte und ihm auf die Schulter klopfte: „Teufelskerl! Teufelskerl!“ Kempelen kam nach und reichte Angelo missvergnügt den Geldbeutel. Weiter Applaus und Jubel.

Plötzlich kniete Angelo sich nieder, öffnete die Flügeltüren und schaute hinein. Kempelen war irritiert. Auf der linken Seite der Kommode fand er ein schmales Türchen, das leicht zu übersehen war. Er öffnete es und steckte den Kopf hinein. Die Zuschauer waren verstummt und schauten atemlos zu. Hoffmann stand nun ebenfalls auf. Kempelen begann immer mehr zu schwitzen, der Kaiser stemmte die Fäuste an die Hüften und grinste erwartungsvoll. Angelos Kopf kam wieder zum Vorschein, er stand auf und beugte sich zum offenen Türchen. „Werter Herr, würden Sie uns bitte die Ehre geben?“

Aus der schmalen Öffnung kroch nun, die Beine voraus, ein Mann in einem engen schwarzen Seidenanzug, an den Füßen nur schwarze Seidenstrümpfe. Er troff vor Schweiß. Angelo half ihm heraus und stellte ihn auf die Beine. Die Zuschauer stießen Überraschungsrufe aus. Constanze schrie so laut, dass Mozart sie anstieß. Kempelen war äußerst peinlich berührt, der Herr blinzelte konsterniert auf die Zuschauer, zog ein riesiges Taschentuch hervor und wischte sich den Schweiß ab. Der Kaiser triumphierte: „Na, das nenne ich eine Überraschung!“

„Ich versichere Ihnen“, wandte Angelo sich an den Schachspieler, „es ist mir eine weit größere Ehre, gegen Sie antreten zu dürfen als gegen einen Automaten. Majestät, meine Damen und Herren, wer ihn noch nicht erkannt hat: Herr Johann Baptist Allgaier, der berühmteste Schachspieler unserer Epoche!“ Angelo drückte ihm fest die Hand und Allgaier ging mit schmerzverzogenem Grinsen in die Knie. Angelo drückte in seiner Freude noch fester zu. „In so einem Kasten steckend würde ich selbstredend auch verlieren, Herr Allgaier!“ Die Zuschauer waren außer sich und jubelten, Angelo verbeugte sich und legte den Arm um die Schultern von Allgaier. Der verbeugte sich nun ebenfalls, durfte endlich die ihm lange versagte Anerkennung genießen.

Danach begann der Ansturm auf das Buffet. Auch ich wollte mich daran bedienen, aber Thurnsteins strenger Blick hielt mich zurück. Wir standen abseits. Warum standen wir abseits? Ich musste diesen Kinderschänder loswerden.

Die Musik spielte wieder, Mozart natürlich die erste Geige. Ich sah ihm seinen Ärger darüber an, dass er für

Hintergrundmusik sorgen musste. Kempelen war verschwunden, sein Automat stand noch immer am Podium. Allgaier hatte seinen Schock endgültig überwunden, aß und trank mit gutem Appetit. Der Kaiser stand bei Hoffmann, Born, Sonnenberg und Dietrichstein.

Angelo hatte sich umziehen können, stieß endlich zurück zur Gesellschaft. Man wunderte sich, woher er die Kleidung hatte. Wieder wurde applaudiert, besonders von den Damen. Angelo lächelte dankbar zurück. Das war freilich ein sehr glücklicher Augenblick für ihn. Ich erfreute mich daran, verbarg es vor meinem Gatten, der schon vergrämt genug war.

Angelo nahm ein Glas Rotwein an, das ihm von einem Diener angeboten wurde. Am Buffet bediente sich eben Constanze Mozart, schaute Angelo strahlend an – diese unmögliche Kuh! „Gratulation, Herr Soliman!", umschmeichelte sie ihn. – „Danke, Frau Mozart!" Sie kannten sich also! Constanze bediente sich großzügig am Buffet, gleichzeitig umwarb sie meinen Angelo. „Würden Sie uns einmal die Ehre eines Besuches erweisen? Mein Wolferl möchte Sie unbedingt näher kennenlernen. Und ich auch. Ich ganz besonders." Jetzt berührte sie tatsächlich Angelos Handrücken! „Oh, mein Gott! Ihre Haut ist wie Samt!" Ich schaute zu Mozart, der die Szene offenbar beobachtete, denn er spielte nun eine satirisch-sentimentale Melodie auf seiner Geige. Constanze und Angelo schauten zu ihm, dabei streckte Constanze ihrem Mann – von Angelo unbemerkt – die Zunge heraus. „Es wäre mir eine Ehre. Ich bewundere Ihren Mann sehr", sagte Angelo lächelnd zu ihr.

Endlich schritt der Kaiser ein, irgendwer musste Angelo ja von dieser aufdringlichen Dirne befreien: „Soliman! Jetzt kommen Sie schon!"

Angelo verbeugte sich vor Constanze und ging zu Joseph und den anderen. Constanze schaute ihm bewundernd nach. Ich wollte zu Angelo, aber Thurnstein hielt mich eisern zurück, ohne eine Miene zu verziehen.

„Ich muss es Ihnen einmal sagen, Herr Soliman", begann der Kaiser zu verkünden. „Ich bin sehr glücklich über Ihre Existenz und über Ihr Wirken hier in Wien. Sie sind der schlagende Beweis für meine Behauptung, dass alle Menschen die gleichen Rechte haben sollten. Denn alle Menschen haben Talente. Nicht nur der Adel, nicht nur der Klerus. Nicht nur die Christen – und nicht nur die Weißen." Professor Hoffmann meldete sich zu Wort: „Wie recht Sie haben, Majestät. Eines Tages wird es in Wien zwei Denkmäler geben als Zeichen und als Würdigung der Aufklärung: eines von Ihnen, Majestät, und eines von Herrn Soliman." – „Auf Denkmäler pfeif ich, Hoffmann. Ich habe Denkmäler nie gemocht." – „Sie dienen der Erinnerung, Majestät."

Thurnstein ärgerte sich über alle Maßen und murrte mir etwas zu, obwohl er doch wissen musste, dass ich nicht auf seiner Seite stand. „Sie fühlen sich schon sehr mächtig, die Verschwörer." – „Welche Verschwörer, Fürst?", antwortete ich schnippisch. – „Die Freimaurer. Alles Freimaurer, jeder Einzelne dort." Auch Mozart und Constanze gesellten sich jetzt zur Gruppe um den Kaiser. Die Musiker spielten ohne Mozart weiter. Thurnstein fuhr fort zu schimpfen: „Ja, natürlich! Dieser unbegabte Schelm Mozart gehört auch dazu! Alles Freimaurer! Alle persönlich eingeladen vom Kaiser. Sie paktieren mit ihm. Gegen Maria Theresia, gegen seine eigene Mutter. Unglaublich!"

Als hätte Joseph dies mitbekommen, schaute er zu uns her und sagte: „Thurnstein! Fürstin! Stehen Sie doch nicht abseits!" Ich folgte dieser Einladung nur allzu gerne. Mein Gatte kam ihr widerwillig nach. „Fürst, Sie müssen wahrlich stolz sein!", wandte sich der Kaiser an ihn. – „Worauf, Majestät?"

Die vorlaute Constanze konnte nicht an sich halten. „Na, auf Ihren Herrn Soliman!" Ignaz von Born schaute Constanze strafend an, um ihr zu suggerieren, dass es ihr nicht zustand, ungefragt in diesem erlauchten Kreis zu reden. Sie hielt sich erschrocken die Hand vor den Mund. Mozart schüttelte lachend den Kopf.

Thurnstein wollte dem Kaiser Paroli bieten und nickte herablassend. „Zugegeben, er ist ein gelehriger Schüler."

„Ich verstehe Sie nicht ganz, Thurnstein", wunderte sich Joseph.

Angelo wollte beschwichtigend Gerechtigkeit walten lassen – anders konnte ich mir seine Erwiderung nicht erklären: „Seine Durchlaucht hat mich das Schachspiel gelehrt. In den langen Nächten, in den Feldlagern. Als ich noch ein Kind war."

Gott sei Dank akzeptierte der Kaiser diese Antwort nicht: „Na, hören Sie, Thurnstein, ich habe auch schon als Kind Schach gelernt. Aber zu so einer Meisterschaft brachte ich es nie." Er stieß mit Angelo an. „Auf Ihren Sieg! Diese Partie spielen wir nach, abgemacht?"

„Gern, Majestät. Mit Freuden!"

Mein Gatte war nun zur Gänze gereizt. Ja, mach endlich den Mund auf, zeig dein wahres Gesicht! – So dachte ich bei mir. Thurnstein bekam es auf ziemlich schroffe Art eilig: „Majestät, wenn Sie uns jetzt entschuldigen. Soliman, rufe Er die Kutsche!"

Der Kaiser wurde ungehalten: „Aber nein, Thurnstein, Herr Soliman bleibt da! Die Feier zu seinen Ehren hat erst begonnen!"

Die Szene erregte die Aufmerksamkeit der Gäste: Gespräche verstummten, alle lauschten der Auseinandersetzung, drängten näher, schauten neugierig. Mozarts Sympathie lag augenscheinlich bei Angelo, und er schien dem, was nun kommen musste, mit Genuss entgegenzusehen.

Ich wollte nichts dem Zufall überlassen und sagte: „Ich fürchte, Majestät, der Fürst findet ohne Herrn Soliman nicht nach Hause."

Der Kaiser verstand nicht. „Wie das?"

„Nun, Herr Soliman ist unser Läufer."

Verdutzt schaute Joseph Thurnstein an, dann Angelo – und fand deutliche Worte: „Verzeihen Sie, Fürst, darf ich Sie darauf hinweisen, dass ich Herrn Soliman Kleider von mir zur Verfügung gestellt habe? Sie wollen doch nicht, dass mein Gewand durch so eine unwürdige Tätigkeit beschmutzt wird, oder?"

Thurnstein antwortete nicht. Constanze lauschte aufgeregt und mit offenem Mund. Sonnenberg und Dietrichstein war die Auseinandersetzung offenbar eher peinlich. Hoffmann verfolgte sie mit Interesse. Mozart hatte in der Zwischenzeit zwei Tschinellen ergriffen und schlug sie nach dem letzten Wort des Kaisers zusammen. Seine Musiker spielten irritiert ihr Stück weiter.

Josephs Verärgerung steigerte sich. Er wusste, dass er in Thurnstein seinen größten Gegenspieler vor sich hatte. „Ich fasse es nicht, Thurnstein! Das käme der Erniedrigung gleich, einen der hier anwesenden verdienten Herren vor Ihrer Kutsche her laufen zu lassen! Außerdem finde ich das ohnehin einen höchst überflüssigen Beruf. Ich habe keinen Läufer!"

Spätestens jetzt hörten alle Gäste gebannt der Auseinandersetzung zu. Mozart hatte indes dem Trommler die Schlegel weggenommen und begleitete die Rede Josephs mit Trommelei. Die Musiker verstummten. Nach dem Wort „Läufer" nahm er wieder die Tschinellen zur Hand und schlug sie aneinander.

Thurnstein reagierte eiskalt. „Wenn Majestät die Einstufung meiner Bedienten bitte mir überlassen wollen. Ich darf mich verabschieden." Er verbeugte sich kurz, schaute

Angelo an und nahm mich am Arm. Widerstrebend ging ich ein Stück mit ihm, riss mich dann von seinem Arm los, blieb stehen und schaute zurück. Angelo verneigte sich vor dem Kaiser und folgte uns. Ach, Angelo!

Mozart begleitete unseren Abgang mit Trommelei, die sich immer mehr steigerte. Die Geduld des Kaisers hatte ein endgültiges Ende gefunden. „Herr Soliman!", rief er entschieden. Angelo blieb stehen und drehte sich zu ihm um. „Sie kündigen dem Fürsten auf der Stelle den Dienst auf!"

Thurnstein blieb nun gleichfalls stehen und drehte sich langsam um. „Herr Soliman kann nicht kündigen, Majestät. Herr Soliman ist mein Eigentum."

Tschinellentusch von Mozart, dann wieder Trommelei.

Das hätte Thurnstein dem Kaiser nicht sagen sollen. „Darf ich Sie darauf hinweisen, Fürst, dass es bei uns keine Sklaverei gibt?"

Thurnstein hielt dagegen. „Nennen Sie es, wie Sie wollen, Majestät. Die Leibeigenschaft gibt es ja wohl noch in unserer Monarchie."

„Wie bitte? Sie bezeichnen den heutigen Schachsieger als Ihren Leibeigenen?"

Angelo war sichtlich unangenehm berührt. Warum reagierte er so? Ich konnte es mir nicht erklären. „Ich bitte, die Herren – doch nicht meinetwegen", murmelte er.

Ich konnte nicht weiter schweigen: „Niemand ist Ihr Eigentum, Fürst, niemand! Besonders nicht ein Herr Soliman! Die Zeiten haben sich geändert! Nehmen Sie das endlich zur Kenntnis!"

Mozart zelebrierte einen weiteren Tusch mit den Tschinellen.

Mein Gatte ging wütend Richtung Ausgang. Angelo war die Szene sehr unangenehm, er folgte Thurnstein. „Durchlaucht, es lag mir nichts ferner als ..."

„Was leckst du ihm die Stiefel, verdammt!?“, verlor ich die Contenance. Der Fürst drehte sich um und schaute mich zornig an.

Joseph war jetzt nicht mehr zu halten: „Sie geben Angelo Soliman auf der Stelle frei, Thurnstein, andernfalls bekommen Sie die allergrößten Probleme mit mir!“

Der Fürst starrte den Kaiser lange an, dann wandte er sich zu Angelo. „Gut. Er kann gehen, Soliman. Geh Er dorthin, wo der Pfeffer wächst.“ Und er eilte zornig zur Tür, die ein Diener für ihn öffnete.

Der Kaiser ließ sich einen beißenden Kommentar als Abschluss nicht nehmen: „Beschweren Sie sich bei meiner Mutter über mich! Das tun Sie ja ohnehin ständig!“ Ohne darauf einzugehen, verließ Thurnstein den Saal. Mozart schlug dreimal die Tschinellen aneinander. „Mozart! Schluss jetzt!“, ärgerte sich Joseph über den Musiker, der sich grinsend verneigte. Angelo schaute Thurnstein melancholisch nach und blickte dann ungehalten zu mir.

Das verstand der Kaiser überhaupt nicht: „Was machen Sie für ein Gesicht, Angelo? Ab nun sind Sie ein freier Mann!“

Constanze freute sich für Angelo und konnte ihren Mund wieder nicht halten: „Und Sie besitzen 2.000 Gulden, Herr Soliman!“

Joseph stimmte ihr zu. „Na, das reicht wohl für ein paar Jahre.“

Angelo aber schien seinem Missbraucher weiterhin die Treue zu halten. „Majestät, wenn ich mich bitte entschuldigen darf …“, sagte er und ging Richtung Tür. Ich fasste es nicht.

Hoffmann warf Mozart einen auffordernden Blick zu, der Angelo daraufhin nachrannte und sich vor ihn stellte. „Nur einen Augenblick noch, Herr Soliman“, bat er. Aus seiner bunten Seidenweste holte er ein Kettchen mit einem silbernen Abzeichen, auf dem ein Pentagramm abgebildet war. „Kennen Sie das?“

„Verzeihen Sie, aber ich muss wirklich ... Es tut mir leid.“

„Dann auf ein andermal, Herr Soliman. Wir würden uns sehr darüber freuen, Sie in unserer Mitte zu haben.“

„Ich fühle mich geehrt. Gute Nacht, Herr Mozart! Gute Nacht, die Herren!“ Angelo verbeugte sich und verließ den Raum. Wir schauten ihm alle nach.

Constanze war hellauf begeistert: „Was für ein Mann!“ Mozart zwickte sie in den Hintern, sie schrie auf: „Wolferl!“

Der Kaiser ergriff wieder das Wort: „Und nun entschuldigen Sie bitte auch mich. Ich habe mit der Fürstin noch ein paar Worte zu reden. – Clara?“ Er winkte mich zu sich und bot mir den Arm an.

Ich war ratlos. Was wollte er von mir? Aber vielleicht war dies die Chance, den Kinderschänder loszuwerden. Ich ging zum Kaiser und hängte mich bei ihm ein. Diese Geste veränderte meine Stellung im Raum sofort.

Constanze war geradezu hingerissen von den Ereignissen und wollte uns nicht gehen lassen. „Majestät, Sie haben diesem alten Scheißer gegeben, was er verdient hat! Wir alle lieben Sie!“

„Von Musik verstehen Sie bedauerlicherweise nur wenig, verzeihen Sie, Majestät“, fügte Mozart vorlaut hinzu.

„Spiel Er sich nicht so auf, Mozart. Kommen Sie, Fürstin.“

Alle verbeugten sich, als Joseph mich in seine Privatgemächer führte. Nur Mozart fand keine Ruhe, es schien übermäßig an ihm zu nagen. „Zu viele Noten, Majestät? Ich schreibe immer nur so viele Noten, wie es braucht!“

***

Der Salon des Kaisers war sehr einfach, aber geschmackvoll eingerichtet. Wir tranken Wein. „Sie haben es angenehm hier, Majestät."

„Die Hofburg ist mir zu pompös. Außerdem möchte ich meiner Mutter aus dem Weg gehen."

„Sie sind ein ungewöhnlicher Monarch."

„Ich bin nur der erste meiner Bürger. Sie, Clara, sind eine ebenso ungewöhnliche Fürstin."

„Ich bin ein sizilianischer Bauerntrampel. Mehr nicht. Ich komme im Leben einfach nicht zurecht. Ich gestehe es, ich weiß nicht, wie ich weiterleben soll."

„Wir alle stecken in einem Korsett, Clara. Ich stecke im Korsett meiner Mutter. Man muss sich Schlupflöcher schaffen. Das wird auch Ihnen gelingen."

„Ich weiß nicht. Ich habe einen furchtbaren Fehler begangen mit meiner Heirat."

„Ich werde immer für Sie da sein, Clara. Ganz gleich, was passiert."

Neben dem Diwan lag die schmutzige Läuferkleidung von Angelo, ich nahm die Jacke in die Hand. „Er hat seine Kleider vergessen."

„Die braucht er jetzt nicht mehr. Er steckt in meinen." Ich legte die Jacke hin und strich dabei zärtlich darüber. Der Kaiser räusperte sich. „Ich möchte Ihnen etwas sagen, Clara." Ich schaute ihn an. Er schien unsicher, wie er sich ausdrücken sollte. „Wissen Sie, Clara, auf die Gesellschaft des Fürsten lege ich ja keinen gesteigerten Wert, aber ich hoffte sehr, Sie würden auch kommen." Ich war überrascht. Hatte der gemeinsame Hochzeitstanz ihn so beeindruckt? Der Kaiser rang lange um die richtigen Worten, bevor er weitersprach: „Sie wissen, dass ich Witwer bin?"

„Das ist mir bekannt, Majestät."

„Meine erste Gattin, Isabella von Parma, die ließ sich sehr ungern von mir anfassen. Sie mochte Männer nicht.

Sie schrieb glühende Liebesgedichte an meine Schwester Marie Christine. Ich war rasend vor Sehnsucht nach ihr."

„Das wusste ich nicht. Das tut mir sehr leid."

„Von meiner zweiten Gattin, der bayrischen Kuh, hab ich Ihnen schon erzählt. Beide starben an den Pocken. Nun will mich meine Mutter fortwährend in eine weitere Ehe zwingen. Sie wissen ja, man erwartet einen Thronfolger von mir. Aber ich lasse mich nicht mehr zwingen, irgendeine Frau zu heiraten, die ich nicht leiden kann." Er stand auf und trat zum Fenster. „So geh ich zu den Dirnen. Zu einer ganz bestimmten Dirne. Wally. Eine reizende Frau. Sie verkleidet sich als Sennerin, mir zuliebe." Er drehte sich wieder nach mir um. „Verzeihen Sie, das ist eine Marotte von mir. Ich habe immer Sehnsucht nach Natur, nach dem Natürlichen."

„Mir ergeht es doch ebenso! Ich sehne mich nach den Olivenhainen. Das Haus Thurnstein kommt mir vor wie ein Grab. Wie ein finsteres Grabmal, das mich erdrückt. Verzeihen Sie, ich wollte Sie nicht unterbrechen."

„Geistiger Austausch ist mit meiner Sennerin allerdings schwer möglich. Und ich wünsche mir geistigen Austausch mit einer Frau. Sie haben beides, Clara. Eine Natürlichkeit, wie ich sie in Adelskreisen nie vermutet hätte, und zugleich Klugheit, Esprit, wachen Verstand. Sie sind die reizvollste Frau, die ich je getroffen habe – ausgenommen Isabella." Was stellte er sich denn vor, um Himmels willen? Joseph wurde nun richtiggehend laut: „Ich bin noch nie in eine Ehe eingebrochen, Clara, noch nie. Obwohl das hier in Wien gang und gäbe ist. Jeder schläft mit jedem."

Ich versuchte mich nach diesem Geständnis zu fassen. „Ihr Antrag ehrt mich, Majestät, und ich fühle große Sympathie für Sie, aber ..."

„Dieser dekadente Schweinehund Thurnstein verdient Sie nicht, Clara! Und er liebt doch Knaben, in erster Linie, wenn meine Informanten nicht lügen."

„Sie lügen nicht, Majestät. Ich habe es leider zu spät erfahren. Ich bin ein sizilianischer Bauerntrampel, ich sagte es schon."

Joseph setzte sich wieder. Er trank von seinem Wein, schaute mich unverständig an. „Ja, was dann? Sie wollen ihm trotzdem treu sein?" Ich konnte es ihm doch unmöglich sagen! Aber er selbst schien zu wissen, worin meine eigentliche Misere begründet lag: „Sie lieben jemand anderen, gehe ich recht in der Annahme?" Ich brachte es nicht über mich, die Wahrheit auszusprechen. Und jetzt schaute mich Joseph auch noch gekränkt und beleidigt an. „Geht mich nichts an."

Was sollte ich jetzt machen? Wie sollte ich mich verhalten? Der geschändete Angelo lehnte mich ab. Es gab wohl keine Heilung dafür. Ich beugte mich zum Kaiser und küsste ihn.

Mmadi Maké

Adele und ich lagen im Bett ihres schäbigen Zimmers im „Roten Hahn“. Regen peitschte gegen das einzige Fenster. Schon lange nicht mehr ging es mir so schlecht wie in diesem Moment. Adele merkte es und ließ mich in Ruhe.

Mmadi Maké. Mmadi Maké. Mmadi Maké. Die erste Schändung war, meinen Namen auszulöschen und mich auf Angelo zu taufen. Ein achtjähriges Mädchen hatte beschlossen, dass ich Angelo Soliman zu heißen hätte.

„Alle sind verliebt in den Namen Angelo“, sagte ich zu meiner Bettgenossin, ohne sie anzusehen.

Adele schmiegte sich an mich. „Alle sind verliebt in Sie, Herr Soliman.“

„Ich heiße nicht Angelo Soliman. Ich heiße Mmadi Maké.“

„Made ist aber kein schöner Vorname. Angelo ist viel schöner.“

„Jetzt fang nicht du auch noch an! Das wurde mir schon vor 20 Jahren gesagt.“

„Weil es wahr ist. Verzeihung, Herr Soliman.“

„Wie würdest du dich fühlen, wenn man dich Gertrud nennen würde?“

„Ich heiße ja nicht wirklich Adele. Es kommen ja auch Kunden aus meiner alten Heimat zu uns. Es darf dort nicht bekannt werden, was für ein Leben ich hier in Wien führe.“

„Wie heißt du denn?“

„Gertrud. “

Ich musste auflachen.

„Ist es Ihnen lieber, wenn ich Sie Mmadi Maké nenne?“

„Jetzt ist es zu spät. Ich hätte mich früher wehren müssen. Und es müsste schon ein bedeutender Mensch sein, der anfängt, mich bei meinem wahren Namen zu nennen.“

„Freilich. Verzeihen Sie, Herr Soliman."

„Nenn mich einfach Angelo, wie oft soll ich dir das noch sagen?"

„Das geht nicht, Sie bedeuten mir zu viel. Zu jeder anderen Kundschaft sag ich sowieso du. Tun wir alle."

Ich versank wieder in meiner Grübelei. Es gab keinen Ausweg: Sie war bei ihm. Bei unserem Neptun. Sie würde sich zu wehren wissen. Clara. Clara. Die weiße Gräfin, die Fürstin – und der schwarze Mann. Geht nicht. Einzusehen.

Wie immer, wenn ich in Gedanken versank, machte sich Adele Sorgen: „Ich habe etwas falsch gemacht, nicht wahr, Herr Soliman?"

„Nein. Das hat alles nichts mit dir zu tun, Adele."

„Doch, hat es. Sie könnten jede angesehene Dame hier in Wien haben. Sie könnten reich heiraten."

„Ich bin nur Spielzeug für die reichen Damen. Ich war immer nur Spielzeug." Ich dachte an Clara. Immer dachte ich an sie. „Sie will mich zur Freiheit zwingen. Aber sie spielt nur mit mir. Wie sie als Kind mit mir gespielt hat."

Adele ahnte es, nein, wusste es, aber sie war ohne Eifersucht. „Sie sind verliebt, Herr Soliman. Nicht wahr?"

„Wer bin ich, dass mir das zustünde?"

„Ein Mensch sind Sie. Sie haben mich immer wie einen Menschen behandelt, nicht wie eine Hur."

„Ach, Adele, daran ist nichts Besonderes. Wer sucht nicht die Wärme eines anderen Körpers? Wie wäre sonst die Einsamkeit zu ertragen?"

„Ich geb Ihnen gern die Wärme meines Körpers, Herr Soliman." Ich lächelte sie an, streichelte ihre Wange. Sie schmiegte sich noch inniger an mich. „Warum ich? Warum ausgerechnet ich, Herr Soliman?"

„Du hast es ja selbst gesagt, Adele: Weil ich für dich ein Mensch bin, einfach ein Mensch. Es gab eine Zeit, da war ich nur in den Salons anzutreffen. Habe mich produziert wie ein Gockel vor den adeligen Damen, bin mit ihnen ins Bett. Aber für all diese Frauen der besseren Gesellschaft war ich nur eine exotische Frucht, die sie gerne pflücken wollten. Und dann ausspuckten, wenn sie ihnen nicht mehr schmeckte."

„Seien Sie nicht so streng, Herr Soliman. Ich verstehe Sie wirklich nicht. Sie müssten doch glücklich sein, gerade heute Abend. Sie waren eben beim Kaiser eingeladen! Sie haben das Schachspiel gewonnen! Der Kaiser schätzt Sie über alles!"

„Vielleicht ist er nur neugierig. Vielleicht will er sich und den anderen nur etwas mit mir beweisen. Und er spuckt mich auch wieder aus, wenn ihm etwas nicht schmeckt an mir."

„Machen Sie bitte den Kaiser nicht schlecht. Er ist einer von uns."

„Ich bin keiner von euch."

„Das ist nicht wahr. Was reiten Sie denn ständig auf Ihrer Hautfarbe herum?"

„Aus dem einfachen Grunde, weil mich das bei euch zu etwas Besonderem macht."

Adele schnaufte enerviert auf.

„Deshalb haben sie mir heute auch angeboten, Mitglied einer Freimaurerloge zu werden."

„Oh, das sind die, die im Hintergrund alles bestimmen, nicht wahr?"

„Leider nicht. Sie stehen unter Beobachtung der Kaiserin, der Geheimpolizei. Sie gelten als Aufrührer, als Vertreter moderner, gefährlicher Ideen. Aber man kann ihnen schwer ans Leder. Zu groß ist ihre Reputation."

„Was hindert Sie dann daran, ihnen beizutreten?"

„Ich weiß es nicht. Das ist ein Kreis edler Aufklärer – Wissenschaftler und Philosophen. Und ein paar Künstler, wie dieser musizierende Spaßvogel."

„Na, dann?"

„Ich wäre der erste schwarze Mensch bei den Freimaurern. Zumindest in unseren Landen. In Großbritannien wird es anders sein."

„So tun Sie es doch, um Himmels willen!"

„Vielleicht bin ich für sie auch nur ein Spielzeug. Ein kostbares, zugegeben."

Adele küsste mich auf die Wange. „Gehen Sie nach Hause, Herr Soliman. Ich bin müde, ich brauche Schlaf."

***

Im düsteren und flackernden Unschlittlicht stieg ich die knarrende, unsichere Treppe des „Roten Hahns" hinunter. Auf dem untersten Absatz saßen Rul und Toni beim Kartenspielen. Zuerst wichen sie aus, weil sie mich in der Kleidung des Kaisers nicht erkannten.

„Was macht ihr da?", fragte ich sie.

Die beiden schauten mich überrascht an, Rul griff mir an die Kniehose: „Oh, a neues Gwand!"

„Wartet ihr auf mich?"

Rul schaute unentschlossen, traute sich nicht recht zu sprechen, Toni stieß ihn an, da stand er auf. „Es is mir sehr peinlich, Herr Soliman, aber ich muss es Ihnen doch einmal sagen: Die Adele, also seit die Adele mit Ihnen verkehrt, weigert sie sich, andere Kunden zu bedienen." Ich staunte. „Es entgehen mir dadurch Einnahmen, Herr Soliman. Ich hab ja gehofft, ich kann das beim Kartenspiel ein bissl ausgleichen, aber da verlier ich ja leider auch gegen Sie."

Toni stand ebenfalls auf. „Jetzt is eh schon die Wally für den Kaiser reserviert, und der Rul hat ja nur die zwei. Wovon soll er denn leben, Herr Soliman? Er muss schon einbrechen gehen!"

Ich wandte mich an Rul. „Sie wollen damit sagen, das Fräulein Adele schläft nur mit mir, mit keinem anderen Mann?“

„Genau so is es. Leider.“

„Also, der würd ich eine ordentliche Abreibung verpassen! Du bist viel zu gutmütig, Rul“, meinte Toni bestimmt.

Ich war gerührt, ich muss es zugeben. „Wie viel kostet sie?“

Rul kratzte sich am Kopf. „Ablöse? Sie wollen die Adele ganz?“ Ich nickte. „Na ja ... Sagen wir, vielleicht 80 ...“ Toni stieß ihn an. „... 100 Gulden?“ Ich holte den Geldbeutel hervor, den ich gewonnen und bisher noch nicht geöffnet hatte, holte eine Handvoll Münzen heraus und zählte den Betrag Rul auf die Hand. „Sehr großzügig, Herr Soliman. Die is brav, die Adele, wird Ihnen viel Freud machen.“

Ich verließ den „Roten Hahn“. Es regnete immer noch stark. Beim Hinausgehen hörte ich noch die Stimme von Toni: „Der Trottel! Zahlt der glatt 100 Gulden! Du, Rul, 25 Prozent Verhandlungsgebühr für mich?“

***

Der Regen tat mir wohl. In einem Hauseingang sah ich Josip tief schlafen, das Brett als Kopfkissen benutzend. Als eine Kutsche an mir vorbeifuhr, musste ich beiseitespringen – sie fuhr durch eine tiefe Lache, das dreckige Wasser spritzte an mir hoch.

Drei angetrunkene Männer – jung und gut gekleidet – kamen mir in der Mitte der Gasse entgegen. Sie hatten ihre Arme ineinander verschränkt und bildeten eine Kette. Sie grölten mir entgegen.

„Wo sind denn die ganzen Huren? Ich will eine Hur!“

„Alle schon im Bett! Alle schon vergeben!“

„Immer sind wir zu spät dran!“

Die drei näherten sich mir. Ich wich zur Seite aus, aber als sie mein Gesicht sahen, versperrten sie mir den Weg. Ich hatte meinen Stock beim Kaiser vergessen! Was sollte ich jetzt tun?

Der erste Betrunkene stierte mich an, fuhr mir ins Gesicht. „Ein Kaminkehrer! Das bringt Glück!“ Ich schlug seine Hand weg. Der zweite riss ihn an der Schulter.

„Das ist ein schwarzer Mann, du Trottel! Ein Neger!“ Sie hüpften um mich herum, spielten Affen, kratzten sich in den Achselhöhlen und ahmten Tierlaute nach.

Der zweite Betrunkene erkannte mich. „Du bist doch der Diener vom Thurnstein! Der Kammerdiener, der immer so nobel tut! So furchtbar nobel, von oben herab, die Nase so weit oben, höher als der Steffl! Dabei bist eh nur ein Schuhputzer, ein schwarzer Schuhputzer! Gib nicht so an!“

Der, der mich Kaminkehrer genannt hatte, taumelte gegen mich, sein Bierdunst stieg mir in die Nase. „Warst bei unseren Huren, was? Gefallen sie dir, unsere weißen Huren mit den schneeweißen Brüsterln?“

Der dritte wollte mich zu seinen Schuhen hinunterdrücken. „Schwarzer Mann, geh, sei so gut und putz mir die Schuh!“ Ich stieß ihn heftig weg, wollte weitergehen, aber die anderen beiden rissen mich auf die Knie und drückten mich zu seinen Schuhen. Der erste Angreifer klang jetzt sehr wütend. „Unsere Weiber lecken, was? Leck ihm die Schuh! Los, leck ihm die Schuh, du schwarze Sau!“

Da raste plötzlich Josip auf seinem Brett zwischen die Männer, zwei von ihnen fielen um. Josip rutschte vom Brett, nahm es und schleuderte es dem dritten mit der Kante zwischen die Beine, der brach aufstöhnend nieder. Jetzt kamen auch Rul und Toni gelaufen und vertrieben die Männer schimpfend mit Schlägen und Fußtritten. Rul schlug einem von ihnen sogar seine Prothese auf den Kopf.

Die Angreifer flüchteten. „Hauts ab, bsoffene Bande!“, schrie Toni ihnen nach.

Rul half mir auf die Beine. „Alles in Ordnung, Herr Soliman?“

„Danke für die Hilfe.“

Josip setzte sich wieder auf sein Brett. „Sie müssen sich wehren, Herr Soliman. Sie dürfen sich nicht alles gefallen lassen.“

***

Als ich schließlich mein Zimmer im Palais Thurnstein betrat, fiel durch die zwei Fenster schon das Morgenlicht. Ich musste die nasse, verdreckte Kleidung loswerden. Und ich musste eine neue Unterkunft finden.

Vier Stallknechte – unter ihnen auch der, der mich ausgepeitscht hatte – fielen über mich her. Sie verprügelten mich, rissen mir die Oberbekleidung vom Leib. Zwei hielten mich fest, die anderen beiden schlugen mit Knüppel und Ochsenziemer auf mich ein. Vor mir auf dem Diwan saß Thurnstein in seinem Hausmantel und ohne Perücke. Er war betrunken und schaute finster drein.

Nach der ersten Überraschung wurde ich rasend vor Zorn, riss mich los und schlug meinen Auspeitscher nieder, der bluttriefend durch die Tür hinauskroch, seine Vorderzähne aufheulend mit einer Hand auffangend. Dem zweiten schlug ich die Nase ein und die Kinnlade zu Trümmern, er sank dumpf aufschreiend zu Boden. Die beiden übrigen Männer versuchten mich wieder niederzuringen, dabei verpasste ich dem einen einen Hieb mit der Handkante gegen den Kehlkopf. Mein Peiniger bekam keine Luft mehr und ging ohnmächtig zu Boden. Den Letzten rang ich nieder, schlug blindlings mit der Faust auf sein Gesicht ein, Blut spritzte.

Thurnstein klatschte leise Beifall, langsam ließ ich von dem Mann ab.

Der Fürst winkte den geschundenen Knechten verächtlich zu und deutete mit dem Finger nach draußen. Sie schleppen den Ohnmächtigen aus dem Zimmer.

Schwer atmend stand ich da, wischte mir das Blut von Mund und Nase. Ich betrachtete meine blutigen Knöchel, stieß wütend einen Hocker um. Ich griff nach dem Wasserkrug, schüttete mir das Wasser über den Kopf. Im Spiegel begegnete ich meinem wütenden schwarzen Gesicht, den herausleuchtenden weißen Augäpfeln. Ich schämte mich, dass ich die Kontrolle über mich verloren hatte. Thurnsteins kalter Blick lag auf mir. Mit einem Tuch wischte ich mir Blut, Schweiß und Wasser vom Oberkörper.

„Wofür war das?", wandte ich mich an Thurnstein.

„Du hast die Nacht mit meiner Frau verbracht?"

„Nein, das habe ich nicht."

„Könnte es dann sein, dass du sie mit dem Kaiser verkuppelt hast?"

„Ihre Frau geht mich nichts an."

Er hielt ein Bündel Briefe in die Höhe. „Ach, tatsächlich? Und was ist damit?" Ich erkannte die Briefe und schaute zu meinem Schreibtisch, wo die Laden offen standen. Wie sicher ich mir meiner doch gewesen war. Wie dumm von mir. Thurnstein wedelte mit dem Briefbündel. „Das sind Briefe von Clara. An mich gerichtet. Liebesbriefe. Sie hat mir über Jahre hinweg geschrieben. Sie bezieht sich dabei immerzu auf Briefe, die sie angeblich von mir erhalten haben soll. Aber ich habe ihr nie geschrieben. Nicht ein einziges Mal. Hast du eine Erklärung dafür?" Wie komme ich dazu, diesem Menschen noch Antwort stehen zu müssen? Ich schwieg. „Du hast mit Clara in meinem Namen korrespondiert!?"

Meine Antwort brachte ich mit heiserer Stimme vor: „Ich verfluche mich dafür. Meine Briefe sind der Grund, warum Clara Sie geheiratet hat!"

Thurnstein warf die Briefe auf den Schreibtisch. „Sentimentaler Dreck! Das interessiert mich nicht." Wie ein Richter bei der Urteilsverkündung stand er auf. „Angelo, du hast mich heute auf ungeheuerlichste Weise desavouiert. Vor dem Kaiser, vor dem ganzen Hof, vor all diesen verfluchten Freimaurern. Du hast mich lächerlich gemacht."

Ich stellte den Hocker wieder auf die Beine und setzte mich darauf. „Das war nicht meine Absicht, Durchlaucht."

Er schaute mich bitter an. „Dass du mir so die Treue brichst! Alles in deinem Leben, alles, was du bist, hast du mir zu verdanken."

„Ich habe Ihnen überhaupt nichts zu verdanken, Fürst! Ich habe jede Minute meines Lebens gelernt, das wissen Sie! Ich verstehe etwas von Astronomie, von Geometrie, von der Ingenieurskunst. Ich habe im Türkenkrieg Brücken gebaut, Feldmarschall Lacy wollte mich zum Offizier ernennen, wollte mir eine ganze Kompanie anvertrauen! Sie haben das verhindert, Fürst! Denn für Sie war ich immer nur der Diener, und Diener sollte ich bleiben, bis ans Ende meines Lebens!"

„Du bist schwarz! Du bist Afrikaner! Ein Afrikaner hat zu dienen!"

„Wer bestimmt das?"

„Ich sage das, ich, Thurnstein, dein Fürst!"

„Bei den Türken kann man vom Sklaven zum Großwesir aufsteigen!"

„Das Osmanische Reich geht unter! Genau deshalb geht es unter, Angelo! Wir Weißen, wir Christen werden diesen Fehler nicht machen. Wir sind die Herren, wir! Das ist Gottes Wille! Und was machst du? Jetzt trägst du sogar schon die Hosen des Kaisers!“ Er war vollkommen empört und fassungslos. „Es ist unglaublich! Du stellst unsere Ordnung auf den Kopf. Die gottgewollte Ordnung!“

„Verschonen Sie mich mit Ihrer gottgewollten Ordnung! Sie verdanken Ihren Luxus dem Schweiß Ihrer Bauern. Und wenn die nicht spuren, bekommen sie die Peitsche, genau wie ich. Denken Sie wirklich, das sei gottgewollt? ... Ohnedies sind Ihnen diese Narben bekannt.“ Ich deutete an die Innenseiten meiner Oberschenkel. „Das ist unser Wappen, Fürst, unser Adelszeichen. Ich bin der Sohn eines Königs, ich bin ein Prinz, Ihnen ebenbürtig, Fürst!“

„Der Sohn eines Stammeshäuptlings bist du vielleicht. Das bedeutet nichts bei uns.“

„Fürst, Sie lernen und begreifen nichts. Jeder Mensch ist von Adel. Man trägt seinen Adel im Herzen, nicht auf dem Wappen. Wer das nicht begreift, ist zum Untergang verurteilt.“

„Diese Frau ist schuld! Meine Gattin. Seit sie da ist, hat sich dein Benehmen unübersehbar gewandelt. Sogar dein Blick ist ein anderer geworden. Ein Diener hat die Augen zu senken. Du aber starrst mich an. Du taxierst mich. Ich habe dir zum ersten Mal seit zehn Jahren wieder die Peitsche geben lassen, um dir diesen Blick auszutreiben. Es hat nichts geholfen.“

Clara erschien in der offenen Tür. Sie machte einen derangierten Eindruck und hielt meinen Stock in der Hand. Verwundert schaute sie uns an. Sie betrat das Zimmer und sah das Blut an meiner Nase, auf meinem Mund. Ich wischte es weg.

„Sie sind schon da, Madame? Wie war die Nacht mit dem Kaiser?“, fragte Thurnstein.

„Schön, sehr schön, mein Herr Gemahl“, sie blitzte ihn aus ihren Augen an, „ich musste ihm in keinster Weise behilflich sein. Es ist sehr angenehm, von einem Mann begehrt zu werden."

Was sprach sie da? Ich konnte meine Enttäuschung nicht verhehlen.

Thurnstein blieb kalt. „Sie werden ein Kind von mir austragen, Clara. Einen Sohn. So steht es im Heiratsvertrag. Dann werden wir weitersehen. Würden Sie jetzt bitte Ihr Schlafgemach aufsuchen? Oder hatten Sie die Absicht, sich heute Nacht noch von einem zweiten Mann besteigen zu lassen?"

„Suchen Sie sich eine andere Kuh zum Austragen, Thurnstein!" Clara kam auf mich zu, gab mir den Stock und sah meinen bitteren Blick. „Und du schau mich nicht so unverschämt an! Das steht dir nicht zu, schwarzer Mann!" Dann verließ sie das Zimmer.

Thurnstein hob wütend die Hände. „Warum begehrt jeder gegen mich auf? Was sind das für Zeiten?"

„Fürst, Sie haben heute gesagt, ich solle dorthin gehen, wo der Pfeffer wächst. Geben Sie mich also frei?", wollte ich die Sache zum Abschluss bringen.

Er ging zur Tür und drehte sich zu mir: „Ja, verschwinde, ich bin deiner überdrüssig, ich kann dich nicht mehr gebrauchen! Genieße sie, deine Freiheit, solange du kannst!" Er wollte schon abgehen, da drehte er sich noch einmal nach mir um. „Du wirst schon sehen, wie es dir ergeht, ohne meinen Schutz."

Ich schleuderte die Tür zu und verriegelte sie hinter ihm.

***

So war ich also frei, frei zumindest von Thurnstein, und war im Begriffe, mir eine Wohnung zu mieten. Mit meinem Gewinn konnte ich mir eine großzügige und helle Wohnung in einem Haus an der Freyung leisten. Das Schlafzimmer war einfach möbliert, aber sauber. Bettwäsche würde ich erwerben, Vorhänge befanden sich bereits an den Fenstern. Ich hatte meine unsägliche türkische Verkleidung im Fluss entsorgt und nur meinen Stock behalten. Ab jetzt war ich wie ein wohlhabender Wiener Bürger angezogen. Adele war an meiner Seite, züchtig und ordentlich gekleidet.

Die Hausbesitzerin Rosalie Schönegger, eine wohlhabende Witwe, glich in ihrer pompösen Aufmachung einer ausrangierten Dirne. Sie konnte sich gar nicht beruhigen, flatterte mit ihren kurzen, dicken Händchen. „Nein, dass man Sie einmal persönlich trifft, Herr Soliman! Wo Sie so ein berühmter Herr sind, der sogar den Türken im Schach besiegt hat, ganz Wien redt davon! Manche sagen ja sogar, Sie sind ein Zauberer! Das sind Sie aber nicht, oder?“

„Nun, ein paar Kunststücke beherrsche ich schon, Frau Schönegger. Aber den Guten tu ich nur Gutes. Was kostet die Wohnung?“

„120 Gulden im Jahr, wenn's recht is.“

„Ich nehme sie, Frau Schönegger.“

„Wär's möglich auf ein Jahr im Voraus, Herr Soliman? Man weiß ja leider Gottes nie, was die Zeiten bringen.“

Ich zählte ihr aus meinem Beutel das Geld auf die Hand. „Zwei Jahre.“

„Sie sind aber ein sehr großzügiger Herr, Herr Soliman. Bitte sehr, da sind die Schlüssel ... Holz fürn Herd und für die Kachelöfen is im Schupfen, unten im Hof. Wünsche einen schönen Aufenthalt.“ Sie wollte schon gehen, da traf ihr Blick Adele. „Verheiratet sind Sie ja, Herr Soliman?“ Ich reichte ihr noch ein paar Münzen. Die Hausbesitzerin wandte sich mit einer Verbeugung an Adele. „Frau Soliman, gratuliere zu so einem feschen Gatten!“ An der Tür verharrte sie noch kurz: „Und bitte, halt aufpassen, dass die Tapeten nicht schwarz werden.“

Ich schaute sie ehrlich erstaunt an. „Gibt es einen offenen Kamin?“

„Nein, eh nicht, das mein ich jetzt nicht“, wand sie sich, „ich hab nur gehört, na ja, die Leut reden ja viel, wenn der Tag lang is ...“

„Bitte, Frau Schönegger!“, wurde ich ungeduldig.

Sie rang die Hände. „Nur zur Vorsicht, Herr von Soliman! Man sagt, bei den Mohren würd manchmal – aber natürlich selten – ein bissl die Farb abgehen. Stimmt das nicht?“

„Nein, das stimmt nicht, Frau Schönegger“, blieb ich betont seriös, „im Gegensatz zu den Kaminkehrern sind wir Mohren durchaus farbecht.“

„Dann bin ich ja beruhigt. Alsdann, schönen Einstand wünsch ich!“ Vorsichtig schloss sie die knarrende Tür.

Adele schaute sich um, konnte es nicht fassen. „Sie wollen mich wirklich hier wohnen lassen, Herr Soliman?“

Ich nahm ihre Hände. „Adele! Ich bin Angelo, nimm das endlich zur Kenntnis. Und ich lasse dich nicht hier wohnen, wir wohnen zusammen hier!“

„Wie Mann und Frau?“

„Wie Mann und Frau.“

Sie wollte mir die Hand küssen – ich wehrte sie ab. In meinem Gesichtsausdruck stand geschrieben, dass ich meinem innigsten Wunsch nach lieber mit jemand anderem mein Leben verbringen würde.

„Die andere Frau ...?“, fragte Adele verständig.

„Es gibt keine andere Frau“, log ich. Was hätte ich sonst tun sollen?

***

Auf einem Leiterwagen bei Thurnsteins Stallungen befand sich mein Hab und Gut in Truhen und Paketen. Zwei

Pferde waren vorgespannt, drei Diener zurrten das Gepäck mit Stricken fest.

Im Hintergrund standen die Stallknechte, die der Fürst zu meiner Züchtigung veranlasst hatte. Sie schauten noch immer recht malträtiert aus. Ich machte einen Schritt auf sie zu, da flüchteten sie in die Ställe. Geschmeiß.

Ich überprüfte alles und verteilte Münzen an die Diener, die sich verbeugten und abtraten. Als ich im Begriff war, auf den Bock zu steigen, kam Clara auf mich zu. „Sie verabschieden sich nicht einmal von mir, Herr Soliman?"

Sie reichte mir die Hand, aber ich nahm sie nicht, deutete nur eine Verbeugung und ein Nicken an. „Leben Sie wohl, Durchlaucht."

„Das möchte ich bezweifeln."

Ich stieg auf den Kutschbock, nahm die Leitseile. „Sie sind die Gattin eines Fürsten, die Geliebte eines Kaisers, so weit bringen es wenige Frauen. Was könnten Sie sich mehr wünschen?"

„Schade, dass du nichts von meinen Wünschen weißt." Wie viel Traurigkeit in ihrer Stimme lag. Mit verschlossenem Blick ging sie zurück zum Palais. Auch mir stach es ins Herz.

Ich schnalzte mit den Leitseilen, die Pferde trabten los. Nur weg von hier! Von der oberen Etage aus beobachtete mich der Fürst, wie bei der Auspeitschung. Hol dich der Teufel!

Auch David war in seinem Fenster zu sehen, trug die türkische Verkleidung, die Thurnstein sich für ihn erdacht hatte. Ich erblickte in ihm mein eigenes Ich. Irgendwer musste Thurnsteins Treiben ein Ende bereiten!

Was für eine grausame Erinnerung ... Ich war nackt und wurde von den vier Stallknechten auf das Bett niedergezwungen. Sie versuchten, meine Beine zu spreizen. Thurnstein trug seinen Hausmantel, darunter nur das Mieder. Ich wehrte mich verzweifelt und schrie: „Nein! Ich will nicht! Ich will nicht!"

Thurnstein kannte keine Gnade. „Es ist egal, was du willst oder nicht! Ich will meinen Sohn!" Er riss mich herum, drückte mich auf den Bauch und drängte sich an mich. Ich schrie, widersetzte mich, so fest ich konnte, aber die Stallknechte hielten mich eisern fest. „Ich will kein Kind von dir!", schrie ich. „Ich treibe es ab! Ich treibe es ab! ... Angelo! Angelo!"

Widerwärtig stinkende, klebrige Schweißtropfen von dem Knecht, der Angelo damals ausgepeitscht hatte und der nun meine Schultern niederdrückte, fielen auf meinen nackten Körper. „Schnell, Durchlaucht", keuchte er zu Thurnstein, „machen Sie schon!"

Der Fürst drängte sich wieder an mich, aber er brachte keine Erektion zustande. Ich schrie und wehrte mich weiter. Thurnstein gab auf – er trat zurück und schloss den Mantel. „Schluss! Es reicht!"

***

Konferenzraum im Palais Thurnstein. Der große Saal wurde von wandhohen Schränken voller Akten und Unterlagen beherrscht. Am Konferenztisch saß Thurnstein mit vier würdigen alten Herren seiner Familie und Kardinalerzbischof Migazzi. Ich stand vor ihnen.

Es war mir einerlei. Ein besserer Ausgang konnte mir gar nicht geschehen. Der Kardinal, dieser Fürstenlakai, erhob sich feierlich. „Clara Gräfin Pietrasanta, da Sie böswillig den Vollzug der Ehe verweigern, spreche ich im Namen der Kirche die Annullierung dieser Ehe aus. Sie tragen wieder Ihren Mädchennamen."

Er setzte sich wieder, dann stand der Fürst auf. „Mit heutigem Datum wird Ihr Name aus der Familienchronik ausgelöscht. Sie haben im Hause Thurnstein nie existiert. Ich verfüge Ihre sofortige Ausweisung nach Sizilien."

***

Dort, wo der Leiterwagen von Angelo gestanden hatte, befand sich jetzt eine reisefertige Kutsche mit vier Pferden, mein Gepäck war bereits am Dach angeschnallt. Ich ging zur Kutsche, begleitet von zwei bewaffneten Wächtern des Fürsten. Das war übertrieben, wie ich fand. Die Hofdamen standen an der offenen Tür der Kutsche, der Kutscher saß schon am Bock. Zwei weitere Wächter Thurnsteins standen auf der anderen Seite der Kutsche bei ihren Pferden. Ich blickte auf das Palais zurück – freilich ließ Thurnstein sich dieses Schauspiel nicht nehmen: Er beobachtete mich von seinem Fenster herunter.

Der bullige Beifahrer klappte die Treppe herunter und schaute mich unverschämt auffordernd an. Bevor er sich entschließen würde, mich mit Gewalt ins Innere der Kutsche zu bewegen, stieg ich ein, die Hofdame folgte mir. Als die Tür geschlossen wurde, öffnete ich blitzschnell die gegenüberliegende Tür und sprang hinaus. Ich entriss einem der berittenen Wächter die Zügel seines Pferdes, sprang auf und gab dem Pferd meine Absätze. Das aufgescheuchte Pferd galoppierte mit mir aus dem Innenhof. Hinter uns hörte ich noch Thurnstein, der aufgebracht schrie: „Los! Hinterher!"

Ich trieb das Pferd an und ritt, so schnell ich konnte. Der zweite Wächter verfolgte mich, fiel aber immer weiter ab. Mein Vorsprung reichte aus, um bis zum Josephsstöckl zu gelangen, ohne gefasst zu werden. Ich hielt das Pferd vor dem Eingang an, sprang herunter und lief zur Tür. Die zwei dort stehenden Gardisten kannten mich und nahmen Haltung an. Ich verschwand im Haus. In Sicherheit.

Das Nächste, woran ich mich erinnern kann, ist, dass der Kaiser und ich an einem Tisch im Salon saßen. Immer noch ging mein Atem bebend, aber meine Erleichterung kannte keine Grenzen: „Geschieden, ich bin geschieden! Einen größeren Gefallen hätte er mir nicht tun können! Ich bin so froh, Majestät, mir fehlen die Worte! Ich wäre zugrunde gegangen in diesem Haus!"

„Ich bin auch sehr froh. Über eine Ausweisung nach Sizilien machen Sie sich keine Sorgen. Thurnstein steht dies nicht zu; was erdreistet er sich? Als Erstes werde ich Ihnen eine Wohnung besorgen, Clara." Mir wurde bewusst, was in diesen Worten lag. Warum hatte ich nicht früher daran gedacht? „Was haben Sie, Clara?", fragte Joseph, dem meine Unruhe auffiel.

„Was wird Ihre Mutter dazu sagen, Majestät? Wenn Sie sich eine Mätresse halten? Eine in Schande geschiedene Frau noch dazu?"

„Warum sagen Sie so etwas, Clara?", schien der Kaiser mich nicht zu verstehen. „Es gibt ein schöneres Wort dafür: Geliebte."

„Ihre Mutter wird darin schwerlich einen Unterschied finden."

„Aber ich! Überlassen Sie meine Mutter bitte mir."

Freilich, ihm schien alles einfach. Aber mir nicht. Ganz und gar nicht! Befand ich mich erneut in einer Falle?

Joseph bemerkte meine Missstimmung. „Schauen Sie, Clara ... Wenn es möglich wäre, würde ich Sie sofort heiraten. Sie sind die stolzeste, schönste Frau, der ich je begegnet bin. Aber es geht nicht. Ich bin der Kaiser. Der Standesunterschied ist zu groß. Ich kann keine Gräfin heiraten. Ich müsste zurücktreten. Und das will ich nicht. Eines Tages werde ich Alleinherrscher sein. Und dann werde ich einen vollkommen neuen Staat erschaffen. Das ist meine Lebensaufgabe. So – und nun wollen wir Ihre Scheidung feiern! Kommen Sie, wir gehen aus!"

Ich blieb kühl. „Sie wollen sich öffentlich mit mir sehen lassen?"

„Dort, wo wir hingehen, kann sich jeder sehen lassen."

***

Was hatte ich mir nicht alles erwartet. – Und nun standen wir vor einer Spelunke am Spittelberg. Über der Eingangstür hing ein Schild mit einem aufgemalten roten Hahn. Die zwei Gardisten öffneten und gingen voraus. Lärm, Qualm, viele zweifelhafte männliche Gäste. Zweifelhafte Frauen. Führte mich der Kaiser etwa in ein Bordell? – Ich konnte es nicht fassen! Eine junge Frau in ländlicher Kleidung, wie man sie in den Bergen zu tragen pflegte, kam freudig auf Joseph zu. „Graf Falkenstein!", begrüßte sie ihn. Wieso nannte sie den Kaiser Graf Falkenstein? Die Frau hielt befremdet inne, als sie mich erblickte.

Der Kaiser stellte uns einander vor. „Clara, das ist Wally, meine Almhirtin. Heute bin ich in Gesellschaft, Wally, ich bedaure."

Joseph nahm mich an seinen Arm und führte mich zu einem Séparée, die Gardisten hatten dort schon Aufstellung genommen. Die neugierigen Blicke der Gäste fielen auf uns. Mit einer Gräfin würde der Kaiser hier aller Wahrscheinlichkeit nach noch nie gewesen sein. Lauter Schurken und abgefeimte Typen an den Tischen. Wally setzte sich zu zwei besonders Abgefeimten, am Boden neben ihnen hockte ein beinloser Bettler auf einem Brett. Die Frau schaute eifersüchtig zu mir. Das ist also die Hure des Kaisers, ich danke recht schön, dachte ich bei mir. Joseph wollte mir gerade einen Platz zuweisen, da erkannte er im anliegenden Séparée offenbar ihm bekannte Leute. Ich folgte ihm.

Dort saß Angelo in feiner, bürgerlicher Kleidung neben einer jungen Rothaarigen, die ihrer Kleidung nach zu urteilen auch nicht an diesen Ort gehörte. Ich war bestürzt, auch wenn ich von Thurnstein erfahren hatte, dass Angelo zu den Huren ging. Der Kaiser freute sich allem Anschein nach über die Begegnung: „Herr Soliman! Dürfen wir uns zu euch setzen?“ Als Angelo mich erkannte, wurde sein Gesicht richtiggehend grau. Langsam stand er auf. Der Kaiser drückte ihn nieder und setzte sich. „Herr Soliman, Sie kennen ja die Gräfin Pietrasanta. Sie wurde heute glücklich geschieden. Worauf wir jetzt trinken. Nehmen Sie doch Platz, Clara. Hier macht man keine Umstände!“ Ich setzte mich zu Joseph, der sich an die Rothaarige wandte: „Adele! Wie steht es um Ihr Befinden?“

Sie strahlte den Kaiser an. „Dank der Nachfrag, Herr Graf. Mir geht's so gut wie nie in meinem Leben! Ich bin jetzt keine Hur mehr!“

„Da kann ich Ihnen nur gratulieren!“, sagte Joseph und drückte ihr die Hand.

Ein schmieriger Kellner stellte scheppernd zwei volle Bierkrüge vor uns ab und trat wieder ab. Adele schwadronierte weiter: „Der Herr Soliman und ich bewohnen jetzt ganz eine noble Wohnung! Auf der Freyung, beste Adresse. Drei Zimmer!“

Der Kaiser hob seinen Krug. „Darauf wollen wir trinken! Und auf die Scheidung der Gräfin Pietrasanta!“

In Angelos Blick lag große Überraschung. Auch mich überforderte die Situation. Joseph hob den Krug prostend gegen mich, also ergriff ich den meinen und stieß mit dem Kaiser an, sodann mit Adele, zuletzt mit Angelo. Joseph nahm einen tiefen Zug und wischte sich den Mund ab. Ich nippte nur am Krug, denn ich verabscheue den Geschmack von Bier. All diese zwielichtigen Typen starrten neugierig in unser Séparée. Der Kaiser beugte sich zu seiner Almhirtin. „Wally! Spiel uns was!“, forderte er sie auf und deutete mit beiden Händen ein Zitherspiel an. Wally stand auf und holte ihr Instrument. Joseph wandte sich an Angelo. „Genießen Sie Ihre Freiheit, Herr Soliman?“

„Ja, sehr, Majestät“, antwortete er. Es war ihm anzumerken, dass ihn meine Anwesenheit immer noch verwirrte.

Wally drängte sich mit ihrer Zither neben mich. Obwohl Joseph Platz machte und ins Innere des Séparées rückte, fühlte ich mich belästigt und beengt und wechselte auf die Bank zu Adele und Angelo und kam neben Adele zu sitzen. Sie lächelte mir freundlich zu, und ich – ich fühlte mich äußerst unwohl. Wally begann, etwas Alpenländisches auf der Zither zu spielen. Und der Kaiser, dieser Klotz, hörte nicht auf, Angelo mit seinen Fragen zu bedrängen: „Wie vertreiben Sie sich die Zeit, Herr Soliman?“

„Ich lese viel. Ich studiere.“

„Was studieren Sie denn?“

„Im Moment die Wasseraquädukte der Römer.“

„Die Wasseraquädukte der Römer? Ah, das ist aber –“

Mir reichte es. Ich stand auf und ging.

***

Bebend stand ich vor der Spelunke. Und weinte. Aus Wut, aus Eifersucht. Auf Angelo.

In der Nähe stand die Kutsche des Kaisers. Auf dem Bock schlief der Kutscher eingehüllt in seinen Rock, die Pferde der beiden Gardisten waren an die Kutsche gebunden.

Die Gardisten traten aus der Spelunke, hinter ihnen erschien ein unverständiger Joseph. Ich drehte mich um und ging los, aber er folgte mir. „Clara! Clara!“, rief er und holte mich ein. „Was ist denn geschehen? Habe ich Sie beleidigt? Der ‚Rote Hahn‘ ist wahrlich kein Ort für eine Dame Ihres Standes, bitte verzeihen Sie ...“

Ach, Joseph, du kannst dir keine Vorstellung davon machen, was in mir vorgeht! Aber noch immer konnte ich es nicht in Worte fassen und antwortete ihm ausweichend: „Verzeihen Sie, Majestät, ich bin nur ... Es ist so viel geschehen ...“

Der Kaiser sah die Tränen in meinen Augen. „Ja, selbstverständlich. Verzeihen Sie, kommen Sie ...“, sagte er und führte mich zur Kutsche.

Mutter kniet am Boden und schlägt ihren Kopf gegen die Zellenwand, immer wieder, immer wieder. Ich lege ihr Tagebuch weg, laufe zu ihr und packe sie an ihren Schultern. „Hör auf! Hör auf, Mutter!“, schreie ich sie an, aber sie hört nicht auf, da reiße ich sie herum. Blut rinnt von ihrer Stirn, auch die Wand ist blutig. Aber Mutter tut mir nicht leid – im Gegenteil. Ihr Tagebuch hat mich aufgewühlt, ich habe so viele Fragen: „Ich verstehe das alles nicht, Mutter!“, rede ich auf sie ein. „Du heiratest diesen Kinderschänder, nur wegen seines Geldes, nur, damit du Sizilien hinter dir lassen kannst. Und dann wirst du die Mätresse des Kaisers! Und mein Vater lebt mit einer Hure zusammen! Was seid ihr für Menschen?“ Ich sinke zurück und klage verzweifelt: „Wäre ich doch im Kloster geblieben! Warum muss ich das alles wissen?“ Ich rüttle sie: „Hörst du? Hörst du mich?“

Im Blick meiner Mutter verändert sich etwas. Sie scheint endlich aus ihrem abwesenden Zustand zu erwachen. Fassungslos starrt sie mich an. „Josephine? Josephine? Bist du das?“, spricht sie leise.

„Ja, Mutter. Ich bin es. Deine Tochter“, flüstere ich vor Verblüffung.

Dann liegen wir uns in den Armen, brechen in Tränen aus. „Du hast mir so gefehlt, Mutter! So furchtbar gefehlt!“

Sie nimmt ein wenig Abstand und hält mich an den Schultern, schaut mir ins Gesicht. „Bist du gekommen? Bist du endlich gekommen?“

„Das musste ich doch!“

Mutter schaut zur geschlossenen Tür. Schrecken breitet sich auf ihrem Gesicht aus. „Gefangen! Jetzt bist du auch gefangen!“ Aus einer entfernten Zelle hört man eine Frau entsetzlich schreien, ganz unvermittelt brechen die

Schreie dann gurgelnd ab. Ich lausche entsetzt. Mutter kriecht am Boden auf die Tür zu und zieht einen der langen Nägel heraus, mit denen die dicke Zellentür beschlagen ist. Der Nagel lässt sich leicht entfernen. Sie kommt zurück zu mir und hält mir den Nagel vor die Augen. Er ist rostig und überzogen mit eingetrocknetem Blut. „Damit habe ich früher gezeichnet und geschrieben, Josephine. Er ist deine einzige Chance."

Ich nehme den Nagel und betrachte ihn. Mutter blickt mich beschwörend an: „Du versprichst mir, dass du ihn tötest?"

Von draußen sind Schritte zu hören, die Tür zu unserer Zelle wird entriegelt und geöffnet. Mutter erschrickt. Schnell verstecke ich den Nagel in meinem Ärmel, lege beschützend den anderen Arm um Mutter. Sie presst die Augen zu.

Hoffmann tritt ein, in einer blutbesudelten weißen Schürze, Angelos Stock in der Hand. Hinter ihm erscheint Toni, in der einen Hand seinen Ochsenziemer, in der anderen einen Stuhl, den er hinstellt. Hoffmann blickt auf seine Schürze. „Verzeihen Sie, Josephine, ich komme gerade von der Arbeit." Er zieht die Schürze aus, Toni hilft ihm, nimmt sie ihm ab und gibt sie dem zweiten Wärter, der mit einem Ochsenziemer an der Tür erscheint. Der Wärter hängt die Schürze über das Geländer und kommt in die Zelle. Er schließt die Tür und stellt sich zu den beiden anderen Männern. Toni hockt sich auf seine Fersen. Hoffmann hebt das Tagebuch meiner Mutter auf und schaut mich an. „Haben Sie inzwischen die Tagebuchaufzeichnungen Ihrer Frau Mutter gelesen?"

Ich bin auf der Hut vor ihm. Und vor seinen Schergen. „Zu einem Teil, ja. Ich konnte viel daraus lernen."

„Mir erging es ebenso. Besonders berührt hat mich, wie der kleine Angelo von der Klippe sprang. Ich höre übrigens ähnlich interessante Nachrichten über Sie, Fräulein Josephine. Sie sind über eine hohe Mauer gesprungen, wie eine Gazelle. Sie sind beinah geflogen, berichten die Polizisten." Er setzt sich auf den Stuhl und schlägt entspannt die Beine übereinander. „Sie haben ganz den Vater in sich, Josephine, ganz den Vater."

Hoffmann schaut Mutter an, ein Leuchten tritt in seine Augen. Da fällt auch mein Blick auf sie: Sie hat nun ihre Augen geöffnet und starrt Hoffmann hasserfüllt an. Ach, Mamá! Hättest du doch weiter die im Wahnsinn Entrückte gespielt! Der Professor freut sich über alle Maßen: „Endlich. Endlich! Ich sehe, Sie sind wieder bei sich, Frau Soliman. Ich bin hocherfreut. Bitte halten Sie mich nicht für jemanden, der Genugtuung dabei empfindet, andere Menschen zu quälen. Ich habe nur eine Lebensaufgabe. An der ich gescheitert bin. Weil niemand auf mich hört. Für einen Verrückten hält man mich! Ich war ein anerkannter Wissenschaftler, ich habe die höchsten Ämter bekleidet, und dann hat man mich zum Direktor einer Irrenanstalt degradiert. Ich wohne hier im Haus, meine Damen, in einer Zelle, wie Sie. Ich erwarte mir nichts mehr. Nur noch diese eine Aufgabe will ich zu Ende führen. Angelo Soliman hat mich verstanden, ganz zuletzt hat er mich verstanden, ich bin überzeugt davon. Ich möchte, dass auch Sie, seine Familie, mich verstehen."

Mutter richtet sich verzweifelt auf. „Ich verstehe nichts, nichts! Warum? Warum das alles? Sagen Sie es mir endlich!"

„Angelo Soliman war die Probe aufs Exempel, Clara. Aber von weltgeschichtlicher Bedeutung. Ich wollte anhand von Angelo Soliman etwas beweisen. Er war mein Versuchsobjekt. Ich hatte seinen Weg schon lange verfolgt. Und ich nahm Einfluss auf sein Leben. Wie ein Puppenspieler. Er bemerkte nicht, dass er an meinen Fäden hing. Um mir sicher zu sein, um meine These zu beweisen, musste ich die Dinge noch etwas vorantreiben. Ganz oben wollte ich ihn sehen, ganz oben. Um ihn dann zu stürzen. Und mit ihm all die verblendeten Verschwörer. Ich bin gekommen, um das Abendland zu retten, meine Damen."

Wir befanden uns in einem Kaffeehaus. Hier war ich noch nie gewesen. Anders als im „Roten Hahn" war es hier dank der großen Fenster recht hell, die Besucher gebildetes und gehobenes Publikum. Es wurde Pfeife geraucht, Kaffee und Wein getrunken, Zeitung gelesen. An einem Tisch saßen Professor Hoffmann, Sonnenberg, Born, Dietrichstein und mein Mentor Mozart, der auffallend viel Rotwein trank. Dem Anlass entsprechend war ich mit Perücke erschienen. Die Herren waren zurückhaltend gekleidet, nur Mozart stach durch seine auffallend farbige Kleidung hervor.

Hoffmann hielt seine Hand an Mozarts linke Stirnseite. „Sehen Sie, meine Herren", verkündete er, „hier, hinter der Stirnpartie der äußeren Augenwinkel, da ist er, der Sitz der Musikalität, der Tonsinn."

„Blödsinn, Hoffmann!" Mozart fasste in seinen Schritt und grinste. „Da sitzt mein Tonsinn!"

Der Professor wurde von Unmut ergriffen. „Treiben Sie keine Scherze mit Ihrem Talent, Mozart. Ich habe schon unzählige Köpfe aller Nationalitäten vermessen. Die Italiener, die Böhmen und die Deutschen sind an dieser Region viel breiter als die Franzosen und die Engländer. Deshalb bringen sie auch mehr große Komponisten hervor. Sie, Mozart, haben hier" – er griff ihm über die Augenwinkel – „richtiggehende Wülste. Der Beweis für eine geniale musikalische Begabung."

Mozart lachte meckernd. „Der Beweis dafür, dass es feschere Burschen gibt als mich!"

Hoffmanns Stimme zeigte deutlich seine Verstimmung an: „Meine Schrift über den Sitz der Musikalität wird an allen Universitäten Europas diskutiert. Nur in Wien liest sie niemand, wie mir scheint!"

„Mir fehlt die Zeit für die Wissenschaft, Hoffmann, bitte deuten Sie dies nicht als Beleidigung. Ich bin freischaffender Künstler, kein Staatsbeamter."

„Ich habe sie aufmerksam gelesen, Ihre Schrift, Herr Professor Hoffmann", meldete ich mich zu Wort.

„Na, wenigstens einer. Danke, Herr Soliman."

Auf die Gefahr hin, ihn zu enttäuschen, sagte ich: „Ihrer These nach, Herr Professor, wären wir, die Schwarzen, am musikalischsten." Hoffmann schaute mich erstaunt an. Ich deutete an meine Stirn. „Dieses Merkmal in der Physiognomie ist bei uns Afrikanern sehr ausgeprägt."

Mein Hinweis schien ihn nicht zu enttäuschen: „Meine These stimmt, da können Sie sich sicher sein!"

„Aber ich bitte Sie, Professor Hoffmann", schaltete sich Sonnenberg ein, „das können Sie nicht ernsthaft behaupten! Bei aller Hochachtung für Sie, Herr Soliman."

„Eines Tages wird die Welt wissen, dass ich recht habe, Bruder Sonnenberg", beharrte Hoffmann überzeugt.

Ein peinliches Schweigen folgte dieser kurzen Auseinandersetzung, dann griff Mozart mir unvermittelt in den Schritt. „Da hast du deine Musikalität, schwarzer Teufel! Genau wie ich!" Seine folgenden Worte richtete er an Born und Sonnenberg: „Ihr seids ja alle akademische Hosenbrunzer!"

Born lächelte etwas überheblich. „Bruder Mozart, bitte werden Sie nicht ausfällig. Es braucht auch die Wissenschaftler, nicht nur die Künstler. Nicht alles ist Unterhaltung!"

„Aber freilich ist alles Unterhaltung, Herr von Born!", gab Mozart nicht nach.

Hoffmann wandte sich wieder an mich: „Eines würde mich wirklich sehr interessieren, Herr Soliman. Erinnern Sie sich an die Gesänge Ihrer Kindheit?"

Diese Frage rief nun auch Mozarts Interesse hervor. Ich weiß nicht, warum ich mich dazu hinreißen ließ, so etwas Persönliches zu offenbaren, aber ich sprach: „In meinen Träumen singe ich sie. Und höre meine Mutter. Aber wenn ich wach bin, ist alles weg. Alles. Meine Erinnerung ist wie ausgelöscht."

„Es ist da", sagte Hoffmann und tippte mir wieder an dieselbe Stelle, „es ist alles da. Man muss es nur hervorholen. Ich werde Ihnen dazu verhelfen, Herr Soliman."

„Wie wollen Sie das machen?"

Mozart hörte nicht auf zu stänkern: „Er schneidet Ihnen den Kopf auf, Herr Soliman! Ritsche-ratsche – den Kopf auf! Der Herr Professor Hoffmann wühlt in den Leichen herum! Gefunden hat er noch nichts!"

Hoffmann ärgerte sich sichtlich über Mozart. Dietrichstein fühlte sich zur Ermahnung berufen: „Halten Sie sich bitte beim Trinken zurück, Herr Mozart, Sie haben heute noch eine wichtige Aufgabe zu erfüllen."

„Alles Unterhaltung, alles Theater! Aber ich mache das schon, keine Sorge, Fürst Dietrichstein. Sie wissen, ich liebe das Theater!"

Sonnenberg schaute auf seine Taschenuhr. „Es wird ohnedies Zeit, meine Herren."

Ich wollte schon aufstehen, da hielt Hoffmann mich zurück. „Herr Soliman, bevor wir gehen, möchten wir noch eine Bitte an Sie richten." Ich schaute ihn fragend an. „Neben meiner Tätigkeit als Anatom und Universitätsprofessor bin ich auch noch Direktor des kaiserlich-königlichen Naturalienkabinetts, das auf Initiative von Herrn Born und mir vor einiger Zeit eröffnet wurde. Es besteht bisher allerdings nur aus einer ärmlichen Mineraliensammlung. Und aus ein paar Fossilien. Es ist an der Zeit, die Sammlung zu erweitern. Mein Anspruch ist es, von jedem interessanten exotischen Tier ein Stopfpräparat in anschaulicher Umgebung auszustellen, in Schaukästen also, versehen mit ausführlicher Beschreibung. Zur Bildung des gemeinen Volkes soll das Kabinett anschließend der Öffentlichkeit zugänglich gemacht werden."

Das rief den Unmut des Kompositeurs hervor: „Bitte nein!", widersprach er. „Nicht die Viecherln ausstopfen!"

Man ignorierte Mozart. Hoffmann schaute mich an. Ich zeigte mich unverständig: „Was könnte ich dazu beitragen? Ich verstehe Sie nicht ganz, Herr Professor."

„Ich erbitte Ihre Protektion, Herr Soliman. Der Kaiser zeigte sich uns gegenüber in dieser Sache eher ablehnend."

„Wie kommen Sie darauf, dass ich Einfluss auf den Kaiser nehmen könnte?"

„Na, Sie stehen doch sehr gut mit ihm", sprach Born es unverblümt aus.

Hoffmann lächelte. „Der Graf von Falkenstein verkehrt sogar im selben Lokal wie Sie."

Ich antwortete ihm nicht gleich. Fürst Dietrichstein übte Nachsicht mit mir: „In Wien bleibt nichts verborgen, Herr Soliman. Das müssen Sie noch lernen."

Ich dachte nach. „Gut, Herr Professor, ich werde es versuchen. Lernen ist wichtig. Das Unbekannte kennenzulernen macht uns weitsichtiger, weniger engstirnig."

„Äußerst verbunden, Herr Soliman, ich danke Ihnen."

Mozart griff mir schon wieder blitzschnell in den Schritt. „Da ist der Sitz der Musikalität!"

Ich kam nicht umhin zu lachen. Den anderen Herren wurde Mozart aber augenscheinlich immer unerträglicher.

***

Sie hatten mich zuerst in die „Schwarze Kammer" geführt. Es war stockdunkel. Ich hörte meinen eigenen Atem, so still war es. Plötzlich glimmte eine Öllampe auf, wurde immer heller. Der Raum, in dem ich mich befand, wurde sichtbar. Es war ein vollkommen schwarz ausgeschlagenes kleines Zimmer, in dem sich nur ein schwarz überzogener Tisch befand. Auf dem Tisch etliche Gegenstände: die Lampe, ein Totenkopf, ein Dolch, ein geflochtenes Hanfseil mit einer Schlinge, wie zum Hängen eines zum Tode Verurteilten. Und ein Buch. Auf ihm war ein Pentagramm abgebildet, das von zwei Kreisen umrandet war, sodass sich ein Rad ergab. In diesem Rad stand ein nackter Mann mit gespreizten Armen und Beinen. Ich betrachtete die Gegenstände, das Pentagramm auf dem Buch. Es war mir unheimlich zumute.

Plötzlich öffnete sich eine schmale Tür. Ein vermummter Mann trat ein. Wie er mir später verraten würde, war dies Hoffmann – er trat als „Fürchterlicher Bruder“ auf, der „Frère terrible“. Seine Aufgabe war es, dem Probanden Angst einzujagen. Er hatte einen Degen umgeschnallt und trug eine schwarze Augenbinde in der Hand, die er mir umlegte. Ich konnte nichts mehr sehen. Er führte mich durch einen Flur, dann eine Treppe hinauf. Wir hielten an. Drei laute Hammerschläge waren zu hören, daraufhin klopfte Hoffmann dreimal kräftig an eine Tür. „Mein Bruder Wachhabender!“, verkündete Sonnenberg laut. „Sehen Sie, wer da ist!“

Leichtfertig erklang hinter der Tür Mozarts Stimme, der die Zeremonie nicht ernst zu nehmen schien: „Wer ist denn schon wieder da?“

Hoffmann antwortete an meiner Stelle: „Es ist ein Suchender, welcher zum Freimaurer aufgenommen zu werden begehrt.“

„Hochwürdiger Großmeister, es ist ein Suchender, welcher zum Freimaurer aufgenommen zu werden begehrt“, wiederholte Mozart laut.

„Meine Brüder, soll er eingelassen werden?“, fragte Sonnenberg. Ich hörte ein merkwürdiges Rauschen, wie von bewegten Stoffen, und dann wieder Sonnenberg: „So öffnet das Tor!“

Ich hörte ein Knarren und spürte einen Luftzug. „Das dauert länger als ein Hochamt im Steffl, Soliman“, warnte mich Mozart flüsternd vor, dann ordnete er mit kräftiger Stimme an: „Fürchterlicher Bruder, führen Sie den Suchenden durch die Prüfungen vor den Großmeister!“ Mozart sollte Recht behalten. Ich wurde sorgsam ein paar Stufen nach unten geführt, dann gingen wir durch einen Raum, Männer links und rechts von mir raunten geheimnisvoll. Ich wurde angehalten und man entblößte meine linke Brust. „Das ist ein Degen, Soliman“, sagte mir Mozart. „Nimm ihn und halte seine Spitze gegen deine Brust.“ Ich ergriff den Degen und tat, wie mir geheißen. Dann nahm man meine linke Hand und führte mich weiter. Ich erschrak: Etwas, das sich wie Sand anfühlte, wurde beim Gehen von allen Seiten auf mich geworfen, dann spritzte man Wasser auf mich. Wir hielten an.

Leise erklang Hoffmanns Stimme direkt vor mir: „Da müssen Sie jetzt durch, Herr Soliman.“

Ich hörte etwas knistern, wie von einer kleinen Flamme einer Öllampe. Dann schnaufte ein Blasbalg auf und ein starkes, brausendes Feuer schlug mir entgegen. Entsetzt schrie ich auf und wich zurück. Sonnenbergs Stimme war ganz nah vor mir zu hören: „Wer ist da?“

„Es ist ein würdig Leidender“, verkündete Hoffmann, „welcher den Weg der Tugend aufgesucht hat und fortfährt, auf demselben zu wandeln.“

Sonnenberg sprach zu mir: „Mein Herr! Sie sind dem Lichte nahe. Treten Sie jetzt gleich hervor, um sich mit uns durch einen unverbrüchlichen Eid in ein unauflösliches Freundschaftsband zu vereinigen.“

Die Binde wurde mir abgenommen. Meine Augen mussten sich erst an das Licht gewöhnen, dann sah ich endlich wieder: Vor mir saß hinter einer Art von Altar der Großmeister Sonnenberg mit einem Hammer in der Hand. Born und Dietrichstein hatten als „Brüder Sekretäre“ links und rechts des Großmeisters Platz genommen. Mozart als „Bruder Wachhabender“ und Hoffmann als „Fürchterlicher Bruder“ standen neben mir. Ich drehte mich um und zählte etwa 30 Brüder, angetan mit den typischen Schürzen, mit gezogenen Degen. Und überall im Raum die Symbole: Winkelmaß und Zirkel. Winkelwaage und Senkblei. Das große Auge Gottes in einem Dreieck.

Hoffmann dirigierte mich, ich kniete mich mit dem rechten, entblößten Knie auf ein Kissen. Sonnenberg war von seinem Altar gestiegen und trat mit der Bibel zu mir, hielt sie mir vor die Augen. Aufgeschlagen war das Evangelium des Heiligen Johannes. Der Großmeister nahm meine Hand und legte sie auf die Bibel, dann wandte er sich an Dietrichstein: „Bruder Sekretär, trage dem Leidenden die Eidesformel vor.“

Dietrichstein tat, wie ihm befohlen: „Ich, Angelo Soliman, gelobe und schwöre vor dem allerhöchsten Gott ...“

„Ich, Angelo Soliman, gelobe und schwöre vor dem allerhöchsten Gott ...“, wiederholte ich den Beginn einer endlos langen Formel.

Mit Ende der Prozedur war ich Mitglied der Freimaurerloge „Zur Wahren Eintracht“.

***

An diesem Tag – nach der Aufnahme – suchten Hoffmann, Mozart, Sonnenberg, Born, Dietrichstein und ich das Naturalienkabinett auf. Wir erreichten es über den Bibliotheksplatz. Schon oft war ich im prunkvollen Kuppelsaal der Bibliothek gewesen, hatte Globen und die großzügige habsburgische Sammlung studiert. Der Eingang zum Naturalienkabinett befand sich am linken hinteren Ende des Platzes. Es war dies mein erster Besuch.

Es gab im Kabinett nur wenig Licht. Hoffmann hatte mich in einen großen Schaukasten gestellt, an dem an der Vorderseite noch das Glas fehlte. Auf Geheiß Hoffmanns musste ich meine Kleidung bis auf die Wäsche ablegen. Die Rückseite und die beiden Seitenwände des Schaukastens waren dilettantisch mit Dschungelmotiven und einer Hütte bemalt, drei stümperhaft hergestellte künstliche Palmen standen da, den Boden bedeckte gelber Sand. Ich nahm dies alles wie durch einen Nebel wahr – die Zeremonie hatte mich aufgewühlt. Die Brüder hatten auf Stühlen Platz genommen, Hoffmann saß in der Mitte, direkt vor mir. Er sprach freundlich, fast leise, aber sehr bestimmt zu mir. „Setzen Sie sich, Bruder Soliman." Ich setzte mich auf den Sandboden, wusste nicht recht, wohin mit den Beinen. Hoffmann bemerkte das sofort: „Sie sollen sich nicht wie ein weißer Mann auf den Boden setzen. Erinnern Sie sich, bitte, wie das in Ihrer Kindheit war." Ich dachte kurz nach und hockte mich dann wie selbstverständlich auf die Fersen. „Und nun mach die Augen zu." Ich gehorchte. „Denk an den kleinen Jungen, der du warst."

Da öffnete ich die Augen wieder: „Nein, bitte nicht."

Hoffmann sprach ruhig und eindringlich zu mir: „Denk an den kleinen Jungen, der du warst." Ich schloss die Augen und tat, was er von mir verlangte. „Wie heißt du? Wie ist dein Name?"

„Angelo", sagte ich.

„Unsinn! Du heißt doch nicht Angelo! Sag mir deinen wahren Namen!"

So flüsterte ich schließlich, was ich schon vor der Zeremonie sagen wollte, es aber nicht gewagt hatte: „Mmadi Maké. Mmadi Maké."

„Mmadi Maké ... Versetze dich in deine Heimat. Es ist etwas ganz Furchtbares passiert! Bring das Furchtbare hinter dich. Bring es hinter dich. Bring es hinter dich!" Hoffmann sprach weiter, immer auf dieselbe Art. Er wiegte mich mit seiner Stimme. Es dauerte eine Weile, aber plötzlich war die Erinnerung da.

***

Die frühen, noch dunklen Morgenstunden im Haus des Stammesfürsten. Der große, hohe Schlafraum ist kostbar eingerichtet. Alle schlafen: mein Vater, der König, meine Mutter, die Königin, ein Säugling an ihrer Brust, die anderen Geschwister, ein Junge und ein Mädchen, beide jünger als ich. Und ich sehe mich, Mmadi, schlafen, ganz nahe bei der Mutter, die Hand meines winzigen Bruders haltend. – Die Erinnerung stürmte mit großer Heftigkeit auf mich ein. – Im Schlaf nehme ich einen Geruch wahr, einen Geruch wie ... Ich öffne die Augen und sehe: Die Bambusdecke brennt, das Feuer breitet sich rasend schnell aus.

Entsetzt sprang ich im Schaukasten auf. Hoffmann erhob sich vom Stuhl: „Bring es hinter dich! Sei nicht feige! Du hast heute schon eine Feuertaufe bestanden, wenn auch eine symbolische nur. Dennoch hat sie dich sehr erschreckt. Also gab es davor schon einmal eine Feuertaufe. Keine symbolische. Eine tatsächliche, furchtbare."

Alle schauten auf mich. Mozart hatte Mitleid mit mir: „Lassen Sie ihn doch, Hoffmann! Was soll das bringen?"

„Ohne Erinnerung sind wir tot. Sind wir nichts. Und vielleicht bringt es nicht nur ihm etwas, sondern auch Ihnen, Herr Kompositeur." Er wandte sich wieder an mich: „Du musst es durchstehen, Mmadi Maké! Dann kommst du zum Licht, zur Musik, zum Göttlichen!"

Ich setzte mich wieder und schloss die Augen.

Die Bilder steigen wieder auf: Feuerfetzen und brennender Bambus fallen auf mich. Ich springe schreiend auf. „Feuer! Feuer!", schreie ich in unserer Sprache. Meine Familie schreckt hoch. Von draußen sind nun Stimmen zu hören, Lärm. Das Feuer breitet sich rasend schnell aus, Teile des Daches beginnen herabzustürzen. Plötzlich der Donner von Kanonen, Schüsse, Schreie. Vater und ich greifen nach unseren Hiebwaffen. „Hinaus! Schnell hinaus!", schreit er. Meine Sprache Wándala – wie lange hatte ich sie nicht mehr gehört?

Ich sah nun deutlich alles vor mir, was mein Gedächtnis mir für Jahre verschlossen hatte: hell erleuchtet von den Flammen die rote Erde, die Hütten der anderen Dorfbewohner – Lehmrundhütten mit kegelförmigen Strohdächern. Das Dorf umgeben von einer hohen Lehmmauer, das einstmals wuchtige Holztor nun in Trümmer zerborsten. Der Brunnen, der riesige Baum in der Mitte des Dorfes, in seiner Nähe der Fetisch: ein unheimlicher, aus Holz geschnitzter Kopf auf einem Pfahl. Die brennenden Häuser erleuchten das Geschehen: Nackte Dorfbewohner wehren sich mit Macheten, Speeren und Wurfeisen. Auch Mädchen und Frauen kämpfen. Hühner flattern panisch herum, Ziegen und Esel laufen aufgeschreckt umher, rote Staubwolken steigen vom Boden auf. Das langsam aufkommende Licht der Morgendämmerung gibt den Blick auf den Dschungel und bizarre Vulkankegel frei – einer davon überragt alle anderen.

Die Angreifer sind Sklavenhändler vom Volk der Fulbe. Sie tragen arabische Gewänder, halten Säbel in ihren Händen, einige sind zu Pferd, etliche zu Fuß. Sie schießen mit Gewehren auf uns. Mutter wird tödlich getroffen – sie fällt mit dem Säugling zu Boden. Viele Dorfbewohner haben sich ergeben, stehen an der Mauer, bewacht von feindlichen Kriegern. Mein Vater tötet zwei Angreifer, wird dann mit Säbeln niedergehauen. Ich werfe mich verzweifelt über ihn, drehe ihn herum. Ein Mann reißt mich hoch, den Säbel in der Hand. Ich schlage blitzschnell mit meiner Waffe auf den Mann ein, verwunde ihn schwer an einem Oberschenkel, der Mann bricht nieder. Die Waffe wird mir aus der Hand geschlagen, ich nehme vom Boden eine Handvoll rote Erde, werfe sie dem Angreifer in die Augen. Plötzlich fällt ein Netz über mich. Ich stöhne, schreie, wehre mich, falle nieder, versuche das Netz abzustreifen, muss die schrecklichen Vorgänge wie gelähmt verfolgen.

Die nächste Erinnerung, die in mir aufstieg: Wir verlassen die Wándala-Berge. Der Zug der gefangenen Sklaven geht talwärts. Alle tragen wir Eisenschellen um den Hals, sind mittels Ketten miteinander verbunden. Es handelt sich ausschließlich um junge Männer und Frauen sowie Kinder beiderlei Geschlechts. Unter ihnen ich selbst, der achtjährige Junge Mmadi Maké. Manche sind verletzt, wurden aber versorgt, um sie verkaufen zu können. Neben und hinter uns reiten die Fulbe mit gezogenen Säbeln. Immer weiter zurückliegend sind kleinere Vulkankegel zu sehen – und ein außergewöhnlich großer Vulkan, über dem im Dunst ein roter Schein hängt. Ich schaue verzweifelt, Hilfe suchend, zum Vulkan zurück.

Erinnerung und Gegenwart vermischten sich: Ich stand im Schaukasten, erblickte aber vor meinen Augen den Vulkan, unsere Göttin, reckte verzweifelt die Arme um Hilfe.

In meiner Muttersprache schrie ich: „Göttin des Vulkans! Hilf uns! Hilf uns! Verschlinge den Feind mit deinem Feuer! Verschlinge ihn!“

Hoffmanns Stimme drang zu mir durch: „Mmadi Maké! Mmadi Maké! Denk an den Sternenhimmel. Denk an den Sternenhimmel. An deine Mutter. An die Brust deiner Mutter.“

Das tat mir gut, das tat mir gut. Ich sank in den Sand nieder, entspannte mich.

Unter dem großen Baum in der Dorfmitte sitzt meine Mutter, an ihrer Brust hält sie mich, ihren geliebten Sohn. Sie lächelt mir zu, wiegt mich. Über uns die Mondin, der Sternenhimmel.

Wieder mischte sich Hoffmanns Stimme in meine Erinnerung: „Sie singt! Deine Mutter singt! Sie singt dir ein Wiegenlied! Was singt sie?“

Die Mutter beginnt, gleichzeitig mich in ihren Armen wiegend, ein Lied zu singen.

Ich kniete am Boden des Schaukastens, hielt selbst mein vergangenes Ich in den Armen, wiegte es, wiegte mich. Und ich sang das Lied meiner Mutter. Der kleine Mmadi schläft ein. Ich sang weiter. Schaute auf den roten Schein des Vulkans in der Ferne. Schaute in den Sternenhimmel. Zur Mondin.

„Angelo!“, sprach Hoffmann sanft zu mir. „Angelo!“

Ich öffnete die Augen, sang immer noch, nahm langsam meine eigene Stimme wahr, lauschte ihr. Tränen rannen mir übers Gesicht – dann verstummte ich.

Ich blickte aus dem Schaukasten auf mein Publikum. Sie starrten mich ergriffen an. Mozart war auf die Knie gesunken, stand nun auf und kam zu mir in den Schaukasten. Er umarmte mich. Ich brach in befreiendes Schluchzen aus. Und Mozart mit mir.

***

Am Ende dieses so ereignisreichen Tages lag ich mit Adele im Bett. Auf den Wänden um uns die im Krieg erbeuteten Stücke, der Dolch. Wir waren glücklich. Ich war glücklich, wahrlich glücklich. Zum ersten Mal seit vielen Jahren. Mit dem Wiederkommen der Erinnerung war eine große Last von mir gefallen. Ich hatte Adele davon erzählt. „Ist dieser Professor Hoffmann ein Zauberer?", staunte sie. „Ja, auf eine gewisse Weise schon", pflichtete ich ihr bei. „Ein Medizinmann, ein Schamane. Er kennt die Seele des Menschen. Er kann die Seele des Menschen berühren. Das ist etwas Unglaubliches. Er hat mich erlöst. Aus der Dunkelheit. Er hat mir die Erinnerung wiedergegeben. Das Gesicht meiner Mutter."

***

Am nächsten Morgen war ich schon sehr früh im Naturalienkabinett zugegen. Ich wusste nun, wie ich mich bedanken konnte. Die dilettantische Malerei an der Rückwand und an den Seitenwänden hatte ich zuerst weiß überstrichen und mit einem unverfälschten Dschungel ersetzt. Es war beinahe Abend, bald würde ich fertig sein. Eben war ich dabei, den letzten Paradiesvogel auf einen Ast zu malen, da betrat Hoffmann den Saal. Erstaunt lächelnd kam er auf mich zu: „Ich weiß gar nicht, wie ich Ihnen danken soll, lieber Freund Maké."

„Ich bin ja ohne Beschäftigung, wie Sie wissen; ich habe viel Zeit."

Fürst Thurnstein und ich besuchten die Kaiserin in der Hofburg. In ihrem Schlafzimmer. Auf ihren ausdrücklichen Wunsch. Sie konnte nicht mehr aufstehen. Die Vorhänge geschlossen, das Zimmer düster. Maria Theresia, sehr beleibt und sehr krank, hatte viele Kissen hinter ihren Rücken geschoben, konnte wegen Erstickungsgefahr nur sitzend schlafen. Nach einer kurzen Unterhaltung verbargen der Fürst und ich uns hinter einem Paravent. Es glich einer Komödie. Aber nicht ungewöhnlich für Wien.

Wir brauchten nicht lange zu warten, bis Joseph vor seiner übermächtigen Mutter stand. Wütend und mühselig richtete sie sich auf: „Ich hätte Sie nie zum Mitregenten ernennen sollen, Joseph! Sie stellen alles auf den Kopf, alles! Hinter meinem Rücken versprechen Sie den Protestanten die Glaubensfreiheit, fördern Sie die Juden, wollen die Folter abschaffen, begnadigen Sie die zum Tode Verurteilten! All diese neumodischen Ideen haben Ihnen die Freimaurer ins Ohr geflüstert, mein Sohn!“

„Die Vernunft sagt mir das, Mutter, die Vernunft!“

„Ich werde diese Geheimgesellschaften auflösen, Joseph!“

„Das werden Sie nicht tun, Mutter! In den Wiener Logen sind einige der größten Wissenschaftler Europas!“

„Und du auch, nicht wahr?“

„Aber was! Ich geh doch nicht gegen das ganze kirchliche Brimborium vor, um mir dann die Gaukeleien der Freimaurer anzutun. Aber es sind Menschen, die auf meiner Seite sind, es sind Menschen, die meinen Ideen zum Durchbruch verhelfen wollen. Es ist die geistige Elite.“

Maria Theresia sank erschöpft zurück, versuchte es anders: „Joseph! Lieber Sohn! Sie haben einen Mohren aufgenommen!“

„Wie bitte?"

„Die Freimaurer! Sie haben einen kohlrabenschwarzen Afrikaner aufgenommen!"

Joseph war erstaunt, die Neuigkeit war noch nicht bis zu ihm durchgedrungen. Die Geheimhaltung funktionierte also doch noch.

„Einen Heiden! Und Sie kennen ihn, Joseph. Sie verkehren mit ihm."

„Ach, Sie sprechen von Angelo Soliman? Nun, dann kann ich Ihnen berichten, Mutter, dass dieser Heide römisch-katholisch getauft ist und äußerst zivilisiert."

Sie fiel vor Aufregung beinah aus dem Bett: „Das ist ja dein Irrtum, Joseph! Ein Jude bleibt ein Jude, ein Neger bleibt ein Neger, du kannst sie taufen, sooft du willst!"

Damit konnte sie bei ihrem Mitregenten nichts ausrichten: „Natürlich bleiben sie, was sie sind. Gott sei Dank. Mir geht es nur darum, dass sie loyale Bürger des Staates sind. Angelo Soliman, Frau Mutter, steht unter meinem persönlichen Schutz!" Er ging zur Tür, drehte sich noch einmal um und sprach entschieden: „Und die Freimaurer lässt du auch in Frieden. Sonst nehm' ich mir deine geliebten Klöster vor."

Joseph verbeugte sich kurz und wollte hinausgehen, da hielt ihn ihr gestrenger Ruf zurück: „Joseph!" Unwillig drehte er sich zu seiner Mutter. „Wenn du nicht auf der Stelle dieser sizilianischen Dirne den Laufpass gibst, lasse ich sie ausweisen!"

„Wage es ja nicht! Sonst stelle ich deinen guten Freund, den Kinderschänder Thurnstein, vor Gericht!"

Maria Theresia war ganz konsterniert. Joseph trat aus dem Schlafzimmer und schlug die Tür hinter sich zu. Die Kaiserin schaute zum Paravent: „Thurnstein, Hoffmann, zeigen Sie sich. Worauf warten Sie?!" Der Fürst und ich traten hinter dem Paravent hervor und traten an ihr Bett.

Thurnstein durfte stehen, ich als Bürgerlicher musste auf einem Schemel knien, wie es die feudalen Sitten vorschrieben. Maria Theresia richtete sich wieder auf: „Was hat der Kaiser damit gemeint, Fürst Thurnstein?"

„Das ist eine üble Verleumdung!"

„Ausgehend von Angelo Soliman, Eure Majestät. Verzeihen, untertänigst", meldete ich mich zu Wort.

„Was ist denn mit diesem Mohren, was habt ihr alle mit dem?"

Thurnstein gab gerne Auskunft: „Er hat seine Herkunft vergessen, seinen Stand. Der schwarze Sklave geruht, sich als Weißer zu fühlen." Er sank reuevoll zusammen. „Ich habe ihn dazu gemacht. Ich habe mich gemein gemacht mit ihm. Ich bin selbst verantwortlich dafür."

An dieser Stelle hatten wir eine Gegenrede von mir eingeplant: „Sie haben sich nichts vorzuwerfen, Fürst. Er ist kein Weißer, er ist nach wie vor ein Wilder, ein Primitiver. Er versteht es nur, die Menschen für sich einzunehmen. Was glauben Sie, warum er sich in unser aller Herz einschleichen konnte? Ich gebe Ihnen die Antwort. Weil wir alle Sehnsucht nach Animalität haben."

Die Kaiserin musste mir natürlich widersprechen, wie anders? „Was redet Er denn da, Hoffmann? Unsere Zivilisation begründet sich doch darauf, dass wir das Animalische besiegt haben! Das Animalische, das Heidnische ist unser Erzfeind!"

„Ganz recht, Majestät", buckelte ich, „aber diesen Erzfeind tragen wir alle nach wie vor in uns. Wir können ihn nur besiegen, wenn wir uns dessen bewusst sind."

Sie widersprach heftig: „Unsinn, Hoffmann! Ich habe 16 Kinder ausgetragen, und nicht einmal verspürte ich mit meinem Gatten – Gott hab ihn selig – eine animalische Regung! Und jetzt möchte ich Ihn sehr ernsthaft ersuchen, Hoffmann, dass Er uns eine Handhabe gegen diesen Mohren liefert, damit sein unheilvoller Einfluss auf meinen Sohn ein Ende hat!“

Ich verbeugte mich tief: „Was den Mohren anbetrifft, Majestät, so, denke ich, hat dieser bald seine Schuldigkeit getan.“

Ich stand vor dem Schaukasten im Naturalienkabinett. Er hatte sich durch meine Arbeit sehr verändert. Es fehlte einzig die Frontscheibe. Die Rückwand und die beiden Seitenwände hatte ich vollständig mit Dschungelmotiven bemalt, den Hintergrund mit echten Pflanzen ausgestattet. Auch den Anschnitt eines Gebäudes aus rotem Lehm gab es, und vorne – ebenso von rotem Lehm bedeckt – war ein großer Vorplatz entstanden, auf dem später die ausgestopften Tiere stehen würden. Die Kulisse wirkte nun echt, erinnerte an mein Dorf. Sogar die dunklen Vulkankegel hatten Platz an der Wand gefunden. Jeden Tag fügte ich dem Schaukasten neue Details aus meinen wiedergefundenen afrikanischen Erinnerungen hinzu. Niemand störte mich dabei. Selbst Hoffmann besuchte mich nur selten, wollte mir wohl die Ruhe und die Einkehr gönnen. So kniete ich auch jetzt wieder im magischen Kasten. Mit nacktem Oberkörper kauerte ich auf dem Vorplatz, hatte zwei Rasseln in den Händen, sprach in meiner Mutterzunge die zu mir zurückkommenden Gebete, rasselte rhythmisch dazu.

In diesem Moment drang die näherkommende Stimme des Kaisers an mein Gehör: „Nein, bitte nicht! Ich mag keine ausgestopften Tiere! Mein Neffe Franz drängt mir immerzu seine Käfersammlung für das Naturalienkabinett auf! Der kriecht im toskanischen Unterholz herum und sammelt alles ein, was da kreucht und fleucht, und spießt es auf Nadeln. Mir ist das ...“ Warum hörte er auf zu reden?

„Mmadi Maké! Mmadi Maké!“, rief Hoffmann. Zwei Hände rüttelten an meinen Schultern. „Aufwachen! Der Kaiser ist da! Mmadi Maké!“

Verwirrt kam ich zu mir, hörte auf zu rasseln, riss die Augen auf und sah die Besucher. Neben Joseph war auch Clara zugegen, beide schauten verwundert drein.

„Angelo! Was machst du da?“, fragte Clara besorgt.

Was ich da mache? Warum fragt sie mich das?

Der Kaiser war sehr befremdet: „Soliman! Was tun Sie denn, um Gottes willen?“ Mit aller Gewalt holte ich mich in die Gegenwart, doch kam ich von weit her. Der Kaiser konnte sich nicht beruhigen: „Sie kehren zu Ihren heidnischen Riten zurück, Soliman? Ausgerechnet Sie, den ich immer als Symbol der Aufklärung anführe?“ Scham überkam mich. Nicht vor Hoffmann, der mir verständnisvoll zulächelte, aber vor Joseph und Clara. Ich verbeugte mich vor dem Kaiser und legte die Rasseln zur Seite. „Ich habe Sie gefragt, was Sie da machen?!“, gab der Kaiser mir keine Ruh.

„Ich erinnere mich, Majestät. Immer mehr.“

Er schien von meiner Entwicklung nicht angetan: „Passen Sie auf, dass Sie sich nicht zu viel erinnern, Soliman.“

Ich versuchte ihn zu beruhigen: „Keine Sorge, Majestät. Die Zivilisation wird mich nicht verlieren.“ Ich stand auf und deutete auf meine Arbeit am Schaukasten. „Majestät, darf ich Sie um Ihr Urteil hierzu bitten?“

Er blieb befremdet. „Na, ich weiß nicht ...“

„Eine solche Ausstellung wäre doch recht lehrreich, Majestät“, setzte Clara sich ein. „Sie sind doch sonst so für die Volksbildung. Die Briten haben das schon lange.“

Joseph schaute unschlüssig. Ich trat aus dem Kasten zum Kaiser. „Majestät, ich bitte Sie, vergessen Sie für einen Moment meinen Auftritt als Dschungelbewohner.“

„Ich bemühe mich, Soliman. Weiß Gott ...“

Wie konnte ich ihn überzeugen? „Majestät, Zweck dieser Darstellung ist es doch, die wilden afrikanischen Tiere in ihrer natürlichen Umgebung zu zeigen. Mit ausführlichen Erklärungen, mit Führungen. Die Menschen sollen die Welt kennenlernen, sich ihr öffnen – sich den Wundern Gottes öffnen. So bekommt der Mensch Respekt. Auch Respekt und Verständnis für das Ferne, für das Fremde.“

Joseph betrat den Schaukasten und schaute sich um. „Zugegeben, es wirkt beeindruckend."

„Das ist ein Stück Heimat für Sie, nicht wahr, Angelo?" Clara verstand, was mich bewegte.

„Richtig, Gräfin, Heimat. Die Ausstattung stammt von mir."

Der Kaiser schaute mich erstaunt an: „Von Ihnen? Sie haben das selbst vollbracht?"

Ich nickte mit einem gewissen Stolz.

„Ich kannte bisher nur Ihre Brücken. Exakte geometrische Zeichnungen."

„Die Brücken sind mein Spezialgebiet, Majestät. Aber es hat mich fasziniert, meine Heimat zu rekonstruieren."

Der Kaiser trat aus dem Schaukasten, ließ ihn auf sich wirken und wandte sich an meinen Mentor: „Also gut, Hoffmann. Tun Sie, was Sie nicht lassen können."

„Verbindlichsten Dank, Majestät." Wir hatten es geschafft! Wie selbstverständlich nahm der Kaiser meine Clara am Arm: „Es wird Zeit für unsere Damengesellschaft, Clara." Sie hängte sich bei ihm ein und die beiden traten ab. Hoffmann und ich verbeugten uns, blickten ihnen nach. Joseph hatte uns schon vergessen – Clara ging ihm wohl über alles: „Sie werden sehen, Clara, die Fürstinnen Kaunitz, Kinsky und Clary sind sehr aufgeschlossen und geistreich. Ganz anders als ihre Männer ..."

Hoffmann blickte ihnen lächelnd nach. Ich wusste nie, was er wirklich vom Kaiser hielt.

„Es ist bedauerlich, dass er sie nicht heiraten kann, finden Sie nicht auch, Herr Maké? Die Habsburger könnten schon lange eine Blutauffrischung gebrauchen." Er holte seine Taschenuhr hervor. „Der kleine Rüpel wartet auf uns. Wollen Sie vorher noch Ihre Adele abholen?"

„Wie? Nein, ich glaube, sie würde sich fremd fühlen dort."

Hoffmann lächelte. „Verstehe. Ein einfaches Gemüt. Dass Sie eine Freundin unter Ihrem Niveau haben, das erstaunt mich etwas."

„Sie ist ein wunderbarer Mensch."

„Ganz gewiss."

Ärger überkam mich: „Herr Professor Hoffmann, das ist nichts von Ihrem Belang!"

„Da haben Sie vollkommen recht, Herr Maké. Ich entschuldige mich." Dass er so kleinlaut wurde, irritierte mich.

„Lassen Sie meine Adele in Ruh!"

„Verzeihen Sie, ich beherzige das."

***

Den Abend nach diesem ärgerlichen Vorkommnis mit Hoffmann verbrachten wir also im Hause Mozart. Der Kompositeur war getreu seiner Linie über seine Verhältnisse und zu prächtig in den Farben gekleidet. Seine Frau Constanze zeigte ein offenherziges Dekolleté. Ich muss zugeben, es verfehlte nicht eine gewisse Wirkung auf mich. Besonders zu dieser späten Stunde, als ich schon zu viel vom Branntwein getrunken hatte. Es war Hoffmann, der mir immer wieder nachschenkte. Constanze stand vor uns in Positur und sang auffallend oft mich an, Mozart begleitete sie am Klavier. Als Hoffmann mir schon wieder nachschenken wollte, wehrte ich ab: „Nein, danke, Herr Professor, ich habe schon zu viel getrunken. Ich bin Alkohol nicht gewöhnt."

„Seien Sie nicht immer so diszipliniert, Herr Maké. Manchmal muss man die Zügel lockern", sagte er lächelnd und schenkte mir nach. Ebenso füllte er Mozarts Glas, das auf dem Klavier stand, obgleich auch der Kompositeur schon recht angeheitert war. Daraufhin kam er zurück und setzte sich neben mich. Wir lauschten Constanze, die eine Arie zum Besten gab. Als Sängerin war sie nicht erster Klasse, vielleicht ließ Mozart sie deshalb nicht in seinen Opern auftreten. Einen gewissen Reiz in ihrer Erscheinung konnte ich aber nicht verhehlen. Hoffmann schien das in meinem Blick wahrzunehmen: „Ein hocherotisches Wesen, nicht wahr?“, sagte er. Ich mochte es nicht, wenn die weißen Männer so redeten. Selbst wenn sie recht hatten. Hoffmann fuhr in seiner provozierenden Art fort: „Schwer zu verstehen, dass Mozart sich lieber mit anderen Frauen abgibt als mit der eigenen.“ Die Arie war zu Ende, wir applaudierten gebührend. Constanze verbeugte sich tief, ihre Brüste quollen fast aus dem Dekolleté. Hoffmann bequemte sich zu einer Lüge – hatte er das nötig? „Ihre Gattin ist eine ausgesprochen begabte Sängerin, Herr Mozart.“

Mozart kam – schon etwas schwankend – mit seinem Branntweinglas auf uns zu: „Natürlich ist sie das! Was, Stanzerl?“ Er fuhr ihr zwischen die Beine. „Da sitzt die Musikalität!“

Constanze patschte ihm auf die Hand. „Wolfgang! Ich bitte dich!“

Hoffmann war plötzlich verärgert: „Könnten Sie es endlich unterlassen, sich über mich lustig zu machen, Herr Mozart?“

„Wissen Sie, was Ihnen fehlt, Bruder Hoffmann?“

„Sie werden es mir gleich eröffnen.“

„Witz! Humor! Ironie! Was beschwert Sie denn so furchtbar?“

„Die Menschheit, Bruder Mozart.“

Mozart stöhnte entnervt auf. Constanze wollte keinen Unfrieden: „Lass den Professor in Ruh, Wolferl! Er macht sich eben Gedanken. Du machst dir nie Gedanken.“

Mozart fuhr ihr wieder in den Schritt: „Da sitzen die Gedanken!“

Nun war es Constanze, die enerviert aufstöhnte. Sie entfernte den Korken der nächsten Flasche und schenkte sich ein volles Glas ein, trank es in einem Zuge aus. Aufatmend stellte sie es hin und schaute ihren Gatten provozierend an. Mozart tat es ihr gleich: Er trank sein Glas in einem Zuge leer, schenkte sich nach.

„Bedient euch nur“, lächelte Hoffmann. „Zu diesem Zwecke habe ich den Branntwein mitgebracht.“

„Herr Soliman!“, wandte sich Mozart an mich. „Wie steht es bei Ihnen, musikalisch?“

„Ich spiele leidlich das Klavier.“

„Und was spielen Sie?“

„Bach.“

„Wer ist Bach?“

Ich schaute ihn verdutzt an, da lachte er zuerst schallend, wirkte dann aber konsterniert: „Sie spielen keinen Mozart?“

„Bei Bach hat die Musik geendet.“

Jetzt lachte Constanze und Hoffmann lächelte.

Mozart nahm einen großen Schluck. „Bei Bach hat die Musik geendet, Soliman? Das ist aber gar nicht freundlich, was Sie da sagen.“

„Manchmal spiele ich Salieri. Begabter Mann. Nicht ohne Grund Hofkapellmeister“, legte ich nach. Mozart schaute verdutzt, jetzt war ich es, der lachte. Aber Mozart hatte Humor und so stimmte er meckernd in mein Lachen ein.

Hoffmann ging zu einer türkischen Trommel, die an der Wand hing. „Sie erlauben, Mozart?“

„Aber bitte, Herr Professor. Wollen Sie jetzt Ihre musikalischen Qualitäten unter Beweis stellen?“

Hoffmann nahm die Trommel herunter, kam damit zu mir und stellte sie auffordernd vor mich hin: „Von Afrikareisenden erfahren wir, dass die Eingeborenen trommeln." Ich schaute die Trommel an, es interessierte mich nun selbst, ob ich es konnte. Ich nahm die Trommel zwischen die Beine und begann mit beiden Händen daraufzuschlagen. Bei diesem Unklang verzog Mozart das Gesicht, ich hörte auf. Hoffmann trieb mich an: „Nein, nicht aufgeben. Sie können es, Mmadi, Sie haben das schon zweimal bewiesen."

Ich schloss meine Augen und versuchte es weiter, fand schließlich einen Rhythmus, steigerte mich hinein. Mozarts Überraschungslaute ließen mich aufschrecken – ich öffnete die Augen wieder: Mozart kniete sich eben vor mich hin, schaute begeistert auf meine Hände, lauschte fasziniert, Constanze war ebenso mitgerissen, wurde ganz aufgeregt und begann, sich im Rhythmus der Trommelschläge zu bewegen. Sie riss ihre Perücke herunter und warf sie von sich, tanzte um mich und Mozart herum. Ich schloss die Augen und trommelte mich in Ekstase. Von weit entfernt drang nun immer näher Hoffmanns Stimme an mein Ohr: „Herr Soliman ist verliebt in Sie, wissen Sie das, Constanze?" – „Wirklich, Professor? Soll ich das glauben?", flüsterte sie. – „Er ist nur schüchtern. Und sehr moralisch. Das hat er im Hause Thurnstein gelernt." Ich trommelte weiter, steigerte mich bis zur Raserei. Dann hörte ich auf, schaute mich um. Hoffmann war nicht mehr da. Nur Mozart kniete mit offenem Mund vor mir. Constanze hatte in ihrem Tanz innegehalten und wischte sich mit dem geschürzten Rock den Schweiß aus dem Gesicht. Ich schaute mich nochmals um: „Wo ist Professor Hoffmann?"

Constanze setzte sich neben mich, atmete tief durch und trank von meinem Branntweinglas. „Er musste weg, Angelo", erklärte sie, „sprach von irgendeiner nicht aufschiebbaren Sache. Geht mir nicht ab, der langweilige Mensch."

Mozart richtete sich auf: „Was war das für ein Takt, Soliman?“

„Das weiß ich nicht, Mozart. Es überkam mich.“

Er setzte sich auf die andere Seite neben mich, nahm die Trommel zwischen die Knie, versuchte sich mehrmals daran, aber brachte nichts zustande.

„Lass es, Wolferl, du kannst das nicht!“, verlor Constanze die Geduld mit ihm.

„Ich muss es können!“, sagte er und mühte sich ab.

„Du kannst es nicht! Sieh es ein!“

Mozart hörte auf, wandte sich an mich, wollte mir die Trommel zuschieben: „Zeigen Sie es mir, bitte.“

Ich schüttelte unwillig den Kopf. Mit deiner Frau schlafen will ich, du pockennarbiger Zwerg!, dachte ich bei mir.

„Bitte, Angelo! Zeig es mir!“

Plötzlich packte mich die blanke Wut: „Ich bin kein Wilder! Ich spiele Bach!“

Mozart seufzte auf, kämpfte sich weiter an der Trommel ab.

Constanzes Geduld war am Ende: „Hör auf! Du gehst mir auf die Nerven!“ Ihr Mann hörte nicht auf sie. Als sie ihm die Trommel wegnehmen wollte, entriss er sie ihr und verließ den Raum. Man hörte ihn wieder trommeln. Constanze ärgerte sich: „Jetzt sitzt er am Lokus und trommelt. Das wird bestimmt die ganze Nacht so weitergehen, ich kenne ihn.“ Sie trank meinen Branntwein aus. „Wie dem auch sei, ich weiß mir auch die Zeit zu vertreiben, Wolferl!“ Sie wandte sich mir zu und flüsterte: „Du bist wirklich ein Wilder!“

Sie küsste mich leidenschaftlich. Und ich erwiderte den Kuss. Nein, was mache ich da? Es wird der Branntwein sein. Aber das durfte nicht sein! Unmöglich! Ich riss mich von ihr los, stand auf, nahm Stock und Hut, verabschiedete mich hastig und verließ die Wohnung. Draußen wurde mir schwindlig, ich drohte die Treppe hinunterzustürzen. Alles drehte sich um mich, ich hielt mich am Geländer fest.

„Angelo!“, hörte ich es hinter mir. Ich wandte mich um. Constanze stand in der offenen Tür, lehnte sie an und kam zu mir. Mit bebendem Busen schaute sie mich an. Ich riss sie an mich, küsste sie. Aus der Wohnung waren Mozarts Trommelversuche zu hören. Ich riss ihr das Dekolleté auseinander, ihre Brüste quollen hervor. Sie erregten mich sehr, ich küsste sie. Mozarts Trommelei klang jetzt schon besser. Ich schob Constanzes Röcke hoch und drang in sie ein, sie stöhnte auf. Mozart hatte den richtigen Takt gefunden. Ich hörte ihn auflachen, er steigerte sich immer weiter hinein – wie Constanze und ich. Und dann trommelte Mozart so perfekt wie ich. Nein, besser als ich, viel besser! Constanze und ich schrien auf, sie umklammerte mich mit den Beinen, den Armen. Ineinander verschlungen sanken wir zu Boden.

Mozart hatte aufgehört zu trommeln. Es war ganz still, nur unser Keuchen war zu hören. „Angelo! Angelo!“, schrie Mozart aus der Wohnung. „Ich kann es! Ich habe den Takt gefunden! Wo seid ihr denn? Constanze!“ Die angelehnte Wohnungstür öffnete sich – Mozarts Blick fiel auf uns: Fassungslos sah er uns am Boden kauern. Wir schauten zu ihm hoch. Constanzes Schminke war verschmiert, ihr Haar zerzaust.

„Du hast recht, Wolfgang“, sagte sie noch immer atemlos und deutete lächelnd zwischen ihre Beine. „Da sitzt die Musikalität.“

Doch Mozart waren die Späße vergangen: „Kommst du bitte herein, Constanze?“

Erschöpft ordnete sie ihre Kleider und stand auf. „Mach jetzt kein Theater, Wolferl. Du vögelst auch deine Soubretten.“

Mozart trat zur Seite und deutete zur Tür. Constanze küsste mich auf den Mund und ging mit enerviertem

Blick an ihrem Mann vorbei. Der schaute mich mit hervorquellenden Augen an. Schwankend stand ich auf, brachte meine Kleidung in Ordnung und nahm den Stock. Mozart war sichtlich wütend: „Sie finden das nicht unverschämt? Zugange mit der Frau Ihres Gastgebers, während der sich die Finger wund trommelt, dieser Idiot?"

„Doch. Sehr unverschämt. Im umgekehrten Falle würde ich Sie zum Duell fordern."

„Aber! Ist der Herr inzwischen geadelt worden? Also mir ist jedenfalls als Mitglied des gemeinen Volkes das Duellieren untersagt! Wir vom gemeinen Volk dürfen nur Maulschellen austeilen."

Mozart holte aus und wollte mir eine Ohrfeige geben, aber ich fing sein Handgelenk in der Luft ab, drückte es zusammen und drehte es um. Der gehörnte Ehemann ging aufstöhnend in die Knie. Ich ließ seine Hand los. „Ich an Ihrer Stelle würde mich zum Duell fordern", beharrte ich.

Mozart hielt sein schmerzendes Handgelenk. „Ja, warum tun Sie dann so etwas?"

„Offenbar könnt ihr es nicht."

„Was? Wer?"

„Ihr Weißen. Was macht ihr mit euren Frauen? Sie kommen alle zu mir."

„Du bist ein schwarzer Teufel! Das reizt sie!"

„Alles ist impotent an euch. Eure Lebensart, eure Kleidung, eure Kunst, eure Musik!"

„Aber! Impotent ist meine Musik? Ich danke recht schön für das Kompliment, Herr Soliman!" Mozart zerrte mich zum Treppenabsatz. „Schau, dass d' hinausfindest beim Loch!"

Er wollte mir einen Fußtritt verpassen, da erfasste ich sein ausgestrecktes Bein und drückte es in die Höhe. Mozart landete auf dem Hosenboden.

Ich schloss die Haustür mit einem Dietrich auf und trat ein. Ein paar Unschlittfunzeln brannten an den Wänden. Zur Tarnung trug ich einen langen Radmantel und einen Hut mit breiter Krempe. Stellte den Korb zu Boden, der mit einem Tuch zugedeckt war. Ein Huhn gurrte leise. Ich zog eine schwarze Ledermaske hervor, die die Karikatur eines Afrikaners darstellen sollte: dicke Lippen, platte Nase, fliehende Stirn, angsteinflößende Grimasse. Ich zog die Maske über mein Gesicht. Und hatte keine Eile dabei, denn Angelo würde dank der Substanz, die ich in die mitgebrachten Branntweinflaschen getropft hatte, auf verschiedenste Weise abgelenkt sein. Für den jungen schwarzen Gott würde das weitreichende Folgen haben. Jetzt stand der Höhepunkt an. Diese denkwürdige Nacht würde niemand von uns vergessen.

Neben der Wohnungstüre war ein Schild befestigt: *Angelo Soliman – Privatgelehrter*. Ich klopfte dreimal. Die Tür öffnete sich, Adele stand im Nachthemd da, mit erwartungsvoller Freude, ihren Geliebten wieder in die Arme schließen zu dürfen. Als sie meine Maske wahrnahm, erschrak sie furchtbar, war wie gelähmt, brachte keinen Laut heraus. Ich legte ihr meine schwarz behandschuhte Hand über den Mund und drängte sie in die Wohnung. Die Hühner im Käfig begannen aufgeregt zu gackern. Ich schloss die Tür hinter uns.

Die offene Mietdroschke hielt vor unserem Wohnhaus. Beim Absteigen stürzte ich fast zu Boden. Umständlich bezahlte ich den Kutscher, der mich mit Gleichmut betrachtete und dann wegfuhr. Es wurde schon hell, gleich würde die Sonne aufgehen. Erneut ging ich beinah zu Boden, mit meinem Stock konnte ich mich im letzten Moment abstützen, musste Halt an der Eingangstür suchen. Ich hatte viel getrunken, aber doch nicht so übermäßig, wie mein Zustand glauben ließ! Ich suchte meine Schlüssel, zog mich im Haus am Geländer die Treppe hoch, fiel hin. Ein paar winzige Flaumfedern lagen auf der Stufe vor mir. Das Stiegenhaus war doch gestern gereinigt worden, was machten die Federn da?

Endlich vor der Wohnung angekommen, suchte ich wieder nach meinem Schlüssel. Ungeschickt steckte ich ihn ins Schlüsselloch – es war nicht zugesperrt. Eigenartig! Ich öffnete die Tür und sah am Boden eine kleine Feder liegen. Ich hob sie auf, fiel dabei erneut auf die Knie, schaute die Feder an. Es war Blut an ihr.

Ich öffnete die Schlafzimmertür. Und erstarrte.

Durch das Fenster schien die aufgehende Sonne – die Luft war erfüllt von Staub und kleinen Federn. Überall lagen Fleischteile, Innereien, Hühnerköpfe, Krallen, unzählige Federn. Auf dem Bett lag nackt meine Adele, Brust und Bauch waren ihr aufgeschnitten worden, Herz und Innereien herausgerissen. Ein Blutbad. Blankes Entsetzen packte mich. Ich stürzte. Diesmal würde ich wohl nicht mehr aufstehen. Plötzlich drang eine ähnliche Szene in mein Bewusstsein. Ich hatte sie in aller Deutlichkeit vor mir:

Ein Lagerfeuer beim Fetisch am Dorfplatz. Männer trommeln in Ekstase. Männliche und weibliche Dorfbewohner tanzen im Lendenschurz in Trance um den Fetisch. Ich sehe meinen Vater, den König, er sitzt auf einem Thron. Neben ihm meine Mutter und die Kinder. Ich, der achtjährige Mmadi Maké, bin ebenfalls darunter und beobachte das schaurige Schauspiel. Der stampfende, federngeschmückte Magier schwingt ein lebendes Huhn an den Beinen über sich, es gackert panisch. Mit einer kurzen Bewegung reißt ihm der Magier den Kopf ab, Blut spritzt.

Ich lag am blutgetränkten Boden, um mich Federn und das Fleisch der Hühner und von Adele. Direkt vor mir lag ein langes, blutiges Messer, das ich in die Hand nahm und betrachtete. Ich kroch zum Bett, zu Adele, ihr weißer, aufgeschlitzter Arm hing herunter. Ich nahm ihre Hand und drückte sie an meinen Mund. In diesem Augenblick betrat die Hausbesitzerin mit drei Polizisten den Raum – darunter auch der Polizeimeister, den ich persönlich kannte. Entsetzt starrten sie auf das Massaker, dann auf mich. Ich streckte das Messer abwehrend von mir. Der Polizeimeister zog seinen Säbel und setzte ihn mir an die Kehle.

Professor Hoffmann

Die Kaiserin saß im Bett, ich kniete mit einer Liste in der Hand neben ihr auf dem Schemel. Eben hatte ich ihr von der Bluttat erzählt, sie war entsetzt. Es kostete mich nicht viel rhetorische Mühe, sie in die von mir gewünschte Richtung zu drängen: „Es ist eine Art von Satanskult, Majestät. Ich hatte schon lange den Verdacht, dass die Freimaurer dem Satan huldigen."

„Aber doch nicht Born und Sonnenberg!"

„Nein, natürlich nicht, die arbeiten nur an der Abschaffung der Monarchie. Wie Sie wissen, Majestät, habe ich mich zum Schein aufnehmen lassen, um die Wahrheit herauszufinden. Und die Wahrheit ist: Es existiert eine Loge in der Loge. Die Mitglieder lästern Gott und bringen dem Satan Opfer dar. Zugegeben, keine Menschen, noch nicht. Aber der Neger hat den Bann gebrochen, er hat einen Menschen geopfert, eine unschuldige Frau. Und er ist nun das Oberhaupt dieser Geheimloge."

Maria Theresia war außer Fassung. Ihr Mitregent Joseph kam eilig in den Raum, sprachlos vor Bestürzung. Aber die Kaiserin hätte ihn ohnehin nicht zu Wort kommen lassen: „Ich wusste es immer, Joseph! Noch einmal führen Sie gegen mich das Wort Toleranz im Munde! Toleranz, mein Sohn, ist zur Doktrin erhobene Freizügigkeit! Und wo schrankenlose Freizügigkeit herrscht, ist die Bluttat nicht fern! Mit Hühnern! Wo gibt es denn so was?"

„Ich glaube das nicht, Mutter!", verwehrte sich Joseph. „Ein Angelo Soliman tut so etwas nicht!"

Nun war es an mir, den Kaiser eindringlich auf ein paar von mir sorgfältig geplante Ereignisse hinzuweisen: „Majestät, mit Soliman sind merkwürdige Veränderungen vorgegangen in letzter Zeit. Sie haben ihn doch selbst gesehen, im Schaukasten, im Naturalienkabinett!"

Joseph senkte melancholisch den Kopf: „Ja, ich habe ihn gesehen."

„Er hat sich dort seine Heimat nachgebaut, seinen magischen Fetisch! Vor Kurzem hat er sich dort in seine Kindheit zurückversetzt. Sie hätten ihn sehen müssen. Die dünne Tünche der Zivilisation fiel unvermittelt von ihm ab und er wurde wieder zum Wilden, zum Primitiven!" Joseph schaute mich erschüttert an. Ich genoss mein Ränkespiel. „Es gibt auch dafür Zeugen, Majestät! Und er trommelt, er trommelt ganze Nächte seine afrikanischen Rhythmen, vollkommen versunken in Ekstase! Fragen Sie Mozart! Er war dabei!"

Joseph sank entmutigt in einen Stuhl. „Geb Er mir die Liste, Hoffmann", streckte die Kaiserin die Hand nach dem Papier aus. Ich erhob mich von meinem Schemel, überreichte ihr die Liste und kniete mich wieder hin. Maria Theresia hielt ein Lorgnon vor die Augen und studierte die Namen auf der Liste: „Diese Leute werden alle abgesetzt, alle aus ihren Posten entfernt. Als Erster der Rektor der Universität. Das übernehmen Sie, Hoffmann. Zusätzlich ernenne ich Sie zum Leiter der medizinischen Fakultät, das offizielle Dekret wird Ihnen in den nächsten Tagen überbracht." – „Wie Majestät befehlen." – „Er kann sich zurückziehen." Ich wollte aufstehen, aber die Kaiserin besann sich eines anderen: „Nein, bleiben Sie hier, Hoffmann. Meine Worte, zu wem auch immer, verlassen ja durchwegs verdreht und verstümmelt, im schlimmsten Falle ins Gegenteil verkehrt, mein Gemach." Ich kniete mich voller Vorfreude auf das zu erwartende Spektakel wieder auf den Schemel. „Was soll werden, wenn ich sterbe?", wandte sich Maria Theresia an Joseph. „Du wirst das Reich ruinieren. Ein Kaiser, der sich mit einem schwarzen Mörder gemein macht! Unfassbar! Das kommt davon, wenn man unters Volk geht. Dann trifft man Mörder. Wenn du noch einmal ein Vorstadtwirtshaus besuchst, wenn du noch einmal inkognito als Graf Falkenstein durch die Dirnenhäuser ziehst, setze ich dich ab. Du trittst vorläufig in die zweite Reihe zurück. Alle wichtigen Entscheidungen treffe ab nun allein ich!"

Joseph saß wie ein Häufchen Elend in seinem Stuhl. Er tat mir nicht leid. Sie taten mir alle nicht leid. Sie würden unweigerlich untergehen. Alle.

***

Im großen Saal der Loge. Nur wenige Brüder waren versammelt, darunter Mozart, Born, Sonnenberg und meine Wenigkeit – der neue Rektor der Universität. Die Brüder wussten noch nichts von meiner Beförderung und die Sitzung würde nicht lange andauern. Es machte mir trotzdem Spaß, ihnen zuzuhören, dazu war ich ja schließlich hergekommen. Großmeister Sonnenberg echauffierte sich am meisten: „Brüder, es ist etwas Entsetzliches passiert: Wir haben einen Mann in unsere Mitte aufgenommen, der sich als Mörder herausgestellt hat, als Unhold, als primitive Kreatur. Zu verantworten haben Sie das, Bruder Mozart, Sie vor allem haben uns Angelo Soliman ans Herz gelegt." Wie gut, dass in weiser Voraussicht nicht ich den schönen, klugen, hochgebildeten Vorzeigeneger zur Aufnahme vorgeschlagen hatte, sondern der bunte Zwerg. Dementsprechend geknickt war er nun. Ich hatte in der Zwischenzeit durch eine Nachbarin erfahren, was da vor der Mozart'schen Wohnungstür passiert war. Köstlich. „Es ist leider Gottes so", fuhr Sonnenberg fort, „dass Künstler nicht in der Lage sind, vernünftig zu handeln. Sie handeln nach dem Gefühl, nicht nach dem Verstand. Sie handeln nach dem Trieb, nicht nach ethischen Grundsätzen. Sie haben uns einmal scherzhaft darauf hingewiesen, Bruder

Mozart, wo der Sitz Ihrer Musikalität ist. Heute weiß ich, dass Sie nicht gescherzt haben. Sie selbst sind ein Triebmensch, so begabt Sie auch sein mögen. Der Schaden, Bruder Mozart, den Sie angerichtet haben, ist ein furchtbarer. Mit einem Schlag ist die geistige, reformerische Arbeit eines halben Jahrhunderts vernichtet. Ich beantrage deshalb den Ausschluss von Bruder Mozart aus unserer Gemeinschaft."

Wie zu erwarten gewesen war, protestierte Mozart energisch: „Der Kaiser ist doch genauso auf ihn hereingefallen! Wir alle sind auf ihn hereingefallen!"

Die Flügeltüren wurden aufgerissen, eine Vielzahl von Stadtgardisten drang mit gezogenen Säbeln ein. Der Offizier richtete das Wort an uns: „Meine Herren, im Namen der Kaiserin erkläre ich die Loge für aufgelöst!"

So drehte sich das Blatt: vor ein paar Wochen noch hochgeehrt und geschätzt, nun gefoltert und nackt auf faulem Stroh kauernd in einer nassen, fensterlosen Kerkerzelle. Gemäß der modernen Halsgerichtsordnung der Kaiserin hatten sie mich gequält, bis ich gestand, was sie mir vorwarfen. Bis ich gestand, was ich nicht begangen hatte. Oder war doch etwas an den Vorwürfen? Der Branntwein ... der Rausch ... die Ekstase beim Trommeln ... Adele, die geschändete Adele ... So viel Blut! Dann die Erschütterung durch die Folter, ich war gewiss nicht mehr klar bei Verstand: Mit glühenden Zangen hatten sie mich gezwickt, mit der Winde an den nach hinten gedrehten Armen aufgehängt, sodass mir die Gelenke aus den Lagern gesprungen waren. Gequetschte Finger trug ich davon, die Fingernägel hatten sie mir gezogen, ein Auge noch jetzt zugeschwollen, auf meinem Rücken unzählige blutige Striemen vom Auspeitschen. Auch an meinen Geschlechtsteilen hatten sie hantiert. (Was bestimmt nicht in der Halsgerichtsordnung der Kaiserin stand.) Zumindest hatten sie mir keine Gliedmaßen abgesägt, auch die Daumenschrauben und der spanische Stiefel blieben mir erspart. Ich musste wohl einen Beschützer haben. Irgendwer schien sich darum zu kümmern, dass mein Körper im Wesentlichen unversehrt geblieben war. – Der Kaiser gar?

Um Hals, Hand- und Fußgelenke hatten sie mir Eisenschellen gelegt, an denen Ketten hingen, die an Mauerringen befestigt waren. In meinem aufgespreizten Mund befand sich eine Maulsperre: Sie hatten mir eine Birne aus Metall in den Mund geschoben und an einer Flügelschraube gedreht, sodass sich die Birne wie eine Blüte öffnete und den gesamten Rachenraum einnahm. Sprechen war nun unmöglich.

Nach vielen Tagen wohl – ich hatte das Zeitgefühl verloren – wurde die Tür entriegelt und geöffnet. Ein Wärter leuchtete mit einer Fackel in die Zelle und winkte nach hinten. Da trat Clara mit einem zugedeckten Korb am Arm in den Raum. Der Wärter steckte die Fackel in eine Vorrichtung an der Wand. Clara drückte ihm ein paar Geldstücke in die Hand und er verließ die Zelle, verriegelte die Tür. Entsetzen war in Claras Blick zu lesen, als sie mich betrachtete. Sie stellte den Korb ab und kniete sich zu mir, begann zu weinen. Schließlich entfernte sie meine Maulsperre und warf sie ins Eck, aus dem Korb nahm sie eine Flasche Wasser und flößte es mir ein. Endlich! Ich hatte entsetzlichen Durst. Wasser und Blut flossen aus meinem übergehenden Mund. Clara wartete nicht länger, wollte es erfahren: „Hast du es getan, Angelo?“ Ich konnte noch nicht antworten, mein Kiefer schmerzte, meine ganze Mundhöhle schmerzte, die Zähne wackelten, die Zunge ein dicker, trockener Schwamm. Aber Clara ließ mir keine Ruhe. Sie nahm mein Gesicht in die Hände und schaute mich an: „Sag es mir! Hast du es getan?“

Ich konnte nicht richtig reden, lallend stieß ich hervor: „So viel Blut! All das Blut!“

„Was soll das heißen? Weißt du etwa nicht, ob du eine Frau abgeschlachtet und wie ein Tier ausgeweidet hast?“

Plötzlich waren draußen laute Schritte zu hören. Die Tür wurde entriegelt, hinter dem bestochenen Wärter, dem das schlechte Gewissen ins Gesicht geschrieben stand, erschien der Kaiser, begleitet von zwei Gardisten. Joseph war sehr ungehalten, als er Clara sah: „Madame, darf ich erfahren, was Sie hier zu suchen haben?“ Sie stand auf, antwortete nicht. „Ich ersuche Sie auf der Stelle diesen Raum zu verlassen!“ Clara schaute mich an und umarmte mich. Joseph beobachtete das mit Überraschung und Missfallen. Clara erhob sich, ließ den Korb stehen und verließ die Kerkerzelle, ohne Joseph eines Blickes zu würdigen. Der Kaiser trat auf mich zu und betrachtete mich mitleidlos: „Sie haben mir Furchtbares angetan, Herr Soliman. Sie haben durch Ihre Tat alles vernichtet, was ich aufgebaut hatte. Mit einem Schlag. Durch ein paar Messerstiche. Ich war fest davon überzeugt, dass Erziehung und Bildung das Wesentliche sind, nicht Erbe oder Stand oder Rasse. Durch Sie ist die Aufklärung gescheitert, sind Sie sich der Tragweite bewusst? Das Symbol der Aufklärung stellt sich als Frauenschlächter heraus."

Ich sank resigniert zusammen. Joseph schaute verbittert auf mich und verließ ohne weiteren Kommentar die Zelle. Der Wärter nutzte die Gelegenheit und nahm den Korb an sich.

Professor Hoffmann

Drei Monate nach meiner geglückten Inszenierung begann die Gerichtsverhandlung gegen meinen Schützling: auf einem Podium der Stadtrichter mit seinen sechs Beisitzern, in der Mitte des Tisches ein Kruzifix, rechts und links zwei Messingständer mit brennenden Kerzen. Mmadi Maké stand in Gefangenenkutte, in Ketten und mit Maulsperre vor dem Richter. Seine Wunden von der Folter waren inzwischen beinah alle verheilt. Hinter ihm standen zwei bewaffnete Wächter. Ich saß in einem Eck im Halbdunkel, mein Schützling hatte mich noch nicht gesehen. Der Richter klopfte mit dem Holzhammer auf den Tisch: „Wir haben nun alle Zeugenaussagen gehört, aber der Angeklagte hat sein Geständnis widerrufen, das er unter der Tortur ablegte. Und ich bin einigermaßen ratlos. Warum? Warum sollte der Angeklagte so etwas tun? Gewiss, es wurden schon viele Frauen umgebracht in dieser Stadt, auch zerfleischt und verstümmelt, der Mensch ist zu allem fähig. Aber wozu die Hühner? Wozu diese lächerlichen Hühner?“ Er wandte sich an mich. „Herr Professor Hoffmann, bitte, vielleicht können Sie uns weiterhelfen.“

Ich trat vor den Richter, mein Schützling erblickte mich – seine Miene hellte sich auf. Endlich ein Verteidiger!, musste er sich denken, ich sah es an seinen aufleuchtenden Augen. Er erwartete sich gewiss viel von mir, nämlich, dass ich das Schlimmste verhindern würde. Ganz zu Recht nahm er dies an, war ich doch sein größter Förderer, sein Mentor. Endlich ein Hoffnungsschimmer, nach all der Dunkelheit. Das alles stand in seiner Miene geschrieben. Oh ja, ich bin dein Verteidiger, Mmadi Maké, aber auf eine ganz andere Weise, als du glaubst, dachte ich bei mir und begann meine Ausführungen: „Hohes Gericht, es ist bei afrikanischen Stämmen üblich, sich durch Musik – ich präzisiere: was man dort unter Musik verstehen mag, denn das ist in der Hauptsache eintöniger Gesang und Trommelei –, dass man sich durch diese Musik also in einen sozusagen berauschten Zustand versetzt. Dies geschieht zusätzlich mithilfe übermäßiger Konsumation eines Hirsegebräus, bei dem es sich wohl um eine Art von starkem Bier handelt. Beides – die Musik und das Gebräu – ergibt eine unwiderstehliche Droge. In diesem berauschten Zustand werden den Göttern Tiere geopfert, vorzüglich Hühner, Ziegen oder Hammel. Es kommt aber sogar vor, dass diese Primitiven im Zuge ihrer Berauschung glauben, die Gottheit verlange auch nach dem Blut von ihresgleichen." Ich schaute zu meinem Schützling – Entsetzen breitete sich in seinem Gesicht aus. Ich konnte förmlich seine Gedanken lesen. Was redet er da?, dachte er sich wohl. Wovon spricht mein Mentor? Ich blickte zum Richter. Seine Beisitzer und er schienen meine Ausführungen einleuchtend zu finden, also fuhr ich fort: „Hier handelt es sich möglicherweise um so einen Fall, eine andere Erklärung habe ich nicht. Ein Europäer wäre dazu nicht im Stande, könnte den Gedanken zu so einer Tat gar nicht fassen." Durch einen Wink des Richters wurde ich entlassen. Ich ging an Mmadi Maké vorbei, der mich fassungslos anblickte, mir unbedingt etwas sagen wollte, aber durch die Maulsperre davon abgehalten wurde. Nur ein dumpfes Murren, dann ein Quengeln wie von einem närrischen Kleinkind kamen aus seinem Munde. Ich setzte mich wieder in mein dunkles Eck. Ich weiß, was du mir sagen willst, Mmadi Maké, führte ich ein innerliches Zwiegespräch. Dass ich Unsinn rede. Dass mein Unsinn ungeheuerliche, schreckliche Folgen für dich haben wird. Du hast ja recht, Mmadi. Das war eine für dich absolut verhängnisvolle Aussage. Du weißt es ja inzwischen, und ich weiß es auch: Dein Stamm hat nie Menschen geopfert! Kein Stamm in Afrika hat jemals Menschen geopfert. Aber ich sehe in deinem Blick auch, dass du zweifelst, ob du nicht doch ein Mörder bist. Und es ist wohl so: Vielleicht hat dich ja die Welt der Weißen zum Mörder gemacht. So denkst du, Mmadi. Ich weiß alles von dir. Du bist meine Marionette. Weil du unschuldig und naiv bist und den weißen Menschen vertraust. Nur deshalb kann ich dich besiegen. Nur deshalb kann ich euch alle besiegen. Allerdings nur, wenn es mir gelingt, die Mächtigen zu überzeugen und an meine Seite zu ziehen.

Der Richter warf einen Blick auf seine Beisitzer, woraufhin diese nickten und er aufstand: „Im Namen Seiner allerhöchsten Majestäten, Kaiserin Maria Theresia und Kaiser Joseph, verurteile ich den Angeschuldigten zum Tode durch das Rad von unten hinauf, also durch Zertrümmerung des Körpers von den Füßen bis zum Haupt. Die Hinrichtung ..."

Diese Urteilssprechung durchkreuzte nun aber meine Pläne! Ich stand auf und fiel dem Richter ins Wort: „Verzeihung, Hohes Gericht!"

Der Richter war äußerst ungehalten: „Herr Professor, Sie erlauben sich, das kaiserliche Gericht zu unterbrechen?"

„Verzeihen Sie untertänigst, aber ich habe einen wichtigen Sachverhalt vorzubringen." – „Sprechen Sie!" Für einen Moment flackerte erneut Hoffnung im Gesicht des Angeklagten auf. „Die Zertrümmerung des Körpers würde für Herrn Soliman eine große Schande bedeuten, denn sein Stamm glaubt an die Wiederauferstehung des Leibes im Jenseits." Das war selbstredend wieder erfundener Unsinn, den ich verbreitete. Aber sie wussten nichts, rein gar nichts, deshalb fielen sie auf alles herein. „Diese Schande hat der Angeschuldigte aber nicht verdient, denn er ist für seine Tat nicht vollends verantwortlich: Er hat sie nicht aus niedrigen Motiven begangen, sondern aus der religiösen Tradition seines Volkes heraus."

Der Richter und seine Beisitzer waren anscheinend überzeugt, selbst Mmadi schien es nicht anzuzweifeln, obwohl er es doch besser hätte wissen müssen. Das Urteil wurde auf Tod durch den Galgen abgemildert.

Mutter und ich kauern auf dem Boden unserer Zelle. Fassungslos starren wir Hoffmann an, der vor uns am Stuhl sitzt und uns mit kühler Miene von seinen finsteren Machenschaften erzählt. Als er seine Erzählung vom Tag der Urteilsverkündigung beendet hat, springe ich ihn wie eine Pantherin an, reiße ihn vom Stuhl und beginne, mit beiden Händen an seinem Hals zu würgen. Der überraschte Toni schlägt mit dem Ochsenziemer auf mich ein, aber in meiner Wut spüre ich nichts. Toni will mich von Hoffmann wegreißen, aber ich lasse nicht von ihm ab. Jetzt bin ich der Würgeengel! Dieses Ungeheuer muss Gerechtigkeit erfahren! Der zweite Wächter kommt Toni zu Hilfe, beide zerren jetzt an mir, wollen meine Hände von Hoffmanns Hals lösen. Mutter möchte mir zur Hilfe kommen, richtet sich schwankend auf, aber der zweite Wärter stößt sie zurück. Toni gelingt es endlich, meine Hände von Hoffmanns Hals zu lösen. Er schleudert mich zurück an die Wand, hilft dem nach Luft schnappenden Hoffmann auf. Der Professor braucht eine Weile, sich zu erholen, dann wendet er sich bewundernd an mich: „Tapferes Mädchen. Tapferes Mädchen."

Auf dieses Lob kann ich verzichten, ich rase förmlich: „Sie haben mich alle angelogen! Meine Großmutter, die Klosterschwestern, alle! Ich bin das Kind eines Dämons, haben sie mir eingetrichtert! Aber Sie sind der Dämon, Professor Hoffmann! Nicht mein Vater! Sie sind es!"

„Ja, ich bin der Dämon", stimmt er mir fast freundlich zu, „aber wissen Sie, Josephine, bei den Naturvölkern ist der Dämon nichts Böses. Der Dämon klärt die Dinge, stülpt das Innerste nach außen, führt zur Erkenntnis." Er setzt sich wieder, betrachtet uns. Dann fährt er fort, will sich uns erklären: „Meine Damen, dieser Mord hatte mich aufs

Tiefste ergriffen. Es war unsagbar schön. Nicht grauenhaft, nur schön. Im warmen Leben zu wühlen, das Blut zu spüren ... Wissen Sie, ich hatte bisher nur in kalten Leichen gewühlt – was für ein miserabler Ersatz. Denn die Seele ist nicht mehr da, sie ist verschwunden. Aber in diesem Augenblick ... In diesem heiligen Augenblick spürte ich die Seele in jedem Organ, in jedem zuckenden Muskel, im pulsenden Quell des warmen Blutes. Und jetzt ist sie in mir, diese Seele, ich habe sie mir einverleibt. Und noch etwas ist seltsam: Ich habe mich, als ich diese Frau zerfleischte, Mmadi Maké ganz nahe gefühlt, so nahe wie nie zuvor. Als hätte ich ein Opfer gebracht, den Göttern ein Opfer dargebracht, für ihn, an seiner Stelle." Mutter und ich schauen ihn aufgelöst an. „Ich verstehe gut, dass Sie entsetzt sind, meine Damen. Ich werde versuchen, mich zu beherrschen. Es ist nicht gut, wenn man so etwas wiederholt. Es ist nicht gesund. Es könnte leicht zur Sucht werden. Und ich vertrete ja vollkommen andere Werte. Ein interessanter Ausflug in eine primitive Vorzeit war es allemal."

Draußen sind Schritte zu hören, eine Männerstimme, die sich wehrt. Ich erkenne sie sofort:

„Lasst mich los! Ich bin nicht verrückt! Ich bin nicht verrückt!" Toni öffnet die Zellentür. Zwei Wärter erscheinen mit David Blumauer. Um den Hals trägt er eine Schelle, an der eine lange Kette befestigt ist. Einer der Wärter zieht ihn daran mit sich. Auch an Händen und Füßen trägt David mit Ketten verbundene Schellen. Seine Kleidung ist zerfetzt, die verletzte rechte Schulter notdürftig verbunden. Davids überraschter Blick fällt auf mich, er wehrt sich nicht mehr.

Hoffmann steht auf. „Da haben wir ihn ja, unseren kleinen Jakobiner." Er wendet sich an mich und Clara: „Dieser junge Mann ist Ihnen wohlbekannt, nicht wahr? David Blumauer, Student der Philosophie. Und Poet. Er schreibt allerdings keine Naturpoesie, sondern Schmähgedichte auf die Obrigkeit."

David ist fassungslos: „Warum der Narrenturm, Professor Hoffmann? Ich bin vollkommen bei Sinnen. Mehr, als euch allen lieb sein kann!"

Hoffmann muss lächeln. „Ich werde mir trotzdem zur Vorsicht dein Gehirn anschauen, bei Gelegenheit. Komm, nur herein mit dir!"

Die Wärter stoßen David in die Zelle, er fällt zu Boden. Hoffmann schickt mit einem Wink die Wärter weg und schließt die Tür. „Aber Herr Professor", Toni ist verwirrt, „Sie wollen doch nicht den jungen Herrn zu den Damen hier ...?"

„Der junge Herr beliebte, sich in das Leben von Fräulein Soliman einzumischen. So soll er auch weiterhin an ihrem Leben teilhaben. Bis zum Ende." David hat Angst, versucht sich zu fassen. Hoffmann zeigt auf den Ring an der Wand, Toni befestigt die Eisenschelle um Davids Hals am Ring. Aus Davids Blick ist abzulesen, dass er Mutter zwar nicht erkennt, sie aber aufgrund der Situation richtig zuordnet. „Ja, richtig, diese Dame kennst du ja auch, David. Clara Soliman, ehemals Gattin des Fürsten Thurnstein. Der es lieber mit Knaben hatte. So auch mit dir, David, nicht wahr?"

„Ich erkenne auch Sie, Herr Professor Hoffmann. Sie waren der Leibarzt des Fürsten."

„So sind wir also wieder alle zusammen und vereint. Ausgenommen Fürst Thurnstein, aber um den tut es wohl niemandem in diesem Raum leid."

„Was soll das bringen, wenn Sie mich hier einsperren, Herr Professor?", ist David ratlos.

„Das ist noch nicht gewiss. Es ist ein Experiment. Ich liebe Experimente. Vielleicht wirst du hier etwas lernen. Etwas, das du nie mehr vergessen wirst. Vielleicht kann ich dich sogar bekehren, junger Mann, das würde mich freuen.

Ich brauche sehr dringend beherzte junge Männer, die mir nachfolgen. Es ist ein Jammer, dass gerade die Tapfersten oft auf der falschen Seite stehen. Auch Sie, Clara, sind von einer unfassbaren Tapferkeit. Was habe ich Ihnen nicht alles angetan, in all den Jahren ... Und trotzdem war sein Name nicht auszulöschen in Ihnen", dabei schaut er auf den Namen meines Vaters, den meine Mutter in großen Buchstaben in die Wand geritzt hatte. „Ich verehre ihn genauso wie Sie, seien Sie versichert."

„Lügner! Warum haben Sie ihm dann einen Mord untergeschoben?", fragte ihn Mutter wütend.

„Das musste so sein, das war ein Teil meines Plans. Aber ich habe nicht mit Ihnen gerechnet, Clara. Sie haben mir einen Strich durch die Rechnung gemacht."

Joseph und ich saßen im abgedunkelten Salon des Josephsstöckls bei Tee, aber keiner von uns rührte ihn an. Der Kaiser war sehr deprimiert und schlechter Verfassung. Eben hatte er mir vom Urteil über Angelo berichtet. „Was? Zum Tode verurteilt?“ Joseph nickte resigniert. „Sie werden ihn doch auf der Stelle begnadigen!?“

„Oh nein“, widersprach er, „bestimmt nicht! Er wird hängen.“

Ich kann es nicht glauben: „Unser Angelo wird hängen?“

„Hören Sie zu, Clara! Meine Mutter hat mich entmachtet, isoliert, abgeschoben! Sie hat sogar mein Büro versiegeln lassen. Ich kann nicht einmal mehr Einsicht in meine Akten nehmen. – Das ist eine Katastrophe! Die Monarchie wird um 100 Jahre zurückfallen. Und das alles, weil ich einen schwarzen Mörder protegiert habe!“

Ich stand empört auf. „Er hat es nicht getan!“, sagte ich bestimmt.

„Woher nehmen Sie die Sicherheit, das zu wissen? Sie kennen diesen Mann nicht! Wir alle kannten seine wahre Natur nicht!“

„Sehr wohl kenne ich seine wahre Natur! Bitte begnadigen Sie ihn, Majestät! Ich flehe Sie an! Nicht der Galgen! Dieses Ende hat er nicht verdient!“

„Der Schwarze hat es Ihnen angetan, nicht wahr?“, reagierte Joseph eifersüchtig. „Sind Sie fasziniert von Mord? Von dem, was er gemacht hat?“

„Nein, bestimmt nicht, Majestät, dafür liebe ich das Leben zu sehr. Ich habe nur immer diesen kleinen, bezaubernden Jungen vor mir. Ich will nicht, dass mein kleiner Mohr aufgehängt wird! Ich ertrage das nicht!“ Ich begann zu weinen und schlug die Hände vors Gesicht.

Joseph stand zornig auf. „Hören Sie mir auf mit dem kleinen Mohren! Der Mann reizt Sie, Madame! Der Mann! Und nun ist diese Unterredung beendet! Ich darf Sie bitten, zu gehen!“

Und so ging ich. Bürgerkaiser will er sich nennen? Gestohlen bleiben kann er mir!

Zum ersten Mal benutzte ich den Präparationsraum neben dem Naturalienkabinett. Das große Gewölbe war noch ungenutzt, da das Ausstopfen von Tieren erst beginnen sollte, aber Tische und Handwerkzeuge waren schon vorhanden. Ich hielt das Buch in den Händen. Das schwarze Buch, das ich Mmadi Maké bei der Aufnahmezeremonie in der schwarzen Kammer finden ließ. Lange betrachtete ich das Pentagramm mit dem nackten Mann, der mit gespreizten Armen und Beinen im Rad stand. – Genauso würde ich vorgehen. Ich legte das Buch zur Seite und betrachtete die in verschiedenen Farben ausgeführten Glasaugen, die sich in einer gepolsterten Holzschatulle befanden. Ich bereitete meine langen Messer vor, mit denen ich ihn enthäuten würde. Mein Tischler – eine Koryphäe seiner Zunft – stellte gerade das hölzerne Zwillingsrad fertig, in dem ich seine Haut aufspannen würde. Er rollte das Rad hin und her und wandte sich fragend an mich. Ich betrachtete sein Werk mit Abstand, trat hinzu und drehte das Rad auf den Kopf, sodass die Spitze des Pentagramms nach unten zeigte. Alles war bereit.

***

Hunderte von Zuschauern warteten ungeduldig auf dem Richtplatz am Rabenstein – niemand wollte sich diese Unterhaltung entgehen lassen. Mmadi Maké wurde sehr würdig von acht Stadtgardisten zur Richtstätte geführt. Zwei Trommler gingen bedrohlich auf ihre Instrumente einschlagend voran. Mmadis Hände waren auf den Rücken gefesselt, er trug ein weißes, langes Büßerhemd. Aber er wirkte nicht wie ein Büßer, er schritt stolz wie ein junger König.

Auf einer kleinen Tribüne gegenüber dem Richtplatz, auf dessen Galgen trotz der tosenden Menschenmenge viele hungrige Raben hockten, saßen der Stadtrichter, die Beisitzer und ein paar Ehrengäste, darunter auch Fürst Thurnstein und meine Wenigkeit. Unter den Schaulustigen, die den Richtplatz umstanden, erkannte ich ganz vorne die um Fassung bemühte Clara. In ihrer Nähe standen auch Wally und Rul, der den beinlosen Bettler Josip in den Armen trug. Josip rotzte und schluchzte, wischte sich mit einem Taschentuch die Nase. Mein zeitweiliges Faktotum Toni stand neben ihnen.

Beim Galgen warteten der Priester und der Freimann in seiner Kapuze mit seinen zwei Knechten. Mmadi wurde über die Treppe auf das Podium zum Galgen geführt. Der Freimann legte ihm die Schlinge um den Hals und zog sie locker zu. Der Priester hob sein Kruzifix und murmelte etwas. Mmadi blickte zur Ehrentribüne. Ich nickte ihm aufmunternd zu – bald ist es überstanden, sollte ihm das sagen. Mmadi entdeckte Thurnstein neben mir, der ihn mit versteinertem Gesicht ansah. In der Menge erkannte Mmadi die zutiefst traurige Clara. Er lächelte ihr zu. Tatsächlich, er lächelte dieser schamlosen Mätresse zu, die zum Kaiser übergelaufen war. Als Wally dies sah, schaute sie neugierig zu Clara. Diese hielt sich die Hand vor den Mund, versuchte nicht zu weinen. Krokodilstränen, so ist das Leben, dachte ich bei mir, dramatisches Theater, das in Wahrheit komisch ist. Nur Mmadi Maké und ich sind nicht komisch. Das werdet ihr noch merken.

Der Priester segnete Mmadi und hielt ihm das kleine Kruzifix vor den Mund, damit er es küssen konnte. Er reagierte aber nicht darauf und der Priester trat zurück. Auf ein Zeichen des Richters bedeutete der Freimann seinen zwei Knechten, Mmadi am Strick hinaufzuziehen. Als sie nach dem Hanfseil griffen, war auf einmal ein herannahendes Pferd im Galopp zu hören. Es war ein Gardist des Kaisers, in der Hand schwenkte er ein versiegeltes Papier. Der Freimann hielt inne, der Gardist bremste vor der Tribüne sein Pferd scharf ab und überreichte dem Richter das Papier. Der Richter öffnete es und las den Inhalt. Alle, auch Mmadi, schauten gebannt zu ihm. Der Richter stand auf und verlautbarte: „Seine allerhöchste Majestät und Mitregent, Kaiser Joseph, begnadigen Angelo Soliman zu lebenslanger Zwangsarbeit."

Der Großteil der Zuschauer murrte enttäuscht, Thurnstein bewegte keine Miene, ich selber war fassungslos, konnte es gar nicht begreifen. Er hatte ihn begnadigt, er hatte mir mein Vorhaben ruiniert! Es war alles vorbereitet – und nun das! Was mache ich nur?

Ich erhob mich, stieg von der Tribüne und begegnete in der Menge Clara, die vor Erleichterung in Tränen ausgebrochen war. Ich stieß mit Wally zusammen, die sich freudestrahlend vor ihr verbeugte. Was haben die beiden miteinander zu schaffen? Ich bahnte mir meinen Weg durch das Publikum und kam an Rul vorbei, der vor Freude gar begann, mit dem Krüppel Josip im Arm zu tanzen. Ich drehte mich zu Mmadi Maké um. Der Freimann nahm ihm eben die Schlinge ab.

***

Ich selbst war nicht dort gewesen, aber Toni hatte mir berichtet: Sie fanden Mmadi Maké in der Vojvodina. Nach einer neumodischen Idee des Kaisers hatte man ein neues Betätigungsfeld für die zur Zwangsarbeit verurteilten Verbrecher gefunden. Man ließ sie Frachtschiffe von der Donaumündung am Schwarzen Meer gegen die Strömung bis nach Wien heraufziehen, manchmal bis nach Linz. An einem Frachtschiff waren eine Menge Taue befestigt, die zum begehbaren Ufer führten, wo auf einem Trampelpfad eine lange Reihe von Sträflingen die Taue an breiten Lederschlaufen über Schulter und Brust gelegt hatten und das Schiff flussaufwärts zogen.

Entkommen konnte man schwerlich. Wärter mit Peitschen und berittene Wächter mit Gewehren, an denen lange Bajonette befestigt waren, begleiteten den Zug. War ein Tau an einem der Sträflinge nicht straff gespannt, war sofort zu erkennen, dass er die Arbeit nicht ordentlich vollbrachte. In so einem Fall erschoss man auf der Stelle diesen Sträfling, der dann tot in den Fluss hinunterstürzte. Die schon zu sehr Geschwächten fielen ohnedies von selbst ins Wasser oder wurden hineingestoßen.

Von einer Anhöhe am anderen Ufer aus hatten Clara, Wally, Rul und Toni nach Mmadi Maké Ausschau gehalten und ihn entdeckt: Wie alle anderen Zwangsarbeiter war er abgezehrt und mager, hatte mir Toni berichtet: „Länger als ein Jahr hält das keiner durch, Herr Professor. Dann schmeißen sie ihn als ausgemergelte Leiche in die Donau, wie all die andern auch. Oder er mandelt sich auf und wird erschossen. Auf jeden Fall enden die alle als Fischfutter."

Ich starrte vor mich hin. Nein, das würde ich nicht zulassen! Niemand würde mein Beweisstück vernichten!

Ich war nach Böhmen gereist und saß nun neben dem Bauernknecht, der den Leiterwagen lenkte. Er hielt den Wagen an und zeigte auf einen Acker. Ich konnte es nicht fassen: Der Kaiser pflügte ein Feld.

Ich gab dem Knecht eine Münze und stieg ab. Vom Feldweg aus beobachtete ich Joseph. Er drückte die Pflugschar in die Erde, ein Bauer führte das Pferd und schaute etwas ratlos zurück. Am Rande des Feldes saßen die zwei Gardisten bei den Pferden und nahmen eine Brotzeit zu sich. Ich ging in die Knie und begutachtete die bereits gezogenen Furchen. Sehr gerade waren sie nicht. Auch waren kleine Rasenstreifen ungepflügt geblieben. Ach, Joseph!

Der Kaiser stolperte nun, fiel auf die Knie und wurde ein Stück mitgeschleift. Der Bauer schaute zurück und wollte schon anhalten, aber Joseph war schnell wieder auf den Beinen und bedeutete dem Bauern fortzufahren. Am Ende des Ackers hielt der Bauer das Pferd an. Joseph ließ den Pflug los und streckte sich mit erhobenen Armen durch. Die ungewohnte Arbeit musste ihm Kreuzschmerzen bereiten. Ich wollte ihn nicht beschämen, rief dann aber doch nach ihm.

Wir spazierten am Rande des Ackers dahin. Ich sah den Bauern, der eben die ungeraden Furchen betrachtete und sich am Kopf kratzte.

„Was tun Sie hier, Majestät? Spielen Sie Bauer?"

„Das ist eine sehr nützliche Tätigkeit!", beharrte er mit stolzer Brust.

„Es wäre nützlicher, Sie würden in Wien nach dem Rechten sehen. Oder wollen Sie wirklich Ihrer Mutter das Feld überlassen?"

Er blieb resigniert stehen. „Ich komm nicht an gegen sie. Ich bin des Kampfes mit ihr müde."

„Sie sind ein junger Mann, wie reden Sie denn, Majestät?"

„Warum müssen Frauen immer über mich bestimmen? Sie, Clara, setzen mich genauso unter Druck wie meine Mutter!"

Leicht war es nicht, die richtige Rede für diesen Menschen zu finden. „Verzeihen Sie, das war nicht meine Absicht. Ich darf mich verabschieden."

Ich ging davon Richtung Feldweg. Das wollte Joseph nicht zulassen: „Clara, ich bitte Sie!"

Ich blieb stehen, er schloss auf. „Seit Wochen suche ich nach Ihnen. Wo sind Sie untergekommen?"

„Bei Ihrer Sennerin, Majestät."

„Bei Wally? Im ‚Roten Hahn'?"

„Ich fühle mich sehr wohl dort."

„Und wovon leben Sie?"

„Ich bringe den Damen dort Lesen und Schreiben bei. Sie bezahlen anständig."

Joseph ließ sich auf einen Feldstein nieder und hing seinen Gedanken nach, dann schaute er mich an: „Er hat uns beiden Unglück gebracht."

„Im Gegenteil", widersprach ich ihm. „Wir haben ihm Unglück gebracht, Majestät. Angelo Soliman ist nichts anderes als ein Prüfstein für Sie gewesen. Und Sie waren es, der an diesem Prüfstein gescheitert ist. Ganz egal, ob er ein Mörder ist oder nicht, keine Ihrer Ideen wurde dadurch desavouiert, keine einzige! Sie müssten doch wissen, dass jeder Mensch auf dieser Welt zum Mörder werden kann, ganz egal, ob schwarz oder weiß, ob Christ oder Mohammedaner. Begeht ein Weißer einen Mord, führt man dies schließlich auch nicht auf seine Hautfarbe zurück. Begeht also ein Schwarzer einen Mord, darf

Sie das nicht dazu veranlassen, Ihre Ideen für gescheitert oder falsch zu halten!“

„Sie sind sehr schön, wenn Sie sich über ein Thema erregen, Clara.“

„Ich bitte darum, mich ernst zu nehmen, Majestät!“

„Das tu ich ja, Clara, das tu ich ja. Und ich gebe Ihnen recht. Ich war kleinlich beleidigt über meinen Bilderbuchmohren, der plötzlich nicht mehr meinem Bild entsprochen hat.“

„Dann wäre der erste Schritt, nach Wien zurückzukehren und sich wieder in die Staatsgeschäfte einzumischen.“

Joseph stand auf, schaute über die Furchen, ging in die Knie, kniff ein Auge zusammen. „Darf ich zuvor mein Feld noch eggen? Dann sieht man nämlich die krummen Furchen nicht mehr.“

Nun war mir also doch ein Ende als Sklave bestimmt. Aufgezwungen von einem Mann, der die Sklaverei zutiefst verabscheute. Mein Rücken war voller vereiterter Narben von den Peitschenschlägen. Denn die Wächter schlugen uns in einem fort, auch wenn das Tau nicht schlaff durchhing und man fleißig daran zog. Sie schlugen uns routiniert, wie kein Bauer seinen Ochsen. In meinem Vollbart und in meinem wüsten Haarschopf nistete das Ungeziefer. Wasser zum Waschen gab es nicht, in der Donau badeten nur die Leichen meiner Kameraden. Geschlafen wurde auf dem Boden, ohne Decke drunter oder drüber, immer nur vier erschöpfte Stunden, wenn Schichtwechsel war. Irgendwie hatte ich gehofft, Clara würde meine Befreiung planen. Aber wer will schon einen Frauenmörder befreien? Und sie hatte ja nun ihren Kaiser, der zutiefst von mir enttäuscht worden war. Aber glaubte er wirklich an meine Untat oder wollte er sich nur seines Nebenbuhlers entledigen?

Und da klatschte es schon wieder brutal auf meinen schweißnassen Rücken, das Blut rann über meine Schulter nach vorne auf die Brust. Nein, denken war hier nicht gefragt.

Schon zum zweiten Mal waren wir auf dem Weg von der Donaumündung nach Wien, zogen ein noch schwereres Frachtschiff. Bald würde Budapest vor uns auftauchen.

Plötzlich ertönte ein scharfer Pfiff, die Wächter schauten zum anderen Ufer, die meisten Häftlinge achteten nicht darauf. Ich aber schon. Und ich sah, was die Wächter nicht sahen, denn sie widmeten sich schon wieder den gebeugten Rücken der Sklaven. Ein Gewehrlauf wurde hinter einem Gebüsch dreimal kurz in die Luft gestoßen. Galt das mir? Ich musste es herausfinden.

Nach einer Weile ließ ich mich auf die Knie fallen. Sofort kam ein Wärter heran und schlug mit der Peitsche auf mich ein. Da schnellte ich hoch, schlang das Ende des Taus um den Hals des Wärters, zerrte ihn zum Wasser hinunter, benutzte ihn als Schild.

Sofort kamen zwei Wächter herangaloppiert und legten ihre Gewehre auf mich an. Der Wärter hob abwehrend die Hände, trotzdem schoss einer der Wächter zu Pferd, der Wärter wurde in den Bauch getroffen, schrie auf, sackte zusammen, entglitt mir.

Und ich sah, wie sich auf der anderen Seite der Donau zwei Gewehrläufe über die Böschung schoben. Der zweite Wächter wollte auf mich schießen, der erste lud seine Waffe mit dem Ladestock nach. Aus einem der Gewehrläufe drüben knallte ein Schuss, traf den zweiten Wächter, er stürzte hintüber aus dem Sattel. Der nachladende erste Wächter schaute erschreckt, blickte sich hektisch um und hantierte nervös mit seinem Ladestock. Ich zog den verletzten Wärter wieder als Schild zu mir hoch, hielt ihn an mich gepresst und bewegte mich rückwärtsgehend zum Wasser. Ein dritter Wächter war herangeritten und legte sein Gewehr auf meinen Kopf an. Nun wurde offenbar aus dem zweiten Gewehr am anderen Ufer ein Schuss abgegeben, der dritte Wächter stürzte tot vom Pferd. Der erste Wächter hatte endlich nachgeladen, gab einen Schuss auf mich ab, traf aber den verletzten Wärter, und zwar in den Kopf. Das aufspritzende Blut blendete mich kurz, aber ich war schon am Wasser angelangt, ließ den leblosen Körper fallen, holte tief Luft und tauchte in die Fluten. Über mir schlugen zwitschernd weitere Kugeln im Wasser ein, trafen mich aber nicht. Die Strömung trieb mich ab, aber das kam mir zugute. Als ich auftauchte, um nach Luft zu schnappen, war ich schon beinah am anderen Ufer. Ich tauchte wieder unter, machte ein paar kräftige Schwimmbewegungen, sah die Böschung auf mich zukommen, krallte mich daran fest, rutschte aber wieder zurück. Und plötzlich griffen vier Hände – eine davon aus Holz – nach mir und zogen mich aus dem Wasser. Ich blickte in die dazugehörigen Gesichter. Sie gehörten Toni und Rul.

Ich hatte mich hinter dem Paravent versteckt. Wenn man nahe genug herantrat, konnte man durch das Geflecht sogar die Vorgänge im Zimmer erkennen. Ärzte und Kleriker waren da gewesen, ebenso die Kinder und andere Mitglieder der Kaiserfamilie. Es war eine absonderliche Szene: Maria Theresia saß in der gleichen Stellung wie immer im Bett, man hatte sie in ein schwarzes Gewand gekleidet, ihr das Kinn mit einem Tuch hochgebunden, die Hände gefaltet, darin ein kleines Kruzifix. Auf einem Tisch am Bettende stand ein großes Kreuz, das von ihr abgewendet war, viele brennende Kerzen befanden sich auf hohen schwarzen Ständern. Der Raum war mit schwarzem Stoff ausgeschlagen, auch das Bett in Schwarz aufgedeckt.

Nun betrat als Letzter Joseph das Zimmer. Auf ihn wollte ich noch warten. Lange schaute er seine Mutter an, kniete sich dann nieder, bekreuzigte sich, harrte eine Weile mit gesenktem Kopf, bis er einen Hustenanfall erlitt, der immer stärker wurde. Ich wusste es, denn am Hofe blieb nichts geheim: Joseph litt an schleichender Schwindsucht.

Später beobachtete ich, hinter einem Vorhang des Flurs versteckt, wie Lakaien den Leichnam der Kaiserin zur feierlichen Aufbahrung in den Thronsaal brachten. Als ich mein Versteck verlassen wollte, kam der Kaiser mit ein paar Brettern und Handwerkszeug zurück. Er ging zur Schlafzimmertür seiner Mutter und nagelte sie zu.

Ich war allein im Salon von Hoffmann, nippte vom Tee und schaute mich um. Es gab eine Menge zu schauen. Hoffmanns Wohnzimmer ähnelte mehr einem anatomischen Kabinett als einem Wohnraum. In den zahlreichen Regalen standen Gläser, in denen in Weingeist anatomische Präparate aufbewahrt waren: etliche Gehirne, missgestaltete Embryonen, ein Kleinkind mit einem Wasserkopf, das Skelett eines Januskopfes, der Wachsabdruck eines Männerkopfes mit Kopfhauttumoren, das Stopfpräparat eines etwa vierjährigen Mädchens mit Fischschuppen, die Büsten eines Zwillingspaares mit abnorm kleinen Schädeln. In einem Glaskasten befand sich eine verblüffend naturgetreue anatomische Wachsplastik, die einen liegenden Männerkörper in Originalgröße darstellte, an dem der gesamte Blutkreislauf zu sehen war. Dort befand sich auch einer von Franz Xaver Messerschmidts berühmten grimassierenden Charakterköpfen. In der Mitte des Raumes stand auf einem Sockel die Statue eines jungen griechischen Athleten. An einer Wand hing der Kupferstich mit Angelo, wie sollte es anders sein. Den noch freien Platz nahm eine Vielzahl tropischer Pflanzen ein.

Der Professor trat auffallend gut gelaunt durch die Glastür, die zum Garten führte, und schloss sie hinter sich. „Verzeihen Sie, Gräfin, es galt Vorbereitungen zu treffen."

„Warum haben Sie mich hergebeten, Herr Professor?"

Hoffmann lächelte und schaute auf eine Pendeluhr. „Das werden Sie gleich sehen. Nur noch etwas Geduld, bitte ... Ist die Nachricht über den Tod der Kaiserin schon zu Ihnen gedrungen?" Ich nickte. Hoffmanns gute Laune blieb ungebrochen. „Nun wird sich einiges ändern, ich bin schon sehr gespannt."

Es klopfte an der Glastür zum Garten. Hoffmann stand auf und öffnete die Tür. Toni, zwei Gewehre umgehängt, betrat grinsend den Raum, verneigte sich vor mir und trat beiseite. Ihm folgte noch jemand, den ich zuerst nicht erkannte, denn der Mann trug einen tief ins Gesicht gezogenen Hut mit breiter Krempe. Der Mann nahm den Hut ab und verbeugte sich vor mir. – Es war Angelo.

Ich freute mich über alle Maßen! Er trug einfache Kleidung, ein Halstuch und einen Vollbart, der ihm nicht schlecht stand, nur etwas zu pflegen und zu stutzen war. Ich war ganz außer Fassung. Hoffmann lächelte mir zu. Ich erhob mich und lief zu Angelo, umarmte ihn innig und brach vor Freude in Tränen aus. Dennoch – Angelo wirkte immer noch verkrampft und distanziert. Ich löste mich von ihm.

Toni lehnte die beiden Gewehre an die Wand, Hoffmann griff in seine Rocktasche und reichte ihm ein paar Münzen. „Herr Professor“, meinte Toni enttäuscht, „das war ein Kugelhagel! Stimmt doch, Herr Soliman, oder?“

Angelo nickte. Hoffmann gab Toni noch eine Münze, dieser verbeugte sich dankend und verließ den Raum. „Bitte, nehmen Sie Platz, Herr Maké“, sagte Hoffmann zu Angelo. Ich war verwundert über diese Anrede, erinnerte mich aber sofort daran, dass Angelo sich selbst so nannte, als ich ihn zum Geburtstag bekommen hatte. Angelo setzte sich, schaute sich um, entdeckte verwundert seinen Porträtstich an der Wand. Auch ich nahm wieder Platz. Hoffmann hob mit fragendem Blick die Teekanne hoch. Angelo nickte, Hoffmann schenkte ihm ein und setzte sich ebenfalls. „Das hätten wir also glücklich geschafft.“

„Verzeihen Sie, aber ich verstehe Sie nicht, Herr Professor Hoffmann“, war Angelo verwirrt. „Zuerst sorgen Sie für meine Verurteilung und dann für meine Befreiung! Wo ist da der Sinn?“

„Es ist ganz einfach, Herr Maké. Ich glaubte tatsächlich, Sie wären es gewesen. Vieles wies darauf hin, das müssen Sie zugeben. Wie dem auch sei, mittlerweile kamen mir starke Zweifel. Auch Gräfin Clara ist der Ansicht, dass Sie unschuldig sind.“

„Das ist wahr, Angelo“, bestätigte ich. „Oder muss ich jetzt Herr Maké sagen?“

Angelo ignorierte mich und schaute nur Hoffmann an. „Sie haben mir die Erinnerung wiedergegeben, Herr Hoffmann. Und deshalb weiß ich jetzt auch wieder, dass mein Volk in der Tat den Geistern Opfer darbringt. Keine Menschen, aber Tiere. Das mit den Hühnern stimmt. Wie konnte der Mörder das wissen?“

„Ich weiß es ebenfalls. Und ich bin nicht der Einzige. Die Sklavenhändler berichten davon.“

Angelo breitete weiter sein nunmehriges Wissen aus: „Das Volk, aus dem ich komme, ist sehr primitiv, Herr Hoffmann. Mein Volk glaubt an Geister und Dämonen. Es glaubt, dass die ganze Natur beseelt sei. Jeder Baum hat seinen eigenen Geist, jedes Hirsefeld, jeder Berg, jede Quelle. Es gibt gute Geister und böse. Wir glauben auch daran, dass es möglich ist, von einem bösen Geist besessen zu sein, von einem Dämon.“

Hoffmann musste lächeln. „Das glaubt auch die katholische Kirche.“

Endlich schaute Angelo auch mich an, wandte seinen Blick aber rasch wieder Hoffmann zu, senkte den Kopf. „Es ist möglich, dass ich es getan habe.“

„Wie bitte? Was reden Sie da?“, war Hoffmann verblüfft.

Ich war ganz außer mir über seine Selbstzweifel: „Das bildest du dir ein, Angelo!“

Angelo schaute mich an, stand auf, ging ruhelos herum und blieb vor der griechischen Statue stehen. Lange blickte er auf sie, drehte sich dann zu Hoffmann um. „Sie wissen, Herr Professor, ich habe getrommelt, in jener Nacht, bei Mozart. Ich war weit weg, zu Hause, am Fuße der Vulkane. Und ich hatte zu viel Branntwein zu mir genommen. Vielleicht war ich von einem bösen Geist besessen, vielleicht habe ich Adele tatsächlich umgebracht ... Auf diese entsetzliche Weise." Er setzte sich, starrte vor sich hin. „Als ich im Krieg war, gegen die Türken, habe ich die Gebete der Gefangenen gehört", erzählte er, als er wieder aufblickte. „Ich kannte sie alle. Alle. Das kann nur eines bedeuten: Mein Volk hat sich zum Islam bekehrt. Aber offenbar nur sehr oberflächlich. In Wahrheit sind wir weiter beim primitiven Glauben unserer Vorväter geblieben."

Hoffmann fühlte sich veranlasst, Angelo aufzuklären. „Was heißt schon primitiv, Herr Maké? Der Katholizismus und der Islam, das sind Kopfreligionen, gezähmte Religionen, entstanden aus dem Glauben sogenannter primitiver Völker, die einer Naturreligion anhingen. Ich habe Erkundigungen eingezogen, Herr Maké. Die mächtigen Kanuri haben euch gewaltsam zum Islam bekehrt. Gleichzeitig ist euer Volk kontinuierlich von islamischen Stämmen überfallen worden, die euch in die Sklaverei verschleppten. Also habt ihr euch in die Wándalaberge zurückgezogen. Um geschützt vor der Sklaverei euren alten Glauben zu leben. Das hat euch aber nichts genützt. Sie kamen dennoch."

Angelo regte sich auf, kränkte sich, war wütend und verzweifelt. „Ich bin aufgeklärter Katholik, Herr Professor! Und trotzdem, das Primitive scheint unauslöschlich in mir zu sein! Mein Volk steckt immer noch in mir! Ich hasse es! Ich hasse es zutiefst, mein primitives, dummes, rückständiges Volk!"

„Sie haben keinen Grund, schlecht von Ihrem Volk zu denken", wollte Hoffmann ihn trösten. „Auch die Griechen brachten den Göttern Opfer dar. Und die Griechen sind unser hohes Ziel, unser unerreichtes Ideal." Angelo schaute die Statue an. Hoffmann stand auf, legte ihm die Hand auf die Schulter. „Diesem unerreichten Ideal kommen Sie sehr nahe, Herr Maké."

Angelo schaute Hoffmann an und schien sich über seine Wertschätzung zu freuen. Hoffmann wusste noch mehr zu sagen: „Ich kann Sie beruhigen, Herr Soliman. Sie waren es nicht." Angelo war erstaunt, erstaunt wegen der Gewissheit, die Hoffmann ausstrahlte. Und mit ebenjener Gewissheit sprach Hoffmann es aus: „Fürst Thurnstein war es."

Angelo und ich waren frappiert. Das konnte nicht sein! So ein Unsinn! „Das ist doch nicht möglich, Hoffmann!", sagte ich.

„Doch, Gräfin!"

„Ich glaube das nicht! Warum sollte er so etwas tun? Er mag ein Kinderschänder sein, aber doch kein Verrückter!"

„Ich habe nachgeforscht, Gräfin. Einer seiner Diener hat am Naschmarkt vier Hühner gekauft. Am Tag des Mordes. Thurnstein hat natürlich nicht selbst Hand angelegt. Dazu ist er viel zu schwach, zu impotent. Aber er hat den Auftrag gegeben." Ich konnte es nicht glauben. Anders Angelo: Sein Gesicht wurde finster. Hoffmann wiederholte seine Anschuldigung: „Er hat den Auftrag gegeben! Um Ihnen, Herr Maké, diese Untat anzulasten. Um sich zu rächen, um Sie endgültig ins Verderben zu stürzen!"

Joseph saß auf seinem Kaiserthron. Zum ersten und letzten Mal sahen wir ihn alle als Monarchen gekleidet, wenn auch nicht nach dem spanischen Hofzeremoniell, sondern – bis auf die Insignien – ganz und gar unpompös. Das schwere Szepter und die Krone, die ihm fortwährend in die Stirn rutschte, waren ihm augenscheinlich lästig. Die Minister und Staatsräte standen versammelt vor ihm, auch Fürst Thurnstein und Kardinalerzbischof Migazzi waren anwesend. Die hier Versammelten waren die Repräsentanten der alten Herrenklasse, eingesetzt fast ausnahmslos von Maria Theresia persönlich. Mit Bangen warteten sie darauf, was jetzt kommen mochte. Ganz hinten im Thronsaal standen ungesehen Sonnenberg, Born und meine Wenigkeit.

Der Kaiser blickte langsam in die Runde, dann begann er zu sprechen: „Meine Herren, die Erneuerung des Staates musste lange auf sich warten lassen. Jetzt werde ich dieses Vorhaben umsetzen – mit Ihnen oder ohne Sie. Einige von Ihnen haben in den letzten Jahren sehr vehement die Politik meiner Mutter betrieben, diesen Herren will ich raten, sich ins Privatleben zurückzuziehen. Meine wichtigsten Pläne sind folgende: die Abschaffung der Folter und der Todesstrafe, die Gleichstellung aller Glaubensgemeinschaften, die Aufhebung und Enteignung der Klöster, die Aufhebung der Zensur, die Abschaffung der Leibeigenschaft. Letzteres wird verbunden mit der längst fälligen Aufhebung des herrschenden Steuerunrechts. Die reichsten Männer des Staates, die Grundherren, haben bisher am wenigsten an den Staat abgeliefert. Das wird sich nun sehr einschneidend ändern. Ich weiß, das betrifft auch einige von Ihnen, meine Herren, aber finden Sie sich damit ab, ich brauche dringend Geld für Schulen, Krankenhäuser und den Aufbau einer modernen Verwaltung. Die Feudalherrschaft hat mit dem Beginn meiner Alleinregierung ein Ende, ich bitte Sie, das zur Kenntnis zu nehmen."

Mit wenigen Ausnahmen wurden die Herren während der Rede des Kaisers immer schockierter. Sie schauten zurück zu den anderen, murrten, stießen sich gegenseitig an. Thurnstein grämte wohl die Abschaffung der Leibeigenschaft am meisten.

Joseph winkte uns Freimaurern und Geistesgrößen. Gemessenen Schrittes gingen wir nach vorne. Die versammelten Herren bildeten mit verbitterten Gesichtern eine Gasse, schauten uns kaum oder nur verächtlich an. Vor dem Kaiser angelangt, verbeugten wir uns und Joseph ergriff wieder das Wort: „Diese drei Herren sind ab sofort Minister und Mitglieder des Staatsrates. Herr von Born ist zuständig für den Bergbau, Professor Hoffmann für die Volksgesundheit, Herr von Sonnenberg für das Justizwesen."

„Das ist der Untergang des Abendlandes!", flüsterte Thurnstein dem Kardinal zu.

Das war dem Kaiser nicht verborgen geblieben. „Fürst Thurnstein", sprach er ihn an, „Sie haben es sich zur Gewohnheit gemacht, bei allen Regierungssitzungen anwesend zu sein, obwohl Sie kein Regierungsamt bekleiden. Nun aller –"

„Majestät", unterbrach er Joseph rüde, „ohne mich könnten Sie die Ausgaben dieser Regierung gar nicht begleichen."

Dem Kaiser imponierte das keinesfalls: „Ab sofort sind wir auf Ihre großzügigen Spenden nicht mehr angewiesen, Fürst, denn ab nun werden Sie Steuern zahlen. Sie dürfen als Erster diesen Raum verlassen."

Thurnstein verbeugte sich kalt und trat ab. Zwei Drittel der Anwesenden verbeugten sich ebenfalls und folgten Thurnstein. Den Kaiser erfüllte das mit grimmiger Genugtuung.

Wir befanden uns im schäbigen Zimmer von Rul und Wally im „Roten Hahn". Wally saß vor einem Wandspiegel, vor ihr lagen eine Perücke und Schminkzeug, ein Handspiegel und eine rote Augenmaske. Sie schminkte sich gerade das Gesicht weiß. Angelo, Toni und ich saßen am Tisch. Angelo trug immer noch Kleidung von Rul, hatte sich aber den Bart abrasiert. Toni rauchte in seiner Pfeife einen scheußlich riechenden Tabak und trank frisches Bier aus einem Tonkrug. Ich hielt eine Zeitung und las daraus vor: *„Schlagzeile: Mohr Soliman alias Hendel-Herr geflüchtet. Wie unser Criminalcorrespondent vermeldet, hat der hochfürstliche Mohr Angelo Soliman, wegen eines curiosen Ritualmordes zum Tode durch den Galgen verurteilt, sodann von Sr. Majestät dem Kaiser zum zwangsweisen Schiffsziehen begnadigt, die Gelegenheit zur Flucht ergriffen, obwohl ihm eifrigst nachgeschossen wurde. Vor dem sogenannten Hendel-Herrn wird eindringlich gewarnt, er könnte selbiges massacre wiederholen, die Stadtguardia erbittet Meldung über allfälliges Sichten, der Mohr ist an seiner schwärzlichen Hautfarbe erkenntlich."*

Toni musste lachen: „„An seiner schwärzlichen Hautfarbe erkenntlich!""

Ich las den letzten Satz: *„Eine Belohnung von 300 Gulden ist auf Herrn Soliman ausgesetzt, tot oder lebendig."* Ich blickte auf und schaute Angelo an: „Was willst du jetzt tun?" Angelo stand auf, ging zum Fenster, schob den Vorhang beiseite und schaute auf die Straße hinunter. Ich folgte ihm und blickte ebenfalls aus dem Fenster. Der beinlose Josip saß im gegenüberliegenden Hauseingang auf seinem Brett, schaute links und rechts die Straße entlang, sah jemanden kommen und zog sich etwas in den Schatten zurück. Es war nur Rul in Faschingskleidung. Josip erkannte ihn auch sogleich und winkte entwarnend in unsere Richtung. Angelo ließ den Vorhang zurückfallen. Unverständig blickte ich ihn an: „Glaubst du im Ernst, solche Vorsichtsmaßnahmen reichen aus? Du musst fliehen, Angelo, du hast keine Wahl. Geh ins Ausland. Großbritannien, Frankreich, Russland – die ganze Welt steht dir doch offen!"

Angelo reagierte abweisend: „Um als Diener zu arbeiten? Den weißen Herrschaften den Kaffee servieren? Das ist vorbei, Clara!" Er ließ mich stehen. Wally hatte sich ihr Gesicht fertig geschminkt, legte die rote Augenmaske an und machte eine überdimensionierte Perücke auf ihrem Kopf zurecht. Rul trat fröhlich in den Raum – er war als Seeräuber maskiert, mit Augenklappe, Dreispitz am Kopf und Säbel an der Seite. Er setzte sich, ließ sich von Toni aus dem großen Bierkrug einschenken und nahm einen großen Schluck. Dann holte er mit großer Geste einen prallen Geldbeutel hervor und übergab ihn feierlich Angelo. Eine Hühnerflaumfeder mit verkrustetem Blut hing am Beutel. Ach, Adele! Angelo öffnete den Beutel und blickte hinein. „Alles da." Toni schaute neugierig. „Mein Gewinn vom Schachspiel mit dem Türken", erklärte ihm Angelo, dann wandte er sich an Rul: „Hattest du Schwierigkeiten?"

Der schüttelte den Kopf. „Sind neue Mieter da, aber ich konnte sie beruhigen." – „Tatsächlich?" – Rul lachte. „Na ja, wenn man des Nachts als Fremder in ein Schlafzimmer kommt, wo zwei im Bett liegen, gibt's ein bissl eine Beunruhigung. Die Frau hat derart geschrien, dass ich ihr eine auf die Nase geben musste. Dann war Ruhe. Brauchte ja auch nicht lange. Fünf Fußbodenbretter zurück vom rechten Fenstereck – stimmte genau!"

Angelo holte eine Handvoll silberne Maria-Theresien-Taler aus dem Beutel und legte den etwas größeren Teil vor Rul, den kleineren vor Toni hin. „Mit Dank für die Befreiung!"

Toni ließ das Geld blitzschnell verschwinden. „Küss die Hand, sehr anständig von Ihnen, Herr Soliman."

„Also, so is mir die Maria Theresia am liebsten, Gott hab sie selig. Vergelt's Gott, Herr Soliman!", sagte Rul.

Wally trat zum Tisch und fuhr über die glänzenden Münzen, die bei Rul lagen. „So viel Geld! Wenn wir das zu unserem Ersparten legen, dann können wir uns schon bald den ‚Roten Hahn' kaufen, Rul."

„Wozu sollen wir den ‚Roten Hahn' kaufen?" Rul schaute vollends verständnislos drein.

„Damit ich nimmer auf die Straße gehen muss!"

Rul war zutiefst in seinem Herzen empört: „Was brauch ich der Besitzer von der Hütten da sein? Besitz bringt nur Sorgen!" Wally nahm eine Schatulle aus einem Versteck und legte die Münzen hinein. Rul wollte sich eine schnappen, aber Wally schlug ihm auf die Hand. „Na, geh! Für den Faschingsball!", protestierte Rul. Wally ließ ihm die Münze und versteckte die Schatulle wieder.

Ich schaute auf Angelos immer noch wohlgefüllten Geldbeutel: „Das reicht doch, um ohne Sorgen für ein paar Jahre auf Reisen zu gehen. Angelo!"

Angelo starrte vor sich hin, dann sagte er entschlossen: „Ich sage dir, was ich tun werde, Clara. Zuerst bestrafe ich den Mann, der mir das in die Schuhe geschoben hat, dann geh ich nach Afrika zurück. Ich werde meine Heimat finden. Ich werde sie finden. Aber dafür brauche ich viel mehr Geld. In Afrika bin ich König. Ein König kann nicht wie ein Diener heimkehren."

Alle schauten ihn verblüfft an, auch ich. „Was bist du?"

„Das soll dich nicht weiter kümmern. Behalte ruhig den Kaffee servierenden kleinen Mohren in Erinnerung."

Damit hatte er mich verletzt. Toni wiegte anerkennend seinen Kopf, Rul war fassungslos: „Jetzt is der ein König!"

Angelo schaute auf Wallys maskiertes Gesicht, dann zur Dose mit der weißen Schminke. „Heute spielt er wieder, Clara. Maskiert. Wie jeden Samstagabend zur Faschingszeit.“

Zu diesem Zeitpunkt wusste ich noch nicht, was er vorhatte, aber eine Idee schien in ihm zu reifen.

Ich betrat mit Angelo das Zimmer, in dem er mit Adele zusammen gewesen war. Nun standen dort viele Kisten und Koffer mit seinem Besitz. Angelo ging überrascht hin, er entdeckte seine Bücher und seine Kleidung, die türkischen Beutestücke, den wertvollen Dolch. Er nahm ihn heraus, betrachtete ihn und schaute mich dankbar an. Ich lächelte ihm zu. „Ich hab den zuständigen Beamten bei Gericht etwas bestochen. Hier ... Dein Lieblingsstück, Angelo.“ Ich reichte ihm den Stock mit dem Löwenknauf.

Angelo schaute ihn an, dann mich: „Ich bekam ihn von Thurnstein, nachdem ich ihm das Leben gerettet hatte. Er war umzingelt von drei schwarzen Söldnern, die im Dienste der Türken standen. Ich habe drei Schwarze für ihn getötet, Clara.“

Als Toni eintrat, war ich zwar gerade intensiv mit dem Abschluss meines Lebenswerks beschäftigt, aber Tonis Informationen über Mmadi Maké interessierten mich immer. Ich legte die Schreibfeder weg und nahm die schwarze Mappe, auf die ich mit Zierschrift den Titel meines Werks geschrieben hatte – *Der Untergang der weißen Rasse, von Prof. Ernst Hoffmann* –, und schlug sie auf. Die neu beschriebenen Blätter legte ich auf den großen Stoß. Toni stand ungeduldig vor mir, musste es so schnell wie möglich anbringen: „Er sagt, er is ein König. Stellen S' Ihna das vor! Kann des stimmen?"

Ich war nicht sonderlich beeindruckt von dieser Nachricht. „Ich hab's gewusst. Ich hab's immer gewusst."

„Dass ich einmal mit einem König zu tun hab!", konnte sich Toni nicht beruhigen. „Sie gehen übrigens aus, Herr Professor." – „Wer? Wer?" – „Der Herr Soliman und die Gräfin." – „Wohin?" – „Maskenball. Spielsalon."

Ich musste mir etwas überlegen.

Der Faschingsabend. Das Gebäude befand sich in einer noblen Gegend von Wien. Ich musste mir angewöhnen, mich öfters in noblen Gegenden zu bewegen. Jetzt war ich ja wer. Nicht nur Rektor der Universität, sondern auch Minister für Volksgesundheit. Es lag kein Schnee, aber es war sehr kalt. Viele verkleidete Menschen waren auf den Straßen unterwegs. Kutschenverkehr in beiden Richtungen. Auch ich hatte mich verkleidet – ich trug meinen Radmantel, den Hut mit der breiten Krempe und die grausliche Negermaske. Dass ich gleich ausgestattet war wie beim Mord an Adele, befriedigte mich. Noch immer haftete ihm Blut an, das ich in dieser Nacht vergossen hatte, ganz steif war er von all dem Hühner- und Frauenblut. Nur die weißen Federn hatte ich entfernt.

Etliche Kutschen eingeparkt vor einem noblen Haus. Das war also der berühmteste Spielsalon von Wien. Der Eingang stand offen und war hell erleuchtet, ein livrierter Portier stand dort. Ich zog mich in ein dunkles Eck zurück und beobachtete: Droschken hielten an, Maskierte stiegen aus, wandelten die Freitreppe hinauf. Dann endlich kam die Kutsche, auf die ich gewartet hatte: Rul, der neben dem Kutscher saß und den ich als Ersten entdeckte, war als Seeräuber verkleidet und hatte eine Tasche umgehängt. Er stieg ab und öffnete den Kutschenschlag, Mmadi Maké und Gräfin Clara stiegen aus. Beide höchst interessant verkleidet – hätte Toni mir nicht davon berichtet, hätte ich sie nicht erkannt: Mmadi trat als Weißer auf, der als afrikanischer Fürst verkleidet war. Er hatte Gesicht und Hals weiß geschminkt, trug einen Turban, ein kostbar besticktes weißes Kleid sowie weiße Stulpenhandschuhe. Vor dem weiß geschminkten Gesicht trug er eine schwarze Ledermaske, die das Gesicht eines Afrikaners darstellen sollte. Im Gegensatz zu meiner Maske, die zum Fürchten aussah, war seine es keinesfalls. Die Maske war beinah so edel wie sein eigenes Gesicht. Im Gürtel steckte der wertvolle türkische Dolch, den er von Thurnstein erhalten hatte. Das fand ich nun verräterisch, schließlich kamen sie wegen Thurnstein zu diesem Karnevalsabend. War es möglich, dass eine Absicht dahinterstand? Clara war mit schwarzen Kniehosen, weißen Seidenstrümpfen und einer langen schwarzen, schimmernden Jacke als junger Mann verkleidet. Sie trug eine weiß gepuderte Männerperücke und eine rote Maske, die nur Augen und Nase bedeckte. Ihr Mund war rot geschminkt, obwohl sie ja einen Mann darstellte. Reizend sah sie aus. Diese Aufmachung hatte bestimmt ihre Wirkung auf beide Geschlechter. Auch einen Degen hatte sie umgeschnallt, ihre schwarzen Schnallenschuhe glänzten. Mmadi und Clara stiegen die Freitreppe hoch, hinter ihnen

Rul. Ich folgte ihnen. Als es in der Tasche von Rul klimperte, drückte er sie fester an sich, um das Geräusch zu unterdrücken. Heute wollte er wohl alles wagen, mein Protegé.

Ich betrat den Spielsalon, der in schummriges Licht getaucht war. Glücksspiel war zwar eigentlich verboten, aber umso eifriger wurde es betrieben, vor allem das Kartenspiel. An mit grünem Stoff überzogenen Tischen spielten reiche Herren und Damen in Kostümen und Maskierung. Es ging um sehr viel Geld. Sie spielten zu sechst, zu viert, manchmal auch nur zu zweit. Hinter den Herrschaften standen ihre nur mit Augenmasken versehenen Diener mit umgehängten Geldtaschen. Man rauchte Pfeife und trank Champagner – ausschließlich.

Ich begab mich hinter eine Säule auf einen erhöhten Beobachtungsposten. Mmadi, Clara und Rul schauten sich um. Clara sah einen Mann, der als Meeresgott Neptun verkleidet war. Er trug Sandalen und einen lose umgehängten weißen Bart, der Dreizack lehnte neben ihm am Tisch. Hinter ihm stand der kleine David in seinem türkischen Kostüm, wie alle Diener mit umgehängter Geldtasche. Clara und Mmadi nickten einander zu: Dieser Gott Neptun konnte kein anderer sein als Fürst Thurnstein. Er spielte mit einem als dicker Esel verkleideten Mann „Pharao". Clara, Mmadi und Rul traten hinzu. Der Esel nahm seine Maske ab, er schwitzte entsetzlich darunter, wischte sich mit einem Tuch das Gesicht ab und starrte auf Thurnsteins Karten. Dieser deckte seine Karten auf – der Esel hatte wieder verloren. Der Mann stand verärgert auf, verbeugte sich und trat ab. Thurnstein schaute zu David, der die gewonnenen Maria-Theresien-Taler einsammelte, die in der Mitte des Tisches lagen. Vor Thurnstein befanden sich mehrere hohe Münzstapel.

Als er sich nach einem neuen Gegner umsah, fiel sein Blick auf Mmadi. Verdutzt betrachtete er dessen Aufmachung. Mmadi machte eine fragende Geste, Thurnstein deutete auf den freigewordenen Stuhl. Mmadi nahm Platz, Rul stellte sich hinter ihm auf. Der Fürst erhob sich, verbeugte sich leicht vor Clara und zog einen Stuhl für sie zurecht, auf den sie sich setzte. Ich drängte mich durch die Menge flanierender und neugieriger Gäste und stellte mich hinter David. Thurnstein setzte sich wieder und schaute Mmadi an: „Ihre Maskerade, muss ich zugeben, macht mir ja keine rechte Freude, mein Herr."

„Sie haben Vorurteile gegenüber Afrikanern, Monsieur?", antwortete Mmadi mit aufgesetztem französischem Akzent.

„Solange sie in Afrika bleiben, ist mir alles recht. 10.000?"

Rul erschrak. Ich wusste, in seiner Tasche waren sicher nicht mehr als 1500. Mmadi wusste sich aus der Schlinge zu ziehen: „Macht es Ihnen etwas aus, wenn wir mit 1000 beginnen? Ich bevorzuge es, klein anzufangen."

„Sei's drum, Afrika ist ein armer Kontinent."

„Ich verrate Ihnen ein Geheimnis: In Afrika liegen ungehobene Schätze."

„Die können mir gestohlen bleiben."

Mmadi gab Rul einen Wink, der holte die Münzen aus der Tasche und schob sie in die Mitte des Tisches. David tat es ihm gleich. Thurnstein legte Mmadi den Kartenstoß hin, dieser mischte, ließ abheben und teilte die Karten aus. Während des Spieles beobachtete Thurnstein immerzu Clara. Der vermeintliche junge Mann schien ihm außerordentlich zu gefallen. Er lächelte Clara zu, die mit ihren kirschroten Lippen zurücklächelte. Thurnstein verlor das erste Spiel, doch erweckte er nicht den Anschein, dass ihn das sonderlich interessieren würde. Vielmehr interessierte ihn Clara.

Mmadi ließ den Einsatz, wo er war. „2000."

Thurnstein stöhnte auf. „Aber das ist doch langweilig!" Er wandte sich zu Clara. „Sind Sie so kostspielig, junger Mann?"

Clara neigte lächelnd den Kopf. Mmadi antwortete kühl: „Wird schon noch interessanter werden, Monsieur Gott Neptun."

David schob Thurnsteins Münzen in die Mitte, Thurnstein mischte und gab, sie spielten wieder, Thurnstein sehr unkonzentriert. Er stieß absichtlich am Dreizack an, der in Richtung Clara fiel. Als sie sich bückte, um ihn aufzuheben, bückte sich auch Thurnstein, ihre Gesichter waren sich sehr nahe. „Wollen Sie den Abend nicht lieber mit einem Gott beschließen?", fragte er sie, ohne seine Stimme zu mäßigen.

„Wir werden sehen. Die größeren Chancen hat der Gewinner", sagte sie, als sie ihm den Dreizack überreichte. Diese Antwort hatte ich erwartet.

Beide erhoben sich wieder. Mmadi legte sein Blatt auf – hatte erneut gewonnen. „Ich glaube, ich muss mich doch anstrengen", sagte Thurnstein erstaunt und zwinkerte dabei Clara zu. Sie zwinkerte zurück, streckte ihr Bein aus und strich ihm über die Wade. Angelo gab, Thurnstein griff nach Claras Fuß.

Inzwischen hatten sich viele Zuschauer um den Tisch versammelt, die gespannt das Spiel verfolgten. Mmadi hatte schon sehr viel Geld gewonnen, wohl an die 30.000, das als Haufen neben ihm lag. Rul war begeistert. David schob viel Geld für Thurnstein in die Mitte. Der Fürst schaute Mmadi herausfordernd an, dieser wollte gleichziehen und setzte den Großteil des gewonnenen Geldes. Mmadi legte die Karten auf den Tisch, schaute Thurnstein an. Auch er deckte seine Karten auf – und hatte gewonnen. Die Zuschauer raunten.

Clara schnappte sich bei einem vorbeigehenden Kellner ein Glas Champagner vom Tablett und stürzte es hinunter. Thurnstein nahm nur einen Teil seines Geldes zu sich. „So wendet sich das Glück, mein afrikanischer Freund." Er deutete in die Mitte des Tisches. „Das dürften 10.000 sein. Ziehen Sie mit?“

Mmadi blickte auf sein Geld. „10.000 hab ich leider nicht mehr, Monsieur Neptun.“

„Ich gebe Ihnen gern Kredit. Mit einer kleinen Bedingung allerdings.“ Mmadi schaute ihn an. „Ein Diner mit Ihrem jungen Freund. Heute Abend noch.“

Clara war beunruhigt, aber Mmadi gab sie dem Erzfeind nicht preis. „Mein junger Freund ist mir sehr teuer. Zu teuer. Das können auch Sie sich nicht leisten, Monsieur.“

„Dann ist das Spiel bedauerlicherweise beendet, mein Herr.“

Thurnstein wollte aufstehen, aber das konnte ich nicht zulassen. Ich legte einen schweren Geldbeutel vor Mmadi hin. Er drehte sich verwundert nach mir um, erblickte mich aber nicht mehr, da ich sofort wieder zwischen den Leuten verschwunden war. Thurnstein hingegen hatte mich gesehen und war sichtlich irritiert. Er musste wohl an ein Zusammenspiel zwischen dem schönen und dem hässlichen Neger geglaubt haben. Das schien ihn aber weniger zu beunruhigen als zu reizen.

Mmadi blickte verwirrt auf meinen Beutel, schaute sich nochmals suchend um. Thurnstein lächelte und setzte sich wieder zurecht. Mmadi leerte meinen Beutel in der Mitte des Tisches aus und schob sein eigenes Geld dazu. Thurnstein mischte die Karten und gab. Sie spielten. Eine Traube von Menschen verstellte mir die Sicht, ich musste mich vordrängen. Thurnstein verlor alles. Rul atmete auf, die Zuschauer applaudierten. Clara küsste Mmadi erleichtert auf die Wange.

Thurnstein schien den Humor verloren zu haben. Er wandte sich an David. „Wie viel haben wir noch?“ – „25.000, Durchlaucht.“ – Thurnstein schaute Clara an, diese lächelte herausfordernd und fuhr sich mit der Zunge über die

Lippen. Thurnstein wandte sich an Mmadi. „Gegen alles, was Sie gewonnen haben.“

Die Zuschauer stöhnten auf. Mmadi nickte und schob seinen Geldhaufen in die Mitte des Tisches. Rul war entsetzt. Thurnstein schaute Clara an, nahm David die Tasche weg und leerte den Inhalt dazu. Sie begannen zu spielen. Immer mehr Zuschauer versammelten sich. Thurnstein verlor erneut. Die Zuschauer schrien auf und applaudierten. Rul zelebrierte einen Freudentanz. Thurnstein stand abrupt auf und verließ den Tisch ohne seinen Dreizack. Clara atmete durch, die Erleichterung war ihr anzusehen. David schaute zu Mmadi, lächelte leicht und folgte dann seinem Herrn. Rul schob das gewonnene Geld in die Tasche, Mmadi entriss sie ihm und hielt Ausschau nach mir. „Halten Sie bitte Ihre Hände auf“, bat er mich, als er mich entdeckt hatte. Ich gehorchte unwillkürlich dem Befehl und Mmadi schüttete mir Münzen auf die Hände, die davon übergingen. Münzen kollerten zu Boden.

Rul war schon zur Stelle und hob das Geld schnell auf. Er nahm Mmadi die Tasche weg, gab die Münzen hinein und wandte sich an mich: „Des reicht, was Sie schon haben! Mehr ham Sie ihm ned gliehen!“ Ich gab die Münzen in die Taschen unter meinem Mantel. Clara kam auf mich zu und schaute mich misstrauisch an.

„Warum haben Sie mir so viel Geld geliehen?“, wollte Mmadi von mir wissen.

Ich verstellte meine Stimme: „Zwei Afrikaner in Wien müssen doch zusammenhalten, nicht?“

Mmadi starrte mich an, dann hielt er Ausschau nach Thurnstein. „Entschuldigen Sie, ich habe etwas zu erledigen.“ Er eilte Richtung Ausgang, Clara und Rul ihm nach. Das wollte ich nicht verpassen.

Hinterherlaufend und Leute beiseitestoßend erreichte ich fast gleichzeitig mit Mmadi, Clara und Rul den Treppenabsatz. Thurnstein ging eben die Treppe hinunter, hinter ihm David. Der Fürst riss sich wütend den Bart herunter und warf ihn weg. Als Thurnstein und David bei der untersten Stufe angelangt waren, sprang Mmadi ihnen nach, mehrere Stufen auf einmal nehmend. Clara und Rul folgten. Unten packte Mmadi den Fürsten, zog seinen türkischen Dolch und setzte ihn Thurnstein an die Kehle. David schaute ganz ruhig zu. Mmadi schien zu allem entschlossen: „Wer hat meine Adele umgebracht? Wer?"

Maskierte gingen an ihnen vorbei und sie taten so, als wäre nichts. Thurnstein starrte Mmadi fassungslos an, der riss sich die Maske herunter und warf sie zu Boden. Der Fürst starrte in sein weißes, verschwitztes Gesicht und erkannte ihn: „Angelo!"

„Heraus damit! Los! Wer hat sie umgebracht?"

„Das weiß ich doch nicht!"

„Hast du die Hühner gekauft?", wandte Mmadi sich an David, der natürlich nicht verstehen konnte, worum es ging. Es war unglaublich: Dieser unschuldige Schwarze, dieser Mmadi Maké glaubte mir alles, jedes Wort! Er drückte Thurnstein den Dolch ein Stück in den Hals, ein Blutstropfen quoll hervor. „Zum letzten Mal", drohte er ihm, „wer hat sie umgebracht?"

Thurnstein war in Todesangst. „Ich habe nichts damit zu tun, Angelo!"

Mmadi schrie vor Rage in seiner Muttersprache, dann holte er aus und wollte Thurnstein den Dolch in den Hals stoßen. Da fiel ihm Clara in den Arm. „Nein! Nicht!"

Mmadi stieß sie zurück. „Ich bringe das jetzt zu einem Ende! Er hat dich genauso gedemütigt!" Er packte Thurnstein wieder. David schaute seelenruhig zu.

Thurnstein sank in Todesangst auf die Knie. „Bitte nicht! Bitte nicht, Angelo! Ich schwöre dir, ich habe nichts damit zu schaffen!"

Clara packte Mmadi und zog ihn von Thurnstein weg, rüttelte ihn. „Mmadi! Tu es nicht! Tu es nicht!“

Mmadi schaute sie an und kam zur Besinnung. Er ließ den Dolch sinken. Thurnstein brach zusammen, David schaute mit Genugtuung und Verachtung auf ihn. Rul stand schon hektisch am offenen Kutschenschlag und deutete Mmadi und Clara sich zu beeilen. Die beiden stiegen ein, Rul schloss die Tür, sprang zum Kutscher auf den Bock und trieb ihn zur Eile an. David lief an mir vorbei und rannte zur Kutsche, deren Pferde schon losgaloppiert waren. Der Junge rannte neben ihr her und blickte flehentlich Clara an, die aus dem Fenster schaute. Sie öffnete die Tür und zog ihn hinein. Die Kutsche raste davon. Es begann zu schneien.

Im „Roten Hahn“ angekommen, hatte David von Wally ein Nachthemd erhalten und lag jetzt in ihrem Bett. Sie deckte ihn liebevoll zu. Ich stand daneben, immer noch verkleidet als junger Mann, nur die Augenmaske hatte ich abgenommen. David war unendlich dankbar. „Das werd ich Ihnen allen nie vergessen. Nie!“

Ich trat hinzu und fuhr ihm durch die Haare. „Ich kann dir gar nicht sagen, wie froh ich bin. Jetzt sind wir ihn beide los.“ Ich setzte mich zu ihm aufs Bett. „Sag, es hat niemand im Thurnstein’schen Haushalt damals Hühner am Naschmarkt eingekauft? Als Adele ermordet wurde?“

David schüttelte den Kopf. „Nein, bestimmt nicht. Thurnstein isst nur Wachteln und Fasane. Er hasst Hühner.“ Mir kam das eigenartig vor. Hoffmann hatte Angelo befreien lassen. Warum sollte er also lügen? Hasste er Thurnstein aus irgendeinem Grund?

„Ich muss eine Arbeit finden. Und eine Unterkunft“, sagte David.

Wally küsste ihn auf die Wange. „Ein achtjähriger Junge braucht nicht zu arbeiten. Wir sorgen schon für dich.“

„Das will ich aber nicht!“, wehrte David sich. „Ich bin klein, ich kann durch Schornsteine kriechen. Sie suchen immer Kaminkehrer in Wien.“

Wally legte noch eine Decke über David und nahm den Kerzenständer. „Schlaf dich zuerst einmal aus, David. Komm, Clara.“

Ich ging ins Zimmer von Adele, das jetzt mein Zimmer war. Und das Versteck von Angelo, solange er sich in Wien aufhielt. Angelo war immer noch weiß geschminkt, hatte sich aber seine eigene Kleidung angezogen, schlüpfte gerade in eine Jacke. Am Fenster waren Eisblumen entstanden.

Ich legte Holz im Kanonenofen nach und ließ die eiserne Tür offen. Angelo stellte sich an den Ofen und hielt seine Hände darüber. Ich stellte mich neben ihn. „Ich glaube, er war es nicht“, sagte er auf einmal. „Ich habe es an seinen Augen gesehen.“

„Nein, er war es sicher nicht. David hat auch keine Ahnung davon.“ Angelo ging zum Bett. Dort lag die große Tasche, daneben die ausgeschütteten Münzen. Das Feuer des Kanonenofens spiegelte sich in ihnen. Das war sehr viel Geld, wahrhaftig. „Jetzt kannst du heimkehren, Angelo. Mit großem Gefolge.“

„Nein, noch kann ich nicht heimkehren.“ Ich ging zu ihm und schaute ihn fragend an. Er beharrte darauf: „Zuerst muss ich meine Ehre wiederherstellen. Ich muss den Mörder finden.“

„Wie? Wie willst du das machen? Du bist vogelfrei, du musst fliehen! Sie bringen dich sonst um!“

Angelo setzte sich aufs Bett, fuhr über die Münzen, drehte sich dann zu mir: „Warum nehmen Sie so Anteil an meinem Schicksal, Clara?“

Jetzt fing er wieder damit an! „Das weißt du nicht?“

Er schüttelte den Kopf. Ich setzte mich zu ihm. „Es begann mit einem kleinen Mohren. Du warst kaum zwei Wochen weg von Sizilien, da sagte meine Mutter zum Hauslehrer: ‚Alt wird der Kleine sicher nicht, dort oben im Norden. Zu kalt, zu feucht. Kleine Mohren sterben in Wien.‘ Das war so furchtbar für mich! Ich hörte dich immer husten. Ich hatte solche Angst um dich.“

Er blickte mir kühl in die Augen. „Aber dann hast du den kleinen Mohren vergessen. Ein anderer wurde dir wichtiger. ‚Werter Gott Neptun, wann spielen wir wieder in den Fluten des Meeres?‘“

Ich war erstaunt, denn ich erinnerte mich an diesen Satz. „Du hast meine Briefe an Thurnstein gelesen?“

„Hast du seine gelesen?“

„Natürlich, alle, was fragst du?“

„Ist dir nichts daran aufgefallen?“

Ich verstand ihn beim besten Willen nicht.

Er bohrte nach: „Die kleinen Springböcke, die hast du nicht gesehen?“

„Die Springböcke? Natürlich. Die hast du gezeichnet, nicht wahr?“

„Ja, die habe ich gezeichnet.“

„Ich fand sie bezaubernd! Ich freute mich darüber. Ein Zeichen von dir.“

„Und – was noch?“, gab er nicht nach.

Es war zum Verzweifeln. „Ich versteh dich nicht! Worauf willst du hinaus?“

Angelo stand auf, ging zum Ofen und schaute ins Feuer. „Sie enttäuschen mich, Gräfin.“

Ich blickte auf diese einsame, dunkle Gestalt mit dem geweißten Gesicht – und plötzlich begriff ich. „Du hast diese Briefe geschrieben?“

„Richtig, Gräfin“, sagte er, ohne sich zu mir umzudrehen, „ich war Thurnsteins Sekretär, schon mit zwölf Jahren. Ich habe deine Briefe gelesen und ich habe sie beantwortet. Ihm war beides zu lästig.“

Ich war ganz aufgelöst. „Du hast all diese schönen, zärtlichen, poetischen Briefe geschrieben?“ Angelo nickte. Gott, wie war ich töricht! Und eingebildet! Was hätte ich mir nicht alles erspart! Was hätte ich uns beiden nicht alles ersparen können?! Meine Augen füllten sich mit Tränen. Ich stand auf. „Ich war blind! Blind! Eine dumme, oberflächliche Gans! Verzeih mir, Angelo! Verzeih mir, bitte!“ Angelo drehte sich um und schaute mich ruhig und resigniert an. Ich wischte mir mit beiden Händen die Tränen ab. Schicksal. Schicksal! Dabei war es doch ganz einfach! Ich ging zu ihm. „Ich wollte den, der diese Briefe geschrieben hat. Also wollte ich in Wahrheit dich."

„Mag sein, Gräfin. Als Spielzeug. Ich bin für euch alle immer nur ein Spielzeug."

„Ja, vielleicht, als ich ein Kind war, aber jetzt nicht mehr. Als du auf mich zugeritten kamst, bei der Spinnerin am Kreuz, da wusste ich: Du bist es, und kein anderer."

Er mied meinen Blick. „Jetzt scheint es aber doch ein anderer zu sein. Ich kann großes Verständnis dafür aufbringen. Die Mätresse eines Kaisers zu sein, das ist etwas Bedeutungsvolles." Ich senkte den Kopf. Er hatte ja recht! „... Hingegen ein schwarzer Diener, ein Sklave ... Das ist unmöglich. Das ist einzusehen."

Nun packte mich doch die Wut: „Ich war in deinem Zimmer! Ich bin zu dir gekommen!"

„Ich nehme an, Gräfin wollten auch einmal das Fleisch des Mohren ausprobieren." Angelo nahm Stock, Hut und einen langen, dunklen Mantel. „Ich muss weg von hier, ich bringe euch alle in Gefahr. Es wird nicht lange dauern, bis die Polizei euch aufsucht. Nimm bitte das Geld an dich."

Weiß geschminkt und mit Hut saß ich unter der Brücke bei Josip am Lagerfeuer und war verzweifelt. Es war sehr kalt und schneite leicht. Ein paar Leidensgenossen von Josip schliefen eingerollt in Decken am Feuer. Josip hatte seine Decke um die Schultern und hockte auf seinem Brett. Er schüttelte immer nur den Kopf, lange sagte er nichts, dann begann er zu sprechen: „Die weiße Maskerade hilft Ihnen nichts, Herr Soliman. Nicht auf die Dauer. Sobald der Fasching vorbei ist, sind Sie erledigt. Dann baumeln Sie."

Ich starrte vor mich hin, schaute ihn schließlich an: „Was soll ich tun? Was soll ich tun?"

„Ich hab noch Verwandte in der Heimat", fiel ihm ein. „Mein Vater war dort Fuhrunternehmer. Ich wollte aber lieber in Wien die Juristerei studieren. Vor 30 Jahren bin ich hierhergekommen, hab nebenbei als Fuhrmann gearbeitet, um Geld zu verdienen. Dann ist mir ein Wagen über die Beine gefahren."

„Warum bist du nicht nach Hause zurück?"

„Ohne Beine? Nein, das wollte ich meiner Familie nicht antun. Aber wenn Sie mich begleiten würden ... Wenn ich als Ihr Diener auftreten könnte. Der Diener eines noblen Herren ... Es wär uns beiden geholfen."

„Ich kann nicht dorthin gehen, Josip. Verzeih."

„Nein, natürlich nicht. Das war vermessen von mir. Entschuldigen Sie."

Eine dunkle Gestalt näherte sich von oben, ich zog meinen Hut in die Stirn. Der Mann trat in das Licht des Feuers. Es war Toni. „Die Wally und der Rul schicken mich. Eine Nachricht is kommen. Die Wally soll in einer Stund an einer bestimmten Ecke warten. Ein Kunde lässt sie da abholen." Ich starrte ihn an. Toni schien dasselbe zu denken wie ich: „Muss ja nix zu bedeuten haben, aber ein bissl komisch ist das schon. Wer lässt um drei Uhr in der Früh eine Hur zu sich bringen?“

„Das ist eine Falle, Herr Soliman!“, war Josip sich sicher.

Ich stand auf. „Los, komm, Toni!“

Wir machten uns auf den Weg. Josip schüttelte seine Decke herunter, folgte uns auf seinem rollenden Brett: „Wartets! Ich komm mit!“

***

Es schneite jetzt stärker. Toni, Josip und ich hatten uns in einem Hauseingang versteckt, um Wally im Blick behalten zu können. Sie stand aufgeputzt und frierend am Eck einer dunklen Gasse an die Mauer gelehnt. Ein älterer, wohlbeleibter und angetrunkener Mann kam von der anderen Seite der Gasse zu ihr: „Hast Zeit?“

Sie zog ihre Perücke wie eine Haube fester über den Kopf. „Nein, heute nicht. Leider.“ Der Mann nickte gleichmütig und ging weiter, ohne beleidigt zu sein.

Nach einer Weile kam eine Kutsche aus unserer Richtung gefahren, ich wich in den dunklen Hauseingang zurück. Rul streckte die Hand aus und Josip reichte ihm das rollende Brett. Auch Toni war da, hatte sich ganz ins Eingangseck gedrückt. „I halt mi da heraus, is des recht, Herr Soliman?“, flüsterte er. Ich nickte ihm zu.

Die Kutsche fuhr langsam an uns vorbei. Der Kutscher war nur als schwarze Silhouette zu erkennen, trug Mantel und Hut, wie alle zu dieser Jahreszeit. Von hinten lief ich gebückt aus dem Hauseingang an die Kutsche heran, glitt unter sie und hielt mich am Gestänge fest, die Beine verspreizte ich in der Hinterachse. Rul hängte sich auf Josips Brett an die Hinterseite der Kutsche. Die Pferdehufe und die Räder machten so einen Lärm auf dem Boden, dass der Kutscher das rollende Brett sicher nicht hören konnte. Die Kutsche hielt bei Wally an. „Einen Gulden im Voraus, wenn's recht is", hörte ich ihre Stimme, kurz darauf stieg sie ein. Der Kutscher schnalzte mit den Zügeln und trieb die Pferde an.

Es dauerte nicht lange und wir fuhren in den kleinen Innenhof eines Vorstadthauses. Im heruntergekommenen und sonst unbewohnt wirkenden Stöcklgebäude schien schummriges Licht aus einem Fenster mit nachlässig geschlossenen Vorhängen im ersten Stock. Die Kutsche hielt an, Wally stieg aus. Außer Kräften glitt ich an der Rückseite unter der Kutsche hervor und klopfte Rul auf die Schulter. Er nahm das Brett unter den Arm und wir versteckten uns hinter im Hof stehendem Gerümpel.

Wally schaute fragend zum Kutscher, der deutete auf das erleuchtete Fenster im ersten Stock. Sie trat ins Haus. Der Kutscher stieg vom Bock. Im fahlen Licht des Schneefalls war seine furchterregende Negermaske zu erkennen – der Mann aus dem Spielsalon! Er ging zur Gepäckskiste auf der Rückseite der Kutsche, öffnete sie und holte einen zugedeckten Korb hervor. Leises Gackern war zu hören. Ich schaute Rul an. Gewissheit ergriff mich – das sollte eine Falle für mich sein.

Der Mann verschwand mit dem Korb im Gebäude. Wally war in großer Gefahr. Das konnte ich nicht zulassen! Unter dem beleuchteten Fenster befand sich ein Holzschuppen mit schrägem Dach. Das war es! Ich beugte mich zu Rul und flüsterte ihm zu: „Ich komme durchs Fenster. Du gehst die Stiege hoch. Aber warte herunten, bis sie beide in der Wohnung sind." Rul nickte, schaute sich um, nahm einen Holzknüppel, lief schnell zum Eingang und verschwand darin. Ich selbst kletterte ein Stück an den Holzsprossen des Schuppens hoch, legte meinen Stock leise aufs Vordach, zog mich hinauf und kroch mit dem Stock in der Hand zum Fenster.

***

Was ich durch einen Spalt des Vorhangs erblickte, war ein vollkommen leeres Zimmer. An den Wänden entlang standen brennende Kerzen am Boden. Inmitten der Szene verharrte die angsterfüllte Wally. Der Mann mit der Maske trat ein. Wally starrte mit vor Schreck geweiteten Augen auf den Korb in seiner Hand. Der Unheimliche stellte den Korb ab, versperrte die Tür hinter sich, dann nahm er das Tuch vom Korb. Vier aufgeregte Hühner kamen zum Vorschein. Der Mann schaute Wally mit glühenden Augen an. „Der Hendel-Herr ist wieder da", hörte ich ihn mit heiserer Stimme durch das Fenster. Wally war vor Angst keiner Bewegung mächtig. Der Mann öffnete die Tür des Käfigkorbs, die Hühner flatterten gackernd heraus. Er zog ein langes Messer und ging damit langsam auf Wally zu. Nun bewegte sie sich endlich, wich in eine Ecke zurück.

Es war an der Zeit. Ich stemmte mich mit den Armen auf den Sims und sprang durch das geschlossene Fenster in das Zimmer. Scherben flogen, die Vorhänge flatterten, bauschten sich auf. Der Hendel-Herr erschrak. Die Tür wurde eingetreten, Rul kam mit seinem Holzknüppel in den Raum. Ich zog das Florett aus meinem Stock. Der Hendel-Herr wich an die Wand zurück, stolperte über die Hühner, die gackernd auseinanderrannten. Jetzt hatte ich ihn! „Nehmen Sie Ihre Maske ab!"

Der Hendel-Herr starrte mich an. Dann stieß er mit der Ferse eine der Kerzen auf dem Boden um. Die Flamme entzündete eine Spur aus Schwarzpulver, die an allen vier Wänden entlang, aber auch in mehreren Linien durch den Raum verlief. Blitzartig zischten Flammen hoch und loderten dem ausgestreuten Pulver nach. Wally, Rul und auch ich erschraken furchtbar. Die Hühner flatterten panisch durch das Zimmer. Das aufflammende Schwarzpulver zwang mich in die Mitte des Raumes. Durch die Hitze schmolz meine weiße Schminke und rann mir von Gesicht und Hals. Wally wurde von einer auflodernden Feuerlinie eingeschlossen. Rul stand noch in der Tür, außerhalb des Flammenmeers. Er streckte die Hände aus: „Wally! Zu mir her!"

Wally hatte Angst, sie traute sich nicht, zögerte. Da erschien ein Mann, der ein Halstuch über Mund und Nase gezogen hatte, hinter Rul und versenkte einen Dolch in seinem Rücken. Danach verschwand er sofort wieder. Rul sank zu Boden. Wally schrie entsetzt auf, sie wollte zu Rul, aber vor ihr loderte eine immer dichter werdende Feuerwand auf. Ich sah gerade noch, wie der Hendel-Herr einen aus der Wand ragenden Hebel betätigte, da tat sich der Boden unter mir auf und ich stürzte samt Florett und Stock in die Dunkelheit.

Ich prallte auf den Grund, der erstaunlich weich war. Ich kniete mich auf und beobachtete den Flammenschein über mir: Langsam schien das Feuer zu erlöschen, das Schwarzpulver zu Ende zu gehen. Die Luke, durch die ich gefallen war, schloss sich wieder. Ich kroch tastend am Boden Richtung Fenster. Lauter weiche, feuchte Dinge waren am Boden unter mir. Plötzlich ertastete ich eine Kralle. Eine Hühnerkralle! Angeekelt ließ ich sie fallen. Ich riss den Vorhang vom Fenster – davor ein enges Eisengitter. Ich war in der Falle!

Ich richtete mich auf und schaute ins Dämmerlicht hinaus. Noch immer schneite es. Links vom Fenster war der hölzerne Vorbau des Holzschuppens. Und jetzt fiel jemand krachend auf das Dach des Schuppens, kollerte herunter, erhob sich unverletzt und griff nach etwas, das er verloren hatte. Es schaute aus wie eine Maske. Ja, es war Wally, die aus dem Fenster gesprungen war! Sie hob die Maske auf und lief hinaus auf die Straße. Der Mann mit dem Tuch über Mund und Nase tauchte auf und verfolgte sie. Seitlich an meinem Fenster erschien eine Silhouette: Der Hendel-Herr hob grüßend die Hand gegen mich, dann ging er seelenruhig Richtung Ausgang zur Straße. Nach einer Weile hörte ich die Kutsche wegfahren.

Ich richtete mich auf, griff wieder in weiche Teile, in Federn, in Schlüpfriges. Im weißen Schneelicht, das durch das Fenster schien und an das sich meine Augen nun langsam gewöhnten, sah ich es: An meinen Händen klebten Federn und Blut. Um mich dasselbe Szenario wie schon einmal! Eine aufgeschnittene, verstümmelte Frau, zerfetzte Hühner. Ich stöhnte verzweifelt auf. Dann wankte ich zur Tür, rüttelte daran, warf mich mehrmals vergeblich dagegen.

Draußen waren Hufe zu hören. Ich lief zum Fenster und sah sie kommen: Vier Polizisten ritten in den Innenhof, sprangen von ihren Pferden, verschwanden im Hauseingang. Ich schaute mich panisch um. Schon rüttelten sie an der Tür, warfen sich dagegen. Ich stand im Raum, wusste keinen Ausweg. Zwei Polizisten erschienen draußen im Hof, suchten aus dem Gerümpel einen schweren Pfosten heraus und verschwanden damit im Haus. Kurz darauf erschallten schwere Stöße gegen die Tür. Sie begann zu beben und zu zersplittern.

Die Falltür – mein letzter Ausweg! Ich schaute hoch, griff nach Stock und Florett, schob die Waffe hinein und steckte mir den Stock in meinen Gürtel. Ich sprang nach oben, krallte mich mit den Fingern in die Fuge eines Deckenbalkens neben der Falltür, zog mich hinauf, verspreizte meine Beine am nächsten Balken, stieß mit einem Fuß an die Falltür – sie öffnete sich ein Stück. Mit aller Gewalt trat ich dagegen, und die Falltür flog hoch. Ich zog mich nach oben und schloss die Falltür. Im Zimmer unter mir zerbarst die Eingangstür nun endgültig. Durch Fugen der Falltür sah ich das Lampenlicht der Polizisten herumgeistern.

Darauf bedacht, kein Geräusch auf dem Boden zu machen, schlich ich mich durch das Zimmer in das Stiegenhaus und die Treppe hinunter. Beim Verlassen des Hauses konnte ich noch hören, wie einer der Polizisten sagte: „Der schwarze Teufel hat wieder zugschlagen!“

Im Innenhof band ich eines der Pferde los und führte es durch den Durchgang auf die Straße. Dort sprang ich auf das Pferd und wollte losreiten, da trat plötzlich Wally aus einem Hauseingang, hielt die Maske des Hendel-Herrn in der Hand. Ich zog sie vor mich aufs Pferd und galoppierte davon.

***

Eine Stunde später, der Morgen graute schon, waren wir bereits beim Josephsstöckl im Augarten angelangt. Im „Roten Hahn“ hatten wir Clara unterrichtet, sie war uns in einer Droschke gefolgt. Wally und ich reinigten uns die Gesichter mit Schnee. Die Rußspuren an uns waren schnell beseitigt, aber das Blut und die Hühnerfedern an meiner Kleidung und die weißen Schminkereste in meinem Gesicht schafften mir ziemliche Mühe. Die unheimliche Maske des Hendel-Herrn lag neben Wally im Schnee.

Claras Stimme ließ mich hochschrecken. Sie stand am Eingang vor zwei der Gardisten, die Gewehre mit Bajonetten in den Händen hielten. Die beiden starrten mit großer Angst in den Augen zu mir. „Sie melden mich auf der Stelle Seiner Majestät!“, wurde Clara wütend. Die Gardisten schauten sich an, schoben Clara beiseite und gingen mit angelegten Waffen auf mich zu. Von einem Eck des Gebäudes liefen drei weitere Gardisten mit angelegten Gewehren heran. Ich entfernte mich von Wally und hob die Arme. Der Kaiser trat aus dem Eingang, hinter ihm erschien ein Sekretär mit Akten. Clara stürmte auf Joseph zu. „Majestät, er ist unschuldig! Und er kann es beweisen!“

Und dann saßen wir alle in seinem Salon. Joseph betrachtete die Maske auf dem Tisch und nahm dann Wallys Hand. „Sie sind eine wunderbare Frau, Wally, ich wusste es immer. Sie sind sogar bereit, für Ihre Freunde Ihr Leben einzusetzen.“ Wally lächelte mit verweinten Augen. Der Kaiser küsste ihre Hand. „Sie dürfen nicht glauben, dass ich Sie vergessen habe. Aber nun bin ich Alleinherrscher, die Arbeit am Staat verschlingt mich mit Haut und Haar, 24 Stunden am Tag.“ Wally nickte nur.

Die Tür öffnete sich. „Majestät, der Polizeimeister!“, meldete ein Diener.

Joseph winkte, der Diener zog sich zurück und der Polizeimeister betrat mit einem Akt unter dem Arm den Salon. Er verbeugte sich vor Joseph. „Majestät, es ist alles so, wie Herr Soliman und die Frau Wally ausgesagt haben. Der Hendel-Herr hatte offenbar schon vermutet, dass Frau Wally nicht allein kommen würde. Und hat deshalb mit Schwarzpulver eine Feuerfalle gebaut.“ Er zog ein Blatt hervor. „Dieses Muster hat sich in den Boden eingebrannt.“

Der Polizeimeister übergab Joseph das Blatt, der es anschaute und an mich weitergab. Erstaunt studierte ich die Zeichnung. Im Feuer stehend hatte ich das Muster nicht erkennen können. Ich blickte den Kaiser an: „Das ist das wichtigste Symbol der Freimaurer. Ein Pentagramm. Das Zeichen des Lebens. Aber so“, ich drehte das Blatt um, „auf die Spitze gestellt, ist es das Zeichen des Todes.“

Der Polizeimeister meldete sich zu Wort. „Majestät, Herr Soliman hat recht. Von der Tür aus betrachtet, ist das im Boden eingebrannte Pentagramm auf die Spitze gestellt. Die Absicht ist eindeutig."

Ich versuchte weiter, den Kaiser aufzuklären: „Majestät, dieser Unmensch ist entweder ein Freimaurer oder er will die Freimaurer desavouieren." Ich deutete auf die Maske. „Vermutlich das Letztere", fügte ich hinzu und betrachtete wieder die Zeichnung. „Wahrscheinlich ist es auch eine Botschaft an mich."

Wally wandte sich mit erstickter Stimme an den Polizeimeister: „Mein Rul?"

„Ihr Beschützer ist leider tot, Frau Wally."

Wally schlug die Hände vors Gesicht und schluchzte auf. Clara umarmte sie. Es war alles meine Schuld. Wie konnte ich nur so dumm sein und bewusst in diese Falle laufen? Ich wandte mich an die tapfere Frau: „Es tut mir so leid, Wally. Ich hätte Sie und Rul nicht hineinziehen dürfen."

Wally weinte auf: „Wenn wir ihn wenigstens erwischt hätten, diesen elenden Hund!"

„Wer ist die Ermordete?", fragte Joseph den Polizeimeister.

„Das werden wir wohl nie herausfinden, Majestät. Irgendeine Dirne."

„Gut, ich danke Ihnen. Sie schicken einen Bericht an die Oberste Justizstelle und an das zuständige Gericht. Kopie an mich."

„Sehr wohl, Majestät. Ich darf die Maske mitnehmen?" Joseph nickte, der Polizeimeister nahm die Maske an sich. Dann drückte er ein wenig herum, bis er es aussprach: „Und nun muss ich Sie leider festnehmen, Frau Wally."

Wally schaute ihn verblüfft an, ebenso Joseph: „Herr Polizeimeister, ich höre wohl nicht recht?"

„Das Dirnenunwesen ist gesetzlich untersagt, Majestät. Es ist mir auch nichts von einer Gesetzesänderung bekannt."

Der Kaiser redete sich in einen Zorn hinein: „Also jetzt ...! Hören Sie zu, Herr Polizeimeister! Frau Wally ist keine Dirne, Frau Wally hat die Dirne nur gespielt, um den Mörder in die Falle zu locken! Sie war der Köder!"

„Majestät, ich weiß so ziemlich genau, wer ...", beharrte der Polizeimeister.

Der Kaiser stand empört auf: „Jetzt hol mich doch ...! Ich bürge persönlich für diese Dame, Herr Polizeimeister! Als mir die Zeit es noch erlaubte, war Frau Wally meine persönliche Begleiterin! Sie werden doch nicht annehmen, dass der Kaiser zu einer Dirne geht?"

Der Polizeimeister schlug die Hacken zusammen. „Verzeihen Sie, Majestät." Er verneigte sich steif und verließ den Raum.

Joseph setzte sich wieder, konnte sich kaum beruhigen. „Wo gibt's denn so was?!" Er trank von seinem Tee. „Aber ein tüchtiger, unbestechlicher Beamter, den muss ich mir merken!" Er wandte sich an Wally. „Um Ihren Rul tut es mir sehr leid, Fräulein Wally."

„Danke, Majestät", antwortete sie. Freilich ein schwacher Trost.

Der Kaiser erhob sich: „Herr Soliman!", sprach er mich an. Ich stand auf. „Ihre Unschuld ist erwiesen. Der Richter wird eine dementsprechende Weisung von mir erhalten und das Urteil aufheben. Ich werde diesen Umstand in allen Zirkularen bekanntgeben lassen. Und ich muss mich bei Ihnen entschuldigen. Es war wie ein Anfall von Barbarei. Weil ich so enttäuscht war. Ich habe Ihre Menschenwürde mit Füßen getreten. Ich habe Sie der Folter, der Todesangst und der Zwangsarbeit ausgesetzt. Ich bedaure das unendlich. Verzeihen Sie mir?"

„Das tue ich, Majestät“, sagte ich, wenn auch wenig Überzeugung in meiner Stimme lag.

Der Kaiser reichte mir die Hand: „Ich danke Ihnen.“ Daraufhin wandte er sich an Wally. Sie erhob sich und er küsste ihre Hand. „Wenn ich Ihnen mit einer Sache behilflich sein kann, Frau Wally, Sie wissen, ich halte jeden Mittwoch eine öffentlich zugängliche Audienz ab.“ Wally nickte und verließ den Salon. Ihre Schultern zuckten. Joseph setzte sich wieder, drückte dabei auch mich nieder. Er schaute eine Weile Clara an, dann deutete er auf mich: „Lieben Sie diesen Mann, Gräfin?“

Clara schaute mich an, dann wieder den Kaiser. „Ja, Majestät. Mehr als mein Leben. Aber er glaubt mir nicht.“ – *Mehr als mein Leben*, hatte sie gesagt. Rul hatte sein Leben verloren wegen mir. Wally hatte ihres für mich riskiert.

Der Kaiser schaute mich mit väterlicher Strenge an: „Clara war die einzige Person, die immer an Ihre Unschuld geglaubt hat, Herr Soliman. Ich hätte Sie baumeln lassen, am Galgen, ohne mit der Wimper zu zucken. Sie haben es nur Clara zu verdanken, dass Sie noch am Leben sind. Ihre Befreiung aus der Zwangsarbeit hat sie übrigens ebenfalls organisiert.“ Ich antwortete nicht. Was wollte er? Er schien mir mein Misstrauen und meine Eifersucht anzusehen. „Clara hat für Sie alles aufgegeben, alles. Den Fürstentitel, den Reichtum, das gesellschaftliche Ansehen.“

„Ich verstehe nicht ganz, Majestät, warum Sie sich hier als Kuppler versuchen“, konnte ich nicht an mich halten. „Sie sind nicht mehr interessiert?“

„Clara hat mir schon lange zu verstehen gegeben, dass sie nicht ernsthaft an mir interessiert ist, Herr Soliman. Und zwar wegen Ihnen.“ Und das sollte ich glauben? Meine zweifelnde Miene schien Joseph zu provozieren: „Jetzt legen Sie endlich Ihren unsinnigen Stolz ab! Ich bin auch nur ein Mann! Wieso muss ein Kaiser besser sein als alle anderen Männer? Ich habe mich ihr zu Füßen geworfen! Ich habe sie angejammert! Sie hatte Mitleid mit mir!“

Clara stand empört auf: „Nein, Majestät! Nicht Mitleid! Ich schätze Sie, ich verehre Sie! Sie sind der bedeutendste Mensch, den ich je kennen lernen durfte!“ Dem Kaiser tat das freilich gut. Er stand auf, Clara reichte ihm die Hand zum Abschied und ging zur Tür.

Ich spürte, dass es an der Zeit war zu handeln, sonst würde es zu spät sein. „Clara!“, rief ich. Sie drehte sich um, und ich ging auf sie zu. Es war mir sehr unangenehm vor dem Kaiser, aber ich konnte mit meinem Geständnis nicht länger warten. Auch wenn ich wusste, dass es nicht gut ausgehen würde. Dass es nicht gut ausgehen konnte. „Ich liebe dich, Clara. Ich habe dich immer geliebt.“

Clara weinte auf. Sie fiel mir in die Arme und küsste mich.

Der Kaiser atmete erleichtert auf. „Endlich! So, und nun macht euch fort, ich habe ein Land zu regieren!“

Professor Hoffmann

Ich stand mit dem Direktor des Narrenturms neben dem Eingang des im Auftrag des Kaisers neu errichteten, kreisrunden Gebäudes. Auf von Pferden gezogenen Karren, Leiterwägen und in geschlossenen Arrestantenwägen wurden aus ganz Wien und vom umliegenden Land die Verrückten und Geistesschwachen beider Geschlechter herangekarrt, um im Narrenturm, wie der Volksmund das Gebäude sofort nannte, untergebracht zu werden. Auch missgebildete Menschen mit Wasserköpfen und anderen Verwachsungen befanden sich darunter. Zum Großteil waren sie in Ketten gelegt oder mit Zwangsjacken gefesselt. Es war ein Zug der Elenden dieser Erde. Ich schaute zu, wie diese Narren, dieser Haufen von Idioten und Krüppeln, abgeladen wurden. Manche schrien, manche sangen, manche murmelten vor sich hin, manche stießen unartikulierte Laute aus, manche wehrten sich heftig und wurden geprügelt, andere wiederum ließen sich von den mit Knüppeln bewaffneten Wärtern treiben wie die Lämmer.

Der Direktor gab lautstark seine Anweisungen: „Die ruhigen Wahnsinnigen und die Schwermütigen in die Zellen mit den Holzpritschen! Die Wütenden bekommen nur ein Strohlager und werden an die Wand geschmiedet! Fünf in eine Zelle! Die Unreinen in den obersten Stock, damit sie nicht das ganze Tollhaus vollstinken!“

Der Kaiser kam dahergeritten, gefolgt von seinen beiden Gardisten. Er hielt bei uns an, stieg ab und gab einem der Gardisten die Zügel. Der Direktor und ich verbeugten uns vor ihm. Joseph schaute zu, wie die Verrückten in den Turm gebracht wurden. Ich musste es ihm sagen! So geht das doch nicht! „Majestät, wir sind jetzt schon überfüllt! Ich habe Ihnen immer schon gesagt, dass das Gebäude zu klein konzipiert ist.“

„Hoffmann, warum begreifen Sie mich nicht?", entgegnete er mir. „Ich habe dieses Irrenhaus nicht gebaut, um die Unglücklichen ihr ganzes Leben lang einzusperren! Ich glaube, dass es möglich ist, die meisten von ihnen zu heilen." Ich schüttelte den Kopf, doch der Kaiser hörte nicht auf mich. „Dafür gibt es Beweise, Hoffmann! Ich war in dieser neuen Anstalt in Paris, ich habe mit eigenen Augen gesehen, wie Verrückte und Schwermütige wieder zu ganz vernünftigen Menschen wurden. Ich gebe Ihnen den Auftrag, Hoffmann, zwei Ärzte einzustellen, die jeden Tag Visite halten! Und die Wärter suche ich persönlich aus. Mit den Kranken muss man reden! Zwiesprache, Hoffmann! Und zuhören! Zuhören ist allem voran das Wichtigste!"

„Majestät, wenn Sie erlauben: Wir brauchen trotzdem unbedingt auch die Kammern zu ebener Erde!", meldete sich der neubestellte Direktor zu Wort.

„Nein, Herr Direktor, dahin kommen die Militärirren! Die verrotten in irgendwelchen Kellern in den Kasernen! Das muss ein Ende haben!"

Das ging so nicht! Dieser Kaiser war doch selbst ein Narr! „Majestät, verzeihen Sie, ich habe Sie nicht darum gebeten, mich zum Minister für die Volksgesundheit zu machen! Aber da ich es nun schon bin, muss mir auch eine Meinung erlaubt sein!"

„Habe ich jemals jemanden daran gehindert, seine Meinung zu äußern?"

„Ich sage Ihnen das als Mediziner, der sich sein Leben lang mit dem menschlichen Gehirn beschäftigt hat: Die Irren sind nicht heilbar! Warum sie durchfüttern auf Staatskosten? Es wäre anständiger und vernünftiger, sie zu eliminieren!"

„Seien Sie vorsichtig, Hoffmann! Vielleicht leiden Sie eines Tages auch an einer Gemütskrankheit. Manchmal, so kommt mir vor, seh ich etwas davon bereits in Ihren Augen. Würden Sie dann immer noch für die Eliminierung plädieren?"

„Selbstverständlich, Majestät. Sie entschuldigen mich jetzt, ich habe Vorlesung." Ich verbeugte mich kurz vor dem Kaiser und trat ab. Dieser Narr!

***

Hier im Hörsaal der medizinischen Fakultät war der mir würdige Platz. Auf dem Tisch vor mir lag eine männliche Leiche. Die Schädeldecke hatte ich entfernt, damit das Gehirn zu sehen war. Einen Oberschenkel hatte ich aufgeschnitten, Haut und Fleisch zurückgeschlagen, der Knochen lag frei. Neben dem Kopf der Leiche stand ein Glas, in dem sich ein anderes Gehirn befand. Der Hörsaal war voll, denn meine unkonventionellen Vorlesungen erfreuten sich bei den Studenten großer Beliebtheit. Sie hingen an meinen Lippen.

„Was sagt uns die Leiche dieses Mannes, meine Herren? Was sagt sie uns? Schauen Sie sich diesen Leichnam an. Die Schädelform ist nahezu die eines Affen, das Gebiss ist verfault, er hat eine Vogelbrust, einen schlaffen Bauch mit träger Darmfunktion, ein schlaffes Hinterteil." Ich drehte die Leiche auf die Seite und sprach weiter: „Hämorrhoiden wie Weintrauben, ein krummer Rücken, die Knochen verkalkt und spröde." Zum Beweis riss ich den Knochen heraus – er zersplitterte. „Keine Waden, Plattfüße mit verkümmerten Zehen, das Geschlecht" – ich griff danach – „ein Witz, und – nun kommen wir zur Hauptsache, meine Herrschaften: Schauen Sie sich bitte sein Gehirn an! Sehr dürftig, finden Sie nicht auch? Es gleicht dem eines Affen." Ich deutete mit beiden Händen auf die Leiche. „Das also, meine Herrschaften, ist ein Repräsentant der weißen Rasse! Hier vor Ihnen liegt ein durchschnittlicher Beamter vom kaiserlichen Hofe!" Gelächter der Studenten war die Folge. Ich wusste sie zu nehmen und fuhr fort: „Und jetzt schauen Sie bitte einmal hierher!" Ich hob das Glas mit dem Gehirn in die Höhe. „Sehen Sie das? Vergleichen Sie bitte die beiden Gehirne! Das Gehirn dieses Beamten ist wesentlich kleiner als das hier, nicht wahr? Und jetzt darf ich Ihnen verraten, wem das Gehirn in diesem Glas gehört. Einem Pavian! Einem Affen! Ein Pavian hat ein größeres Gehirn als dieser Repräsentant der weißen Rasse! Was sagt uns das? Was sagt uns das?"

Ein Student hob die Hand und stand auf: „Das sagt uns, Herr Professor, Sie sollten lieber keine Hofbeamten sezieren!"

Gelächter seiner Kommilitonen. Ich stellte das Glas mit dem Paviangehirn ab. „Sie finden das erheiternd? Ich finde das überhaupt nicht erheiternd! Denn wir alle sind so! Wir alle! Jeder Einzelne von Ihnen, und auch ich! Besonders natürlich die Herrschaften, die ihr Leben lang den Müßiggang pflegen und ein lasterhaftes Leben führen! Sie wissen, von wem ich spreche." Viele der Studenten klopften Beifall mit den Fingerknöcheln. „Was für Lehren haben wir daraus zu ziehen? Fällt Ihnen nichts dazu ein? Meine Herren, Sie sind nicht nur hier, um das Heilen des kranken Körpers zu lernen, sondern sich auch Gedanken darüber zu machen, wie man verhindert, dass der Körper überhaupt krank wird. Und wie könnte das vor sich gehen?"

Ein anderer Student meldete sich zu Wort und erhob sich: „Durch Ertüchtigung des Körpers, Herr Professor!"

„Richtig! Durch Ertüchtigung und Abhärtung des Körpers von Jugend auf! Ansonsten sind wir, die gesamte weiße Rasse, zum Untergang verurteilt!" Ich löste die Bremsen des Tisches, auf dem der Leichnam lag, und gab ihm einen Stoß. Er rollte zur Tür, wo ein Universitätsdiener stand. „Schaffen Sie uns diesen Kadaver aus den Augen!“, befahl ich ihm. Der Diener schob den Tisch aus dem Hörsaal. „Und jetzt erzähle ich Ihnen etwas über das antike Sparta! Über Kraft, über Mut, über Gehorsam! Über einen Staat, in dem Parfum verboten war. Es stinkt abscheulich danach in diesem Saal, meine Herren! Ich ersuche, mich in Zukunft damit zu verschonen!“

Später lagen Angelo und ich im Zimmer im „Roten Hahn". Ich streichelte die Narben an den Innenseiten seiner Oberschenkel. „Vor 20 Jahren hab ich diese Narben zum ersten Mal berührt. Was bedeuten sie? Ich habe dich damals nicht verstanden."

„Sie sind ein Zeichen der Würde."

Ich rutschte hinunter und küsste die Narben. „Mein König. Mein geliebter König."

Er zog mich zu ihm hoch und küsste mich: „Meine Königin! Willst du mit mir nach Afrika gehen und dort meine Frau werden?"

„Ich gehe mit dir bis ans Ende der Welt! Wohin immer du willst! Aber heiraten werden wir in Wien, Angelo."

„Das wird kaum möglich sein, Clara."

„Die Wiener sollen wissen, dass ich dich liebe. Und wenn sie sich noch so das Maul zerreißen."

***

Ohne die Hilfe des Kaisers konnten wir das Vorhaben, in Wien zu heiraten, keinesfalls umsetzen. Joseph erhielt selbstredend eine Audienz bei Kardinalerzbischof Migazzi, dennoch war es kein leichter Gang für ihn. Hinzu kam, dass sich der Kardinalerzbischof erdreistet hatte, den Kaiser im Vorzimmer warten zu lassen und wie einen Bittsteller zu behandeln, wie er uns anschließend berichtete. Migazzi war augenscheinlich verärgert über den Kaiser, ließ der ihn doch monatelang mit der Beantwortung seiner Eingaben warten. Überdies war er verstimmt, weil für ihn die Aufhebung der Klöster und die Einziehung von deren Besitztümern und Vermögen nicht nur kirchen-, sondern auch staatsrechtlich betrachtet einem räuberischen Eingriff gleichkamen, der Kaiser sich wie ein protestantischer Fürst vor 150 Jahren verhalten würde. Indes bezog sich dieser Erlass nur auf Klöster, die nicht im Kranken- oder Schulwesen tätig waren. Als Joseph schließlich die Erlaubnis zur Hochzeit von Angelo und mir einholen wollte, hatte Migazzi zuerst mit eisigem Schweigen, sodann auf Nachfrage mit entschiedener Empörung reagiert. Für ihn waren wir nur der schwarze Hendel-Herr und die treulose, moralisch verkommene geschiedene Ehefrau des Fürsten Thurnstein. Joseph hatte den Kardinalerzbischof über Angelos erwiesene Unschuld in Kenntnis gesetzt und ihm entgegnet, dass die moralischen Qualitäten des Fürsten Thurnstein mehr als zweifelhaft waren. Aber Migazzi fand es schlichtweg ungeheuerlich, dass ein Afrikaner – aus seiner Sicht ein Primitiver also – eine weiße Adelige heiraten wollte. Der Hinweis des Kaisers, dass Angelo sieben Sprachen beherrsche und es in den Naturwissenschaften zu Universitätsreife gebracht habe, fand wenig Glauben. Als Joseph schließlich daran erinnerte, dass Angelo ein getaufter Christ war und der Kardinalerzbischof ihm als solchem die christlichen Sakramente nicht verweigern durfte, wollte Migazzi das Ansinnen des Kaisers gar zu einer neuerlichen abwegigen „französischen Idee“ erklären. Er erlaubte sich tatsächlich, danach zu fragen, was denn um Gottes willen die Kinder sein würden, die aus unserer Ehe entstünden: schwarz, weiß, buntgemischt? Kinder Gottes wären es – stellte Joseph fest, wie alle Kinder! Den letzten Widerstand konnte der Kaiser erst brechen, als er Migazzi in Aussicht stellte, zahlreiche Kirchen stillzulegen und sich den Domschatz genauer anschauen zu wollen. Am Ende dieses ungeheuerlichen Gesprächs hatte er dem Kardinalerzbischof eine – wenn auch halbherzige – Einwilligung abgerungen. Danke, Joseph!

***

Der Kaiser hatte darauf bestanden und setzte sich auch in dieser Sache gegen den Kardinal durch: Angelo und ich heirateten im Stephansdom. Einer der Domherren vollzog die Trauung an einem Seitenaltar. Als Trauzeugen fungierten der Kaiser selbst und Professor Ernst Hoffmann. Mozart saß in seinem roten Festtagsrock an der Orgel und begleitete die Feierlichkeit und erlaubte sich dabei so manchen Spaß. Seine Frau Constanze wohnte der Zeremonie auch bei. Die Gäste bestanden fast ausschließlich aus Freimaurern – darunter Born, Sonnenberg und Dietrichstein –, die von Joseph zwischenzeitlich wieder für zulässig erklärt worden waren. Alle zeigten sich sehr erleichtert darüber, dass Angelo kein Frauenschlächter war. Wally saß feierlich gekleidet aus Respekt vor den noblen Herrschaften weit hinten. Neben ihr hatte David Blumauer Platz genommen, unser aller Schützling.

Die Feierlichkeiten zur Hochzeit fanden im Josephsstöckl statt. Ich stand mit Mozart an der Brüstung der Terrasse, wo ich den Saal überblicken konnte: Die Hochzeitsgesellschaft vergnügte sich, tanzte zu den Klängen einer Kapelle. Der Kaiser tanzte mit Clara, Constanze mit Dietrichstein. Ich hatte Mozart seit diesem unsagbaren Abend nicht mehr getroffen. Lange Zeit suchte ich vergeblich nach den richtigen Worten – zu peinlich war mir dieser schreckliche Abend. „Ihr Orgelspiel war außerordentlich, Herr Mozart. Ich danke Ihnen."

„Mit Vergnügen. Es war eine Idee Ihrer Gattin."

„Ich möchte mich dafür bedanken, dass Sie mir offenbar vergeben haben."

„Wissen Sie, Angelo, das Leben ist zu kurz, um nachtragend zu sein. Außerdem kenn ich mein Stanzerl recht gut. Ein Scheit allein brennt nicht. Hauptsache, sie treibt es nicht mit Salieri. Das würde mich tatsächlich ärgern."

„Und Ihre Musik ist natürlich nicht impotent, sondern von großer Kraft und Schönheit. Ich war sehr überheblich, verzeihen Sie, bitte."

„Ja, ist ja gut, hören Sie schon auf, weiß ich eh!"

Clara war nach dem Tanz mit dem Kaiser ganz erhitzt. Sie hängte sich bei mir ein, küsste mich auf die Wange. Hoffmann erschien etwas unstet in der Tür und schaute zu uns. Joseph winkte ihm, und er kam heran. Mozart machte einen übertriebenen Kratzfuß vor dem Kaiser.

„Na, sind Sie recht fleißig, Mozart?"

„Ich übe, Majestät, ich übe. Zurzeit bearbeite ich Bach-Fugen zu Streichquartetten. Bach ist ein Meister", sagte er und zwinkerte mir zu.

„Etwas gar viel Noten verwendet er. Genau wie Sie, Mozart. Salieri weiß da das richtige Maß zu halten."

„Aber freilich, Majestät. Bach und ich können uns eben an Ihrem Hofkomponisten nicht messen."

Mozart verbeugte sich knapp und ging in den Saal. Ich wusste, dass die beiden ein zwiespältiges Verhältnis miteinander hatten. Einmal gab ihm der Kaiser einen Opernauftrag, dann wieder zog er ihm andere, viel weniger Begabte vor, am öftesten Salieri. Ich musste ein Wort zu Mozarts Gunsten sprechen, das war ich ihm schuldig: „Unterschätzen Sie Mozart nicht, Majestät."

„Er ist mir zu leichtlebig."

„Seine Musik ist tief."

„Ja, von mir aus, ich verstehe nicht allzu viel davon. Kommen wir zu wichtigeren Dingen. Professor Hoffmann, bitte!"

„Herr Soliman", wandte sich Hoffmann an mich, „wie Sie wissen, bekleide ich jetzt ein Regierungsamt und halte außerdem weiter meine Vorlesungen. Für das Naturalienkabinett bleibt mir deshalb leider keine Zeit übrig. Ich möchte Sie daher bitten, das Amt des Direktors zu übernehmen."

Nach allem, was in diesem Kabinett vorgefallen war, war ich sehr überrascht. Ich schaute den Kaiser an, der mir aufmunternd zunickte. „Meine Herren, dieses Angebot ehrt mich sehr. Aber ich muss Ihnen gestehen, Majestät, ich wollte eigentlich nach Afrika zurück."

Der Kaiser reagierte fassungslos: „Nach Afrika? Zu Ihrem Volk?" Ich nickte. Das schien die beiden sehr zu beunruhigen. Der Kaiser wollte das keineswegs gelten lassen: „Aber das geht doch nicht. Wie soll das funktionieren? Sie sind einer von uns! Ob Sie wollen oder nicht! Und Sie können doch nicht Ihre Frau nach Afrika verschleppen!"

Clara widersprach lächelnd: „Warum nicht, Majestät? Angelo sagt, sie würden mich dort wie eine Göttin verehren. Und welche Frau möchte nicht gerne eine Göttin sein?"

„Ich bitte Sie, Clara!", protestierte Joseph. „Sie werden auch hier als Göttin verehrt! Ist das Ihrer Aufmerksamkeit entgangen?"

Clara musste lachen: „Übertreiben Sie da nicht ein wenig? Ich bin eine in Schande geschiedene Frau."

„Ja, für den Adel! Interessiert doch niemanden!" Der Kaiser wandte sich empört an Angelo: „Ich brauche Sie hier, Herr Soliman! Ich brauche Sie!"

Ich wusste diese Worte zu schätzen. „Ich brauche Sie auch, Majestät."

„Na, das will ich hoffen!"

Joseph umarmte mich kurz hölzern und ging schnellen Schrittes in den Saal. Ich schaute ihm nach. – Doch, es war so, ich verehrte diesen Kaiser über alles. Das war Hoffmann nicht verborgen geblieben – jede meiner Regungen schien er zu bemerken. „Nun ist es also abgemacht?"

„Ja, Herr Professor." Ich gab ihm die Hand. „Ich werde mein Bestes geben."

Hoffmann lächelte: „Davon bin ich zutiefst überzeugt."

„Schade. Genügt dir Afrika im Schaukasten, Angelo?", wirkte Clara enttäuscht.

Hoffmann schaltete sich ungehalten ein: „Der Kaiser hat gesagt, er braucht Ihren Mann, Gräfin! Wir sind dabei, einen neuen Staat aufzubauen. Eine neue Gesellschaftsordnung! Da braucht es Männer wie Angelo Soliman!"

Diese Worte erfüllten mich mit Stolz. Clara lenkte sogleich ein: „Selbstredend, Herr Professor. Schieben Sie es auf meine kindliche Abenteuerlust. Schon als Kind wollte ich mit Angelo durch den Dschungel streifen." Sie nahm mich an der Hand – „Komm, tanz mit mir!" – und zog mich weg. „Bitte entschuldigen Sie uns, Herr Professor!"

Thurnstein und sechs seiner Verwalter saßen an einem Konferenztisch im Palais Thurnstein. Der Fürst hatte Abrechnungsbücher vor sich und war in ziemlich schlechter Verfassung. „Das ist eine Katastrophe!“ – Er deutete auf ein Papier. – „Diese Einnahmen sind eine Katastrophe, meine Herren!“

Der erste Verwalter zuckte die Schultern: „Es gibt keine Leibeigenschaft mehr, Durchlaucht. 70 Prozent des Ertrages erhält nun der Bauer.“

Thurnsteins Blick verdüsterte sich, der zweite Verwalter wagte es kaum, sich zu Wort zu melden: „Wir haben noch andere Unannehmlichkeiten zu ertragen, Durchlaucht.“ Thurnstein schaute ihn fragend an. „Der Kaiser hat erlassen, dass von Bauern trockengelegte Sumpfgebiete ihnen gehören. Von Ihrem Besitz in Böhmen, Durchlaucht, sind etwa zwölf Prozent Moore und Sümpfe. Mittlerweile sind uns ganze Dörfer davongelaufen. Alle arbeiten in den Sümpfen. Und uns fehlen dadurch Arbeitskräfte, große Gebiete liegen schon brach und unbearbeitet. Das wird die Einnahmen noch weiter vermindern.“

„Er will mich vernichten. Joseph will mich vernichten.“ Der Fürst war sichtlich mitgenommen. Er blickte zu mir, der ich hinten an der Wand geduldig auf einem Stuhl saß, dann wandte er sich an die Verwalter: „Wir kommen morgen wieder zusammen, meine Herren.“ Die Verwalter erhoben sich, verbeugten sich und verließen den Raum. Thurnstein stand auf, schenkte sich Kognak ein, trank das Glas in einem Zug leer. „Haben Sie das alles gehört, Hoffmann? Sie behaupten dauernd, Sie würden meine Interessen im Staatsrat vertreten, aber ich bemerke nichts davon! ... Was schweigen Sie? Kommen Sie zu mir her.“

Ich erhob mich und ging zu ihm. „Ich bin Mediziner, Fürst, ich habe wenig Einfluss auf politische Entscheidungen. Im Grunde entscheidet Joseph allein. Ich kann Ihnen nur berichten, das ist alles."

„Sie sind doch sein Leibarzt? Da gibt es doch Wege ..."

Ich musste lächeln: „Sie meinen doch wohl nicht, ich solle ihn vergiften? ... Zudem hat er noch sechs andere Leibärzte, jeder schaut dem anderen eifersüchtig auf die Finger."

Thurnstein konnte sich nicht beruhigen: „Er ruiniert uns! Er ruiniert die oberste Klasse der Gesellschaft! Was ist das für ein Kaiser? Ein Umstürzler ist das! Ein Revolutionär!"

„Er steht das nicht durch, Fürst, haben Sie keine Sorge", antwortete ich gleichmütig. „Auch wenn er überall seine Anhänger eingesetzt hat, bis in die entlegensten Provinzen. Die Kirche schäumt, der Adel schäumt, sogar der Pöbel wird immer unzufriedener. Der Kaiser handelt sehr unklug. Er hat ihnen jetzt die Prozessionen, die Wallfahrten, all diese abergläubischen Bräuche verboten. Sie beginnen, ihn dafür zu hassen. Ist das Volk nicht merkwürdig? Er hebt die Leibeigenschaft auf, gibt ihnen die Freiheit, und sie hassen ihn dafür."

Thurnstein teilte natürlich meine Ansicht: „Joseph scheint nicht zu wissen, dass das Volk primitiv ist. Seine Untertanen unterscheiden sich in nichts von einem beliebigen Negerstamm. Aber das ist Ihnen ja besser bekannt als mir, Herr Professor." Ich lächelte. Ach, was wusste er schon von dem, was ich wusste? Der Fürst zeigte Anzeichen von Ungeduld: „Also – was haben Sie mir zu berichten?"

„Angelo Soliman. Sie sind über die neueste Entwicklung im Bilde?"

„Sie meinen diese Ritualmorde? Ich wusste immer, dass er unschuldig ist. Angelo hat nichts zu schaffen mit einem primitiven Schwarzen. Ich möchte wissen, wer ihm einreden wollte, ich stecke dahinter. Unglaublich!“

Ich wartete etwas, bevor ich ihm die Sensation zur Kenntnis brachte: „Wie dem auch sei. Heute, Durchlaucht, heute hat er Ihre geschiedene Frau geheiratet.“ Thurnstein schaute mich entgeistert an, ich zog die Schraube fester: „Im Stephansdom, unter Ausschluss der Öffentlichkeit, eine geheime Staatssache. Der Kaiser war sein Trauzeuge.“ Thurnstein starrte mich an, fuhr sich übers Gesicht, schob die Perücke vom Kopf. „Diese Heirat war übrigens von Anfang an geplant. Von beiden. Mit dem kleinen Umweg über Sie, Durchlaucht.“

Thurnstein war ratlos: „Warum demütigt er mich so?“

„Sie lassen sich offenbar gerne demütigen, Fürst Thurnstein“, übte ich Strenge mit ihm. „Dass Angelo Ihnen beim Kartenspiel ein Vermögen abgeknöpft hat, verkleidet als Weißer, der sich als Schwarzer verkleidet hat, noch dazu in Begleitung Ihrer geschiedenen Frau, diese wiederum kostümiert als junger Mann – darüber lacht die ganze Stadt. Und dann überfällt er Sie auch noch, versetzt Sie in Todesangst, bringt Sie beinah um. Und Sie? Sie reagieren nicht, Sie nehmen einfach alles hin. Wie ist das möglich, Fürst?“ Thurnstein starrte vor sich hin. Ich sprach es aus: „Sie lieben ihn, nicht wahr?“ Er schaute mich irritiert an. Nun war es an der Zeit, die Schraube ganz festzuziehen: „Ihre Welt ist zum Untergang verurteilt, Fürst Thurnstein. Und wissen Sie, warum? Weil Sie schwach sind. Weil Sie dekadent sind. Weil Ihre Lenden unfruchtbar sind.“

Er antwortete mir ganz leise und fassungslos: „Wie reden Sie mit mir, Hoffmann?“

„Ich rede mit Ihnen, wie Angelo mit Ihnen redet. Angelo ist Ihr Tod, Fürst. Es sei denn, Sie ermannen sich noch einmal. Es sei denn, Sie besiegen den Tod.“ Thurnstein starrte mich sprachlos an. „Ich gebe Ihnen eine Weisheit mit auf den Weg“, schloss ich meine Rede. „Man muss töten, was man liebt. Wenn es unerreichbar ist. Wenn es sonst nicht zu überwinden ist.“

Wir hatten es Angelos Spielgewinn zu verdanken, dass wir uns eine teure Wohnung leisten konnten. Endlich diente das Vermögen Thurnsteins einem guten Zweck. Den ganzen Tag schon wurden Möbel vor dem Haus ausgeladen und in die Beletage getragen. Durch die Einfahrt schaute ich auf die Straße. Fuhrwerke und Kutschen schepperten über das Kopfsteinpflaster. Auch Angelo nahm die Kulisse aus den unterschiedlichsten Geräuschen wahr und besänftigte mich. „Ein paar Lagen Stroh vor dem Haus, das dämpft den Lärm."

„Wir hätten vielleicht doch ein Stockwerk weiter oben wählen sollen. Verzeih, Angelo."

„Ich bin sehr glücklich mit der Beletage, Clara. Wenn es sein muss, kann ich schnell aus dem Fenster flüchten." Das war mir gar nicht in den Sinn gekommen – Angelo hatte recht: In Wien lauerte noch immer ein Todfeind auf uns.

Vor der Einfahrt erschien ein livrierter Läufer und schaute in den Innenhof. Auf sein Zeichen hielt eine Kutsche. Als der Läufer den Schlag öffnete, stieg Thurnstein aus und trat mit einem Spazierstock in der Hand zu uns. Er machte einen schlechten Eindruck, war ungeschminkt, die ungekämmte Perücke hatte er schlampig über den Kopf gezogen. Der Fürst ignorierte mich, wandte sich sogleich an Angelo. „Herr Soliman, es steht Ihnen zwar nicht zu, sich zu duellieren, ich gebe Ihnen aber trotzdem die Ehre." Er zog einen Handschuh aus und schlug ihn Angelo über die Wange. Das hatte uns noch gefehlt!

Ich stellte mich zwischen Angelo und Thurnstein. „Machen Sie sich nicht lächerlich, Fürst. Schätzen Sie sich glücklich, ich war weit unter Ihrem Stand. Eine Kuh zum Austragen finden Sie zweifellos auch in höheren Kreisen."

Thurnstein würdigte mich weiterhin keines Blickes, schaute nur an mir vorbei Angelo an. Angelo wischte sich leicht über die geschlagene Wange. „Mir liegt nichts daran, mich mit Ihnen zu duellieren."

„Ganz Wien lacht über mich, Herr Soliman, und bald die ganze Monarchie. Meine Bauern werden Spottlieder singen über mich. Ein schwarzer Sklave heiratet die Frau seines Fürsten. Ich kann damit nicht leben, Angelo." Tiefer Schmerz zeichnete Thurnsteins Gesicht.

Angelo schob mich beiseite, schaute dem Fürsten ins Gesicht. „Wenn Sie darauf bestehen. Ich stehe Ihnen zur Verfügung."

Männer! Die Ehre! Ich halte das nicht mehr aus! „Du wirst das nicht tun, Angelo! Er ist es nicht wert! Soll er in seiner Schande verrotten! Und was Sie betrifft, Thurnstein, nicht wir haben Ihnen Schande zugefügt, sondern Sie sich selbst! Weil Sie ein Menschenverächter sind! Vergiss ihn, Angelo, vergiss ihn!"

Mein Mann hörte genauso wenig auf mich. Weiterhin starrte er nur Thurnstein an: „Sagen Sie mir den Tag und die Stunde."

Sehr früh am Morgen in den Praterauen. Nebelschwaden zogen über der Landschaft dahin. Bald würde die Sonne durchkommen. Angelo und Thurnstein standen sich mit 25 Schritt Abstand gegenüber. Das Gesicht des Fürsten war unauffällig geschminkt, die Perücke in tadelloser Ordnung, er sah viel besser aus als bei unserer letzten Zusammenkunft. Der Duellvorschrift gemäß trugen wir alle dunkle Kleidung und weiße Handschuhe. Angelo hatte Born und Mozart als seine Sekundanten ernannt, Thurnstein zwei entfernte Verwandte in hohem Alter. Als Duellleiter wurde Mozart ausgelost, der genauso wenig satisfaktionsfähig war wie Angelo. Aber sei's drum, meine Medizin tat ihre Wirkung: Thurnstein ging es ausschließlich darum, Angelo zu töten, der Rest kümmerte ihn nicht.

Ich war in meiner Funktion als Arzt anwesend und lehnte an einer alten Weide. Und beobachtete Thurnstein. Er hatte ein Geschwür im Unterleib, vor einiger Zeit schon konnte ich es ganz deutlich greifen. Auf der Fahrt hierher hatte ich ihm zum wiederholten Male starkes Laudanum verabreicht, das ihm den Schmerz nehmen und ihn beruhigen sollte. Viel mehr konnte für ihn nicht mehr getan werden. Meine Kollegen interessierten sich zu wenig für den menschlichen Körper. Ich allerdings wusste schon längst, dass der Aderlass und die Brechmittel einen veralteten Unsinn darstellten. Solche Methoden wandte ich nur noch bei Menschen an, denen ich nicht gut gesonnen war.

Auf dem Feldweg standen die beiden Kutschen, mit denen wir gekommen waren. Der kleine Junge bei Thurnsteins Kutsche trug dieselbe türkische Tracht wie Angelo als Kind und wie später David Blumauer. Ich konnte es kaum erwarten. Wer immer ums Leben kommen würde –

es sollte mir recht sein. Mozart stand mit einer rot gefütterten Schatulle vor Angelo, darin zwei Duellpistolen und Munition. Angelo nahm eine Pistole an sich und lud sie mit einer Kugel. Mozart ging zu Thurnstein, der sich ebenso Pistole und Munition nahm. Ich richtete mich gespannt auf. Mozart trat zurück, übergab die Schatulle Born. Angelo und Thurnstein standen sich mit zu Boden gesenkten Pistolen gegenüber. Mozart trat einen Schritt vor und verlautbarte: „Fürst Thurnstein, als Beleidigter haben Sie das Recht, als Erster zu schießen. Möchte einer der Herren noch etwas sagen?"

Thurnstein schüttelte den Kopf. Mozart schaute zu Angelo, der etwas zu vermelden hatte: „Fürst, mir wäre so sehr an Ihrem Respekt gelegen. Jeder Sohn braucht den Respekt des Vaters. Jeder Sohn wünscht sich, dass sein Vater stolz ist auf ihn."

„Ich war stolz auf dich, Angelo", antwortete Thurnstein ohne Zögern.

„Ja – wie man stolz ist auf ein edles Pferd."

„Ich hatte immer nur Angst, dich zu verlieren." Wie verloren und resigniert er war. Er liebte den Schwarzen wirklich.

Angelo blickte auffordernd zu Mozart, der wandte sich an Thurnstein: „Spannen!" Der Fürst spannte den Hahn der Pistole. „Schießen!" Thurnstein legte auf Angelo an, zielte sorgfältig auf dessen Kopf. Angelo stand ganz ruhig da. Thurnsteins Hand zitterte leicht. Er schoss.

Die Kugel streifte Angelos Schläfe. Er taumelte kaum.

Jemand hatte aufgeschrien. Das war ich selbst gewesen.

Thurnstein ließ den Arm sinken. Angelo griff sich an die Wunde, schaute auf das Blut an seinem behandschuhten Finger.

Mozart richtete seinen Befehl nun an ihn: „Spannen!" Angelo spannte den Abzug der Pistole. Auch Thurnstein stand ganz ruhig, er hielt den Atem an und blickte Angelo in die Augen. „Schießen!"

Angelo schaute zu Thurnstein, hob den Arm, zielte sorgfältig auf Thurnsteins Herz. Er schien eine Ewigkeit zu zielen, zu zögern. Und ich begriff: Er konnte es nicht. Angelo ließ den Arm sinken und schoss schräg vor sich in den Boden.

Alle schauten erstaunt. Thurnstein atmete auf. Angelo richtete das Wort an ihn: „Sie sind schon tot, Fürst. Sie wissen es nur noch nicht."

Thurnstein schaute ihn mit glasigen Augen an, zog eine kleine Pistole aus seinem Rock und schoss sich in den Kopf. Er ging zu Boden.

Bestürzung bei allen Anwesenden. Ich ging zu Thurnstein, kniete mich zu ihm und legte den Finger an den Hals. Nachdem ich mich versichert hatte, wandte ich mich an die versammelten Herren: „Exitus."

Clara, David und ich kauern am Boden, schauen zu Hoffmann, der auf seinem Stuhl vor uns sitzt. Hinter ihm stehen Toni und der zweite Wärter. Hoffmann lächelt uns an. „War das nicht ein schöner symbolischer Akt? Die alte Welt befördert sich selbst ins Jenseits."

David richtet sich auf: „Sie haben recht!"

„Wie bitte?"

„Sie haben in allem recht, Herr Professor!"

„Ich habe in allem recht?", wundert sich Hoffmann.

David redet sich in Begeisterung: „Natürlich! Thurnstein war tatsächlich verrottet! Diese ganze Gesellschaft war verrottet! Und sie ist es immer noch! Warum stehen Sie nicht an unserer Seite, Herr Professor? Warum standen Sie nicht auf der Seite von Joseph? Wir vertreten dieselbe Anschauung! Wir suchen nach derselben Wahrheit!"

„Ach, du kleiner, kurzsichtiger Student!", reagiert Hoffmann arrogant und nachsichtig zugleich. „Meine Wahrheit ist doch nicht eure!"

„Was ist Ihre Wahrheit, Herr Hoffmann?", melde ich mich zu Wort.

„Gott liebt euch. Uns Weiße hasst er."

Plötzlich erinnere ich mich. Das höre ich nicht zum ersten Mal!

Im Naturalienkabinett. Es waren nun alle Schaukästen im Afrikaraum fertiggestellt und mit Frontscheiben versehen, auch der Kasten, den Angelo ausgestattet hatte. Dort standen schon ausgestopfte Tiere: eine Schlange, ein schwarzer Panther, drei kleine Springböcke, ein Tapir und das Vorderteil eines Elefanten – das nicht existierende Hinterteil verschwand sozusagen im aufgemalten Dschungel; verstreut im Gelände Sumpf- und Singvögel, auf einem Busch Papageien, auf Ästen ein paar Äffchen.

Die achtjährige Josephine – Tochter des schwarzen Königssohns und der weißen Gräfin –, ein dunkles, schwarz gelocktes Kind von großer Schönheit, schaute fasziniert auf den Panther. Angelo stand bei ihr. Sie sahen sich sehr ähnlich. Von der weißen Mutter schien sie gar nichts zu haben. Wieder ein Beweis für meine These.

Zahlreiche Besucher mit Kindern bestaunten nicht nur die Tiere, sie bestaunten besonders Angelo und Josephine. Hinter einem Schaukasten versteckt beobachtete ich die Szene. Angelo kniete sich zu seiner Tochter: „So sieht unsere Heimat aus, Josephine. Das Paradies. Aus dem uns die Weißen vertreiben, das uns die Weißen rauben."

Ein Wärter trat zu ihm: „Herr Direktor, haben Sie einen Moment Zeit? Wir brauchen Ihren Rat bei der Mineraliensammlung."

Angelo küsste seine Tochter auf die Wange. „Ich bin gleich wieder bei dir", sagte er und ging mit dem Wärter weg. Diese Gelegenheit musste ich nützen.

Ich ging auf die kleine Josephine zu, kniete mich zu ihr und fuhr ihr durch die gekräuselten Haare. Sie erschrak. Was ich jetzt tat, konnte ich nicht unterdrücken, ein unbändiger Drang zwang mich dazu. Flüsternd, denn ich wollte sie nicht allzu sehr erschrecken, sagte ich zu ihr: „Es wird schade um dich sein, Josephine. Um dich und deinen Vater. Gott liebt euch. Uns Weiße hasst er. Aber er kann euch nicht beschützen vor mir.“ Josephine schien meine Worte nicht richtig zu verstehen, hörte nur den freundlichen Klang, den ich in meine Stimme gelegt hatte. Meine Erscheinung selbst schien Schrecken und Faszination zugleich auf sie auszuüben.

Angelo kam wieder zurück, ich erhob mich: „Sie haben Großartiges geschaffen, Herr Soliman, Sie können stolz sein. Die Besucherzahlen sind beachtlich, höre ich.“

„Herr Professor, ich habe dem Kaiser mitgeteilt, dass ich den Posten des Direktors zurücklegen möchte.“ Ich war nicht allzu erstaunt, blickte ihn nur an. Er schien sich zu einer Begründung verpflichtet zu fühlen: „Der Schaukasten hier zeigt die Wahrheit, Professor Hoffmann. Nur Dschungel und Tiere. Die Menschen fehlen. Denn die wurden in Ketten aus ihrer Heimat verschleppt. Ich komme damit nicht mehr zurecht, Professor Hoffmann.“

„Ich verstehe Sie, Herr Maké, ich verstehe Sie sehr gut.“

Meine Mutter reagiert empört auf Hoffmanns Aussage: „Gott hasst niemanden! Warum glauben Sie das, Hoffmann?"

„Doch, er hasst uns, Gräfin", beharrt er. „Weil wir Weißen alle Chancen vertan haben, die er uns mit auf den Weg gab. Wir haben ihn furchtbar enttäuscht. Denn wir haben nichts gelernt, nichts."

Clara kann ihm ganz und gar nicht zustimmen: „Kaiser Joseph hat etwas gelernt! Dieser junge Mann hier, der vielgeprüfte David, hat etwas gelernt! Wie auch meine Tochter Josephine! Und alle, die für eine bessere Welt kämpfen! Selbst ich!"

Hoffmann erhebt sich von seinem Stuhl: „Ihr kämpft für die falsche Welt! Die bessere Welt verlangt den Tyrannen! Den großen, edlen Tyrannen! Der sein Volk erzieht! Gnadenlos erzieht! Die richtige Auslese betreibt, unwürdiges Leben ausmerzt! Bis wir, nach vielen Generationen, wieder so sind wie Mmadi Maké, genannt Angelo Soliman. Ein herrlicher, stolzer Mensch!"

„Aber dazu brauchen wir doch keinen Tyrannen!", will David das nicht gelten lassen. „Wer will denn nicht ein herrlicher, stolzer Mensch sein? Die Freiheit brauchen wir, Herr Professor! Die Freiheit!"

„Da irrst du dich, junger Mann. Die Freiheit steht am Ende, nicht am Anfang."

Was hat dieser Mann nur für schreckliche Ideen? Warum will er uns schwarze Menschen töten? „Ich verstehe Sie nicht, Herr Professor! Sie halten Angelo Soliman für einen herrlichen, stolzen Menschen, augenscheinlich verehren Sie ihn –"

„Oh ja, ich verehre ihn zutiefst. Bis ans Ende meiner Tage, Josephine!"

„Aber warum haben Sie ihm dann so furchtbare Dinge angetan? Warum wollten Sie ihn mit allen Mitteln vernichten?"

„Es geht doch nicht um Vernichtung! Es geht um einen wissenschaftlichen Beweis! Und am Ende des wissenschaftlichen Beweises steht der Tod. Immer!"

Es war Sommer. Hinten am Hang, beim Schloss Schönbrunn, hatte ich mich im Gebüsch versteckt. Es war früher Morgen, die Halme noch taunass. Etwas entfernt von mir beobachteten noch zwei weitere Herren die Vorgänge. Die beiden hatten mich gesehen und duldeten mich als ihresgleichen. Was gab es zu sehen, das zu sehen sich lohnte? Dort war Wally, die abwärtsgehend mit der Sense das hohe Gras mähte. Sie trug ein Kopftuch, ihre nackten Waden waren zu sehen, den hölzernen Kumpf mit dem Wetzstein hatte sie umgeschnallt. Hinter ihr werkte der kleine David Blumauer, den sie an Kindes statt angenommen hatte. Statt seinem türkischen Kostüm trug er nun eine kurze, speckige Lederhose und ein einfaches Arbeitshemd. David zerteilte die Graszeilen, damit sie in der Sonne zu Heu trocknen konnten. Eine Landidylle. Elysium. Etliche Lämmer weideten um die Mäherin. Die Lämmer bedrängten Wally immerzu, hatte sie doch den Salzstein in der Schürzentasche.

Wally schaute zu einem Gebüsch auf der anderen Seite und begann plötzlich zu jodeln. Ich blickte dorthin und erkannte den Mann sofort, der auf Wally zuschlich. David hielt auf die Jodelei hin sofort inne und stieß ein paar gellende Juchzer aus. Wally wischte sich den Schweiß aus dem Gesicht, reinigte das Sensenblatt mit einem Grasbüschel und holte den Wetzstein aus dem mit Wasser gefüllten Kumpf. Verständig wetzte sie die Sense und jodelte dabei ununterbrochen weiter. Kaum hatte sie den Wetzstein wieder im Kumpf verstaut, überfiel der Mann sie von hinten – Wally warf die Sense zur Seite und er zwang sie zu Boden. David lief sodann davon und versteckte sich. Der Mann, der die Mäherin überfallen hatte, drehte sie im Gras herum. Es war der Kaiser, gekleidet in ländlicher Tracht und barfuß. Er war ein Schatten seiner selbst. Dieser Eindruck auf mich kam nicht überraschend, ich untersuchte ihn freilich immer noch täglich.

Nach getanem Werk saßen die beiden im Schatten eines Baumes, tranken saure Milch und aßen Butterbrote mit Käse. Die einfache Kost schien beiden ausgezeichnet zu munden. Ich kroch etwas näher, um zu verstehen, was sie sprachen. Joseph mochte in einem miserablen Zustand sein, aber er war in diesem Moment augenscheinlich glücklich: „Bei dir ist es immer am schönsten, Wally. Und das Essen schmeckt mir am besten. Wäre ich doch als Bergbauer geboren, statt mich mit diesem Riesenreich abzuplagen."

„Haben Sie eine Ahnung, Majestät! Das ist nichts als Schufterei! Auch wenn Sie die Leibeigenschaft verboten haben, es bleibt denen ja doch nichts, außer den wenigen Lebensmitteln, mit denen sie sich selber versorgen können. Wenn sie Glück haben."

„Ich schufte auch. Mir bleibt ebenfalls nichts. Außer Gegnerschaft. Und meine Gegner sind mächtig. Unberechenbar. Und hinterhältig." Da hatte er wohl recht.

Wally aber konnte ihm nicht zustimmen. „Die Bauern haben auch einen mächtigen, unberechenbaren und hinterhältigen Gegner, Majestät. Die Natur."

„Und doch kommen sie seit Jahrhunderten damit zurecht. Ich mit meinen Gegnern nicht. Ich liebe die Natur, Wally."

„Ich weiß, Majestät."

„Du liebst sie ebenfalls, nicht wahr?"

„Ach ..."

„Natürlich liebst du sie! Deshalb habe ich dich ja ausgesucht."

„Sie haben mich ausgesucht, weil ich aus dem Zillertal stamme, Majestät."

„Das meine ich ja! Du bist das geborene Naturkind! Die anderen vor dir haben sich beim Sensenwetzen dauernd in die Hand geschnitten. Und das Jodeln war ein Gedudel, ein städtisches. Dein Jodeln hingegen ist reine, echte, vollkommene Musik."

„Unser Jodeln, Majestät, entsprang einer praktischen Notwendigkeit. Wir mussten uns von Alm zu Alm verständigen."

„Alles ist aus etwas Praktischem entstanden, Wally. Ich mag das Praktische. Ich bin ein Praktiker."

„Majestät, bitte erlauben Sie ... Ich muss Sie aufklären."

„Aber ja doch, Wally. Obwohl mich viele ohnehin schon für zu aufgeklärt halten." Manchmal hatte der Kaiser tatsächlich Humor, wenn auch einen sehr trockenen.

„Majestät, Ihr Naturkind ist aus der Natur geflohen. Wenn man arm ist, bedeutet einem die Natur wenig, seien Sie versichert."

„Seid ihr so arm gewesen?"

„Bettelarm. Ein paar Erdäpfel, ein paar Maiskolben, ein wenig Milch, einmal im Jahr wurde die Sau geschlachtet. Immer waren wir zu viele. Zu viele für den kleinen Hof, für den Grund so groß wie ein Schnäuztuch. Und so hab ich mich auf den Weg gemacht. In die deutschen Fürstentümer hinaus. Zu den Messen in Frankfurt und Leipzig. Offiziell als Handschuhhändlerin. Steinöl hatte ich auch mit. Aber in Wahrheit war ich als Tyrolerin auf der Reise, Majestät."

„Ja, freilich, als was sonst?", warf Joseph ein.

„Als Tyrolerin bezeichnen sie dort die fahrenden Huren."

Der Kaiser schaute sie verblüfft an. „Tatsächlich?"

„Dann wurde es mir zu viel. Das unbequeme Reisen, die Absteigen, die betrunkenen Männer ... So bin ich nach Wien gegangen, wo es auch nicht besser war. Bis Sie kamen, Majestät, und mich auserkoren. Als Naturkind."

Der Kaiser schwieg betreten. Wally lächelte und brach das Schweigen. „Und erlauben Sie, Majestät, noch etwas zur Aufklärung zu sagen. Ich bin ebenfalls der Meinung, dass Sie zu aufgeklärt sind, Majestät."

„Warum denn das, Wally?"

„Sie haben uns all unsere jahrhundertealten Bräuche verboten, Majestät. Auch alle Prozessionen. Sogar die Flurprozession zu Fronleichnam."

Der Kaiser richtete sich auf, nun kam wieder Leben in ihn. „Weil das alles in Wahrheit heidnischen Ursprungs ist, Wally!"

„Sei's drum, wir brauchen das. Wir Bauern brauchen den Flursegen. Wir sind angewiesen darauf, dass der Hagel uns nicht den Mais zerschlägt. Dass die Unwetter uns nicht den Boden wegschwemmen."

Josephs Gesicht verfinsterte sich. „Ich will nicht mit Ihnen meine Politik diskutieren, Frau Wally."

„Freilich nicht. Ich habe Ihrer Entspannung zu dienen ... Verzeihen Sie, Majestät. Aber bitte nehmen Sie sich meine Worte zu Herzen."

Dem angeregten Wortwechsel folgte langes Schweigen, sie aßen und tranken. Der Kaiser schaute zum Schloss Schönbrunn hinunter. „Dieser unnötige Kasten."

„Ach, Sie sehen das auch so?", wunderte sich Wally.

„Natürlich. Meine Mutter hatte Schönbrunn zum Sommersitz unserer Familie erkoren. Ich habe mich nie wohl gefühlt darin. Was dieses Riesenschloss gekostet hat. Versailles wollten meine Vorfahren übertreffen. Dieses Ziel haben sie nicht erreicht. Wir sind doch nicht so unmäßige Ausbeuter und Verschwender wie die französischen Sonnenkönige. Es wird ihnen noch auf den Kopf fallen." Er schaute zum Zoo hinüber. „Die Menagerie werde ich für das Volk zugänglich machen."

„Wilde Tiere gibt es dort, nicht wahr?"

„Einen einsamen Elefanten, ein paar Affen und Vögel. Nicht nennenswert. Aber als Kind hat es mir sehr gefallen. Im Sommer haben wir dort im Pavillon immer mit Mutter gefrühstückt. Das war schön." Der Kaiser trank von der sauren Milch, legte seinen Kopf in Wallys Schoß und schaute in den blauen Himmel. Er hüstelte ein paarmal. „Das ist das letzte Mal, dass wir uns sehen, Wally."

„Was? Wie kann das sein, Majestät?"

Joseph drehte sich zu mir, ich duckte mich unwillkürlich. Ich bemerkte, dass die zwei anderen Herren sich mir genähert hatten. Einer schrieb etwas in ein schwarzes Büchlein. Ich selbst brauchte kein Büchlein. Es brannte sich jedes Wort in meinen Kopf ein. Der Kaiser deutete auf uns: „Siehst du die schwarzen Herren nicht, hinter den Büschen?"

Wally blickte her. Alle drei duckten wir uns jetzt. Sie sah uns trotzdem. „Wer sind die, Majestät?"

„Frag nicht. Der Staat bezahlt sie jedenfalls. Sie bespitzeln mich. Ich werde von vielen schwarzen Herren beobachtet, Wally. Vielleicht wollen sie mich in meinen eigenen Narrenturm sperren. Aber das wird ihnen nicht gelingen. So lange lebe ich nicht. Bis dahin hab ich aber noch einiges zu tun. Ich will ihnen also lieber keine Handhabe geben." Er richtete sich auf und küsste sie. „Ich danke Ihnen für alles, Wally. Sie haben Ihre Rolle gut gespielt."

Sie umarmte ihn. „Weil ich Sie liebhabe, Majestät."

„Ich weiß", sagte er. „Ich hab dich auch lieb." Der Kaiser stand auf, wischte sich das Heu von seiner Kleidung, dann schaute er zu uns her und den Hang hinauf. Auf einen Wink des Kaisers kam David gelaufen. „Es gibt noch genug Milch und auch zu essen, David." Der Bub setzte sich und machte sich über Milch und Brot her. Joseph gab Wally und David lächelnd die Hand. „Lebt wohl, ihr zwei Landkinder. Der Narr muss gehen. Ich werde euch nicht vergessen“, verabschiedete er sich und ging Richtung Schloss davon. Im Gehen drehte er sich noch einmal um. „Über die Prozessionen werde ich nachdenken, Wally. Und bringt bitte dem Elefanten das Heu. Er mag das.“ Er setzte seinen Weg fort, hüstelte immer wieder. Seine mageren Schultern zuckten.

Einsamer Mann, bald bist du nicht mehr. Dann kommt meine Stunde.

Ich war ein freier Mann. Ich war mit der Frau, die ich liebte, verheiratet, und wir hatten eine wunderschöne achtjährige Tochter namens Josephine. Ich war Mitglied der Freimaurer, mit dem Kaiser befreundet und monetär auf Jahre hinaus abgesichert. Und der Hendel-Herr, der blutrünstige Mörder, hatte offenbar aufgegeben. Warum war ich nicht glücklich? Warum wollten mir die Tage nicht vergehen? Warum kam mir alles sinnlos vor? Ich mochte nicht darüber nachdenken. Ich musste mich ablenken. Dazu gab es in Wien viele Möglichkeiten.

Eine davon war die Tierhetze. Am Graben hatte ich die Propagandisten dieser „Hetz" wiederholt angetroffen, die durch alle Vorstädte und Hauptgassen bis ins Stadtzentrum zogen: Voran gingen die beiden paukierenden Stadttrommler, dahinter auf einem Rotschimmel ein prächtig gekleideter Jägersmann mit der Schwungfeder am Hut und einer gewaltigen Peitsche – das war der Hetzmeister selbst. Dann sechs gelblederne Kerle hintendrein mit müden Gesichtern – die Knechte bei der Hetz. Sie teilten gelangweilt rote Zettel mit dem sonntäglichen Programm aus. Auch ich erhielt einen dieser Zettel, der voller Stolz verkündete: *Eine scharfe Hetze, eine recht scharfe, kämpfende Hetze. Der brüllende und alles zerreißende Löwe, der mit den vier Elementen kämpfende Kapitalbär!* Und dergleichen animalische Rigorositäten mehr. Clara mochte nicht mitgehen, sie wollte sich dem Gemetzel nicht aussetzen, Josephine mitzunehmen wäre nicht in Frage gekommen. Aber ich – der Neger Angelo Soliman – durfte mich diesem Schauspiel nicht entziehen. Es würde mir eine erneute Lehre sein, wie primitiv wir schwarzen Menschen sind. Und wie zivilisiert die Weißen.

Ich ersuchte Hoffmann, mich zu begleiten. Er tat es gerne. Es war an einem sonnigen Sonntag. Um zum Hetztheater zu gelangen, musste man die Befestigungsanlage durch das Rotenturmtor hinter sich lassen, dann noch durch das Stadttor und das quer im Wege stehende Theresientor. Wien musste viele Feinde haben, dass es so befestigt war. Auf welchen Feind wartete man denn jetzt noch?

Bei den Weißgerbern lag das hölzerne Amphitheater, von dem die schwarzgelbe Flagge lustig flatterte. Vom Balkon des gemauerten Haupteinganges begann die türkische Regimentsmusik zu lärmen. Ein paar tausend Besucher belagerten die Kartenkassen am Vorplatz. Hoffmann und ich mischten uns unter sie. Die Wiener unterhielten sich angeregt miteinander, redeten von der Tapferkeit des Kapitalbären, beklagten sich über den trägen Löwen und dergleichen. In der Hauptsache unterhielten sie sich aber über die Hunde. Allen, die in der Arena performierten, hatten sie Namen gegeben. Sultel war offenbar der berühmteste Hetzhund, Blasseln nannten sie die, welche einen weißen Fleck auf der Stirn hatten, Schisserle einen offenbar eher zurückhaltenden. An der Hauptkasse ließ man mich vor, denn einem elegant gekleideten Neger ließ man gerne den Vortritt. Hätte es sich doch um einen noblen Abgesandten eines Kolonialstaates handeln können – einen höchst angesehenen Kollaborateur der weißen Kolonialherren. Ehre, wem Ehre gebührte.

Dank eines großzügigen Trinkgeldes an den gelbledernen Kerl hinter der Budel ergatterte ich noch zwei Sperrsitze für Hoffmann und mich. Die Ränge füllten sich. Geheul, Gebrüll, Geschrei, Gestöhne der wilden Tiere in ihren Käfigen – und der wilden Tiere auf den Rängen. Ich schaute mich um und beobachtete die Menge. Überraschend viele Honoratioren waren anwesend, Personen von hohem Rang, Offiziere und andere würdige Herren. Darunter zahlreiche Bürger mit ihren Ehefrauen und Kindern. Die Armen standen ganz hinten auf den Stehplätzen. Ich hatte mich getäuscht: Nicht nur der Pöbel war hier, sondern Menschen jeder Schicht. Hoffmann war erstaunlich still, wir sprachen kaum ein Wort miteinander.

Plötzlich öffnete sich ein großes Tor und der Hetzmeister trat in die Arena. Er war in gelbes Leder gekleidet, es saß ihm sehr knapp, der kurze Griff eines Dolches schaute hervor. Auf dem Kopf trug er einen Federhelm, in der einen Hand einen martialischen Hirschfänger und in der anderen eine gewaltige Hetzpeitsche. Er holte mit der Peitsche weit aus, schwang sie, drehte sich mit ihr im Kreis – es gab einen lauten, scharfen Knall, dass die Luft erzitterte. Sofort schwieg die Regimentsmusik, die Zuschauer verstummten, es wurde ganz still.

Der Hetzmeister knallte ein zweites Mal mit der Peitsche, es öffnete sich ein weiteres Tor, aus dem mit wildem Sprung ein riesiger Ochse erschien. Mit allen vieren sprang er mehrmals in die Luft und machte dabei einen Buckel. Der Hetzmeister begab sich in seine Sicherheitsloge. Der Ochse wurde von den Zuschauern mit Gebrüll empfangen, daraufhin brüllte er zurück, schlug mit dem Schweif und streckte die dicke, lange, rotschwarze Zunge heraus. In der Mitte der Arena blieb er stehen und scharrte mit dem rechten Vorderhuf.

Irgendwo wurde ein Gitter weggezogen und vier robuste Hunde sprangen in die Arena. Die Menge erhob sich und jubelte. Der Hetzmeister animierte die Kampfhunde mit scharfen Rufen, aber nur zwei von ihnen schienen in der richtigen Laune. Die beiden stürzten sich auf den Ochsen, der den Kopf senkte, um sie mit seinen gewaltigen Hörnern aufzuspießen. Aber die Hunde waren gewitzt und verbissen sich in seinen Ohren. Der Ochse brüllte auf vor Schmerz und schüttelte sein Haupt. Einer der Hunde flog in hohem Bogen weg, Blut spritzte – er hatte das Ochsenohr noch zwischen seinen Zähnen. Der zweite Hund hatte sich tief im anderen Ohr verbissen. Nun stürzten sich auch die anderen Hunde auf den Ochsen. Sie schienen gut abgerichtet, denn sie trieben ihn ohne weitere Bluttat durch das Tor, das sich wieder öffnete. Ein Tusch von Trompeten und Pauken ertönte, tobendes Geklatsche und Gestampfe der Zuschauer.

Der Hetzmeister ließ seine Peitsche wieder knallen. Ein mächtiger, aber schon ergrauter Bär erschien. Schläfrig schlich er umher, leckte sich die Pfote und brummte gelangweilt. Die Zuschauer auf den Stehplätzen reagierten aufgebracht. Nach einem scharfen Pfiff des Hetzmeisters erschienen die Hunde und trieben den alten Bären in seinen Käfig zurück. Anschließend wurden zwei magere Wölfe von den Hunden zerfleischt, dann eine Hyäne ein wenig gezaust, bevor sie zurück in den Käfig durfte. Ich verstand: Die wilden Tiere aus fernen Ländern waren kostbarer als die hiesigen, die exotischen musste man deshalb möglichst lange schonen. Der Tod der hiesigen Tiere reichte dem Publikum aber nicht, denn als ein Tiger ein paar junge, jammernde Lämmer zerfleischte, gab die Menge ihrem Missfallen lautstark Ausdruck. Den Tiger aber beeindruckte das keinesfalls: Er stolzierte zurück in den Käfig, ohne die Zuschauer eines Blickes zu würdigen. Drei Häslein wurden von den Hunden gehetzt, aber die entwischten allesamt, keiner wusste wohin. Es folgten zwei Rehlein, eines zuckte zu lange, der Hetzmeister kam und erlöste es mit seinem Hirschfänger mit großer Geste von seinem Leid. Der mit Hobelscharten angefüllte Manegengrund war blutgetränkt.

Hoffmann langweilte sich augenscheinlich. „Verzeihen Sie, Herr Professor, dass ich Ihnen das antu", entschuldigte ich mich bei ihm.

„Was haben Sie sich erwartet, Herr Soliman?"

„Etwas Großes, nicht so banal."

„Glauben Sie, bei den Römern ist es anders zugegangen? Da hat man die attraktiven Kämpfer auch geschont. Besonders die Weißen. Geschäft ist Geschäft. Brot und Spiele."

In der Pause erhob sich Hoffmann und verabschiedete sich, ich blieb bis zum Schluss.

Nach der Unterbrechung folgte das angekündigte „Kapitalstück": Ein uralter, mähnenloser Löwe erschien in der Arena. Gleichmütig riss er seinen fast zahnlosen Rachen auf und gähnte, dann legte er sich müde und verdrießlich nieder. Das Publikum begann zu protestieren. Der Hetzmeister stieß einen schrillen Pfiff aus, und drei Matadorhunde stürmten zum Löwen, drosselten aber schnell ihre Geschwindigkeit und umschlichen das alte Tier. Sie schienen ihm nicht zu trauen. Die Zuschauer begannen zu murren und zu pfeifen, schließlich zu toben. Dem Hetzmeister wurde mulmig und er brüllte die Hunde an: „Scheckel, Pascha, Waldmann, huss, huss!" Auf sein Kommando griffen sie den alten Leu von hinten an. Der drehte sich gemächlich um, hob eine Tatze – augenblicklich lagen zwei der Hunde zerrissen da, und der dritte schleppte sich winselnd mit einem abgeschlagenen Hinterlauf, der nur noch an einem Hautfetzen hing, zurück. Der Hetzmeister würde ihn zweifellos erlösen. Allgemeines Bravo, Trompeten und Pauken.

Dann das Schlussspektakel – „der gegen alle vier Elemente kämpfende Bär": Ein Braunbär trollte sich in die Manege. Vorher schon hatte man ein Wasserbassin abgedeckt, das am Fuße des Steigbaums stand. Weit oben hatte man ein Stück Fleisch angebracht. Der Bär schien hungrig, er schnüffelte und entdeckte das Fleisch. Er brüllte vor Hunger, watete durch das Bassin und kletterte behäbig den Steigbaum hinauf. Stetig näherte er sich, doch hatte man noch unterhalb der verlockenden Beute eine Falle verborgen: ein Feuerwerk, das der Bär mit seinen Tatzen auslöste. Es krachte und lärmte, um den Bären Flammen und Rauch. Er stürzte ins Bassin, aber weiterhin schlugen die Flammen von ihm hoch, da das Becken nur seicht mit Wasser gefüllt war. Der Geruch von verkohltem Fell und verbranntem Fleisch lag in der Luft. Was für ein Schauspiel! Das Publikum jubelte und stampfte vor Begeisterung. Die Janitscharenmusik donnerte ihren Schluss.

Zu Hause wollte Josephine jede Einzelheit erfahren. Sie schüttelte sich bei jeder meiner Schilderungen angewidert. Jedes Tierchen tat ihr leid, besonders die Lämmer – und ganz besonders die Häschen. „Denen ist nichts passiert, Josephine“, konnte ich sie beruhigen. „Die hüpfen wohl längst schon fröhlich im Wienerwald umher.“

Professor Hoffmann

Joseph saß mit freiem Oberkörper im Bett. Ich hatte mein Hörrohr an seinem Rücken angesetzt und lauschte auf die Geräusche in seiner Lunge. Meine Aufforderung, zu husten, brachte nur ein müdes Hüsteln hervor. „Richtig husten! Ausführlich!" Joseph hustete stärker, konnte aber nun beinah nicht mehr aufhören. Ich richtete mich auf. „Ihre Lunge ist sehr angegriffen, Majestät."

„Wie lange habe ich noch zu leben?", fragte er nüchtern.

„Sechs Monate, vielleicht etwas mehr. Sie haben einen starken Willen. Aber Sie verlieren stetig an Gewicht. Das ist schlecht. Sie müssen essen."

„Ich esse immerzu!"

„Auszehrung ... Sagen die Kollegen nicht dasselbe?"

„Doch. Aber sie geben mir noch mindestens ein Jahr." Der Kaiser legte sich wieder zurück und deckte sich zu.

Ich musste es nun doch ansprechen, in allen Ministerien lachte man schon darüber: „Wenn Sie nicht aufhören, sich mit Ihrer Almhirtin zu treffen, schaffen Sie nicht einmal mehr die sechs Monate."

„Was wird mir da schon wieder nachgesagt?"

„Sie treffen sich mit Frau Wally auf den Feldern hinter Schönbrunn. Sie mäht jodelnd mit einer Sense das Gras, wird dann von einem wilden Almburschen überfallen und in die Büsche gezerrt. Der wilde Almbursche sind Sie, Majestät."

„So eine Unverschämtheit!"

„Sie stehen unter ständiger Beobachtung Ihrer eigenen Leute. Haben Sie die schwarzgekleideten Herren hinter den Hecken nie bemerkt?" Joseph sagte nichts mehr, hüstelte nur noch vor sich hin. Ich gab ihm Laudanum zu trinken und verabschiedete mich.

„Einen Moment noch, Hoffmann! Sie haben den Schulen einen Erlass zugehen lassen, betreffs der Leibesübungen, wie Sie das nennen. Ich finde, Sie übertreiben. Die Kinder sollen Lesen, Schreiben und Rechnen lernen und nicht den ganzen Tag herumturnen."

Konnte er tatsächlich so beschränkt sein? Er, dessen Lieblingskleidung die Armeeuniform war? „Wir brauchen Krieger, Majestät."

„Wie bitte?", fragte er empört und richtete sich auf.

„Wer das Lesen lernt, kann auf sehr gefährliche Gedanken kommen. Besonders, seit Sie die Pressefreiheit eingeführt haben, Majestät. Mit Verlaub."

„Haben Sie eben das Wort Krieger gebraucht?"

„Jawohl, Majestät."

„Ich brauche doch keine Krieger! Ich brauche vernünftige, arbeitsame Staatsbürger!"

„Wir brauchen ein Volk von Kriegern, Majestät! Sonst gehen wir unter! Wir müssen die Kinder kasernieren, von den Eltern entfernen! Wir müssen –"

„Hoffmann", unterbrach er mich, „Sie sind ein guter Arzt, aber –"

Auf seinem Nachttisch erblickte ich mein handgeschriebenes und immer noch unveröffentlichtes Lebenswerk *Der Untergang der weißen Rasse*. Zornig unterbrach ich den Kaiser und hielt ihm das Manuskript vor sein Gesicht. „Lesen Sie mein Werk, Majestät! Lesen Sie es endlich!"

Joseph hüstelte und hielt sich ein Taschentuch vor den Mund. „Ich habe es gelesen." Er hatte es gelesen? Erwartungsvoll schaute ich ihn an. Er begann zu dozieren: „Die weiße Rasse wird nie untergehen, Hoffmann. Dafür sind wir viel zu ehrgeizig. Wir sind die Einzigen, die Gottes – so deutet man es zumindest – Befehl befolgen: ‚Macht euch die Erde untertan!‘ Ich denke nicht, dass die anderen Völker ihr Tun danach ausrichten. Nur wir, die wir uns vollkommen von der Natur abgenabelt haben, bringen diese Rücksichtslosigkeit auf.“

Der Kaiser enttäuschte mich zutiefst. „Angelo Soliman –“, setzte ich an.

„Den können Sie als Beispiel vergessen. Der wäre auch als Weißer eine Ausnahmeerscheinung.“ Joseph setzte sich nun vollständig auf. „Hören Sie, Hoffmann, Sie haben sich in abstrusen Thesen verirrt. Aus diesem Grunde kann ich Sie in keiner verantwortungsvollen politischen Funktion mehr beschäftigen, verzeihen Sie. Selbstverständlich bleiben Sie Universitätsprofessor.“

Ohne Worte verstaute ich mein Manuskript und verließ den Raum. Dieser törichte, bornierte Hofbeamte! Krepier doch, du! Andere nach dir werden anders denken!

Mutter, David und ich kauern am Boden und Hoffmann steht hinter seinem Stuhl. Er umkrampft mit seinen Händen die Lehne, die Knöchel treten weiß hervor, als wäre die Haut darüber schon geplatzt. Hinter ihm stehen Toni und der zweite Wärter. Hoffmann beklagt sich sehr über den Kaiser, der nun schon nicht mehr am Leben ist: „Er verstand mich nicht. Er wollte mich nicht verstehen. Er war der Reformkaiser, aber er hatte keine Visionen! Ein Beamter war er, der Kaiser war ein Beamter, mehr nicht! Und er wollte ein Volk von Beamten! Ich war sehr gekränkt über dieses Unverständnis."

„Hören Sie auf zu jammern, Hoffmann!", ärgert sich Mutter voller Abscheu. Auf einen Blick von Hoffmann schlägt Toni Mutter den Ochsenziemer über den Kopf. Sie schreit auf, fällt zur Seite, hält sich den schmerzenden Kopf.

„Ich wurde krank", fährt der Professor ungerührt fort. „Meine Haut spielte verrückt. Aber der Kaiser war auch krank. Ich musste mich einfach gedulden. Vielleicht, so hoffte ich, könnte ich bei seinem Nachfolger Gehör finden. Vielleicht würde ihn mein Beweisstück überzeugen. Mein Beweisstück Mmadi Maké alias Angelo Soliman. Und es kam nun eines hinzu: dieses Kind, dieses Kind Josephine", sagt er und schaut mich dabei an. „Dieses Kind faszinierte mich. Schwarzer Vater, weiße Mutter. Wie würde sich dieses Kind entwickeln? Von wem würde es mehr in sich tragen? Das wollte ich unbedingt wissen, das musste ich wissen!"

Verachtungsvoll halte ich seinem Blick stand: „Ein neues Versuchsobjekt also."

Hoffmann setzt sich wieder auf seinen Stuhl. „Du hast recht, Josephine. Denn ich wusste ja nicht, ob sich hinter deiner schwarzen Haut nicht weiße Schwäche verbirgt.

Aber ich bemerkte es bald: Da war keine Schwäche vorhanden. Eine geschmeidige schwarze Pantherin warst du. Schon mit acht Jahren. Ein schwarzer Wildfang."

Aus dem Tagebuch von Clara Soliman

Damit der kranke Kaiser an die frische Luft kam, machten wir einen Ausflug mit ihm auf eine Anhöhe im Wienerwald. Wir hatten eine schöne Lichtung gefunden. Unsere Tochter Josephine galoppierte auf ihrem Pony wild über die Lichtung und durch den Wald – mir war angst und bang.

Ich war mit Angelo zur Quelle gegangen, um Wasser zu holen. Er kniete neben der Quelle und blickte in das gurgelnde Wasser, das der Erde entströmte und in den Krug floss. Angelo begann, in seiner Mutterzunge ein Gebet zu sprechen. Er hatte sie Josephine und mir beigebracht. Angelo sprach mit dem Geist der Quelle, bat ihn um Erlaubnis, das Wasser verwenden zu dürfen, für die Menschen in der Stadt. Wieso für die Menschen in der Stadt? Wir gingen zurück zu Josephine und dem Kaiser.

Joseph saß auf einer Decke, er war tief von seiner Krankheit gezeichnet. Von den zahlreichen mitgebrachten Speisen hatte er kaum gegessen, so hielten auch wir anderen uns zurück. Im Augenblick brütete der Kaiser über einem Schachspiel, das schon beendet war – sie hatten die „Türkenpartie“ in gewechselten Rollen nachgespielt. Angelo hatte auch diesmal gewonnen. Wir setzten uns zum Kaiser. Ein Diener wollte Joseph erneut von einer Speise anbieten, aber er winkte ab. Er hatte ein Taschentuch in der Hand, hüstelte immerzu. Wir machten uns große Sorgen um ihn. In der Nähe lagerten seine beiden Gardisten mit ihren Säbeln und Gewehren, die Bajonette aufgepflanzt, bei ihnen saß auch Josephs Leibarzt Professor Hoffmann. Auch ihm schien es nicht gut zu gehen, unter seiner Schminke zeichnete sich schlechte Gesichtshaut ab. Der Kaiser schob die Schachfiguren beiseite. „Ich bin deiner strategischen Intelligenz nicht gewachsen, Angelo. Damit muss ich mich abfinden.“

Angelo winkte ab. „Mir ist die Partie doch wohlbekannt, Majestät. Ich musste nur die Fehler des Türken vermeiden."

Josephine preschte an den Gardisten und Hoffmann vorbei, bremste ihr Pony knapp vor uns ab, sprang herunter und tätschelte ihr kleines Ross.

Der Kaiser schaute stolz auf sie. „Ich muss dich wohl in meine Kavallerie aufnehmen, du Wildfang!"

Josephine band die Zügel an den Baum und warf sich auf die Decke. Sie aß von den Weintrauben und meinte schelmisch zum Kaiser: „Aber ich ziehe nicht gegen die Türken in den Krieg!"

Joseph lachte. „Das musst du auch nicht, Josephine!"

„Die reiten nämlich noch besser! Da hätte ich keine Aussichten. Ist es nicht so, Papá?"

„So ist es", stimmte Angelo ihr zu. „Gegen deren Reitkünste kommen wir nicht an." Er füllte Wasser aus dem Krug in einen Becher und reichte ihn Joseph. Der kostete, schmeckte das Wasser im Mund ab und trank den Becher leer. Angelo hatte ihm dabei gespannt zugeschaut: „Was meinen Sie, Majestät?"

Der Kaiser gab ihm den Becher zurück: „Ganz wunderbar, köstlich. Ich habe noch nie so gutes Wasser getrunken."

„Wir könnten damit ganz Wien versorgen, Majestät. Niemand bräuchte dann mehr verseuchtes Grundwasser trinken." Angelo nahm einen Plan, den er gezeichnet hatte, aus seiner Tasche und faltete ihn auseinander. Es waren darauf Quellen eingezeichnet, bis zum Schneeberg zurück, ein Wasserschloss und eine Hochwasserleitung samt Viadukten waren ebenfalls zu sehen. Joseph studierte den Plan. Angelo war ganz in seinem Element, zeigte die Stellen am Papier und in der Natur: „Sehen Sie, hier verstreut sind an die 40 ergiebige Quellen. Dort unten", er zeigte nach unten in den Wald, „könnten wir ein Wasserschloss bauen, alle Quellen dort sammeln und mit einer Hochwasserleitung in die Stadt führen."

Der Kaiser war begeistert: „Wir werden das sofort in Angriff nehmen, Angelo, sobald mir der Staatsrat die Gelder bewilligt. Sie übernehmen die Leitung."

Angelo verbeugte sich: „Ich danke Ihnen, Majestät! Mir bedeutet das sehr viel, wissen Sie. Eine Aufgabe zu haben. Ich hatte nie eine Aufgabe. Ich war immer nur Diener."

„Reiten Sie nicht immerzu auf Ihrem Dienerdasein herum, Angelo. Diener sind wir alle. Diener am Staat, am Gemeinwohl."

„So ein Diener bin ich gerne, Majestät. Und jetzt darf ich den Menschen sogar Wasser geben, frisches Quellwasser! Wasser ist Leben!"

„Da haben Sie recht, Angelo. Als Nächstes verlegen wir Kanäle und spülen den Dreck, Staub, Pferdemist und all die Abfälle aus der Stadt hinaus. Damit man endlich frei atmen kann. Ich bekomme Beklemmungen in der Stadt, die Luft bleibt mir weg." Joseph hustete, hielt sich das Taschentuch vor den Mund. Hoffmann kam eilig mit seiner Tasche her, nahm Joseph das Taschentuch weg und kontrollierte es. Es war Blut daran.

„Majestät", begann Hoffmann vorsichtig.

Aber Joseph ließ ihn nicht weiterreden: „Lassen Sie mich in Ruhe, Hoffmann! Ich habe mit dem Herrn Soliman Wichtiges zu besprechen!" Hoffmann steckte das Taschentuch ein, gab dem Kaiser ein neues und setzte sich zu uns. Joseph wandte sich wieder an Angelo: „Und ich muss die menschlichen Kadaver loswerden, die in den Friedhöfen der Stadt tagtäglich unter die Erde kommen und alles Grundwasser verpesten. Angefangen mit dem Friedhof beim Stephansdom. Aber ich weiß beim besten Willen nicht, wie ich das anstellen soll."

Hoffmann schien eine Antwort parat zu haben, ließ Angelo aber den Vortritt: „Dieses Problem ließe sich leicht lösen, Majestät."

„Ja, wie denn, Soliman?"

„Mein Volk verbrennt die Toten. In meiner Heimat gibt es viele Vulkane. Manche sind noch aktiv, besonders der größte darunter. Er speit fast ununterbrochen Feuer. Wir glauben, dass die Göttin des Vulkans den Körper aufnimmt. Der Geist des Menschen, seine Seele bleibt bei uns. Für immer. Keiner unserer Ahnen verlässt uns."

Der Kaiser geriet außer sich: „Das ist brillant. Ich lasse das sofort einführen! Wir errichten draußen vor der Stadt große Scheiterhaufen."

Ich musste lächeln. Der Kaiser und sein Eifer! Dabei hatte er sich beim Volk schon mit seinen wiederverwendbaren Särgen, die am Boden eine Klappe hatten, nicht sehr beliebt gemacht. „Bitte nicht sofort, Majestät", versuchte ich, sein Temperament zu drosseln. „Geben Sie dem Volk Zeit. Sie wissen, das Volk liebt Ihre Eile nicht sonderlich. Sie dürfen die Menschen nicht überfordern."

„Ich weiß, Clara, ich bin meinem Volk zu schnell. Aber ich habe nicht viel Zeit." Wie zum Beweis dessen bekam er wieder einen Hustenanfall. Hoffmann schüttete ein ganzes Fläschchen dunkler Flüssigkeit in einen Becher und reichte ihm diesen auffordernd. Mit griesgrämigem Gesicht trank Joseph und entließ Hoffmann mit einem Wink seiner Hand. Hoffmann seufzte auf und ging zu den Gardisten zurück. „Ich halte es nicht aus, nichts zu tun!", erklärte Joseph aufgebracht. „Alle wollen mich im Krankenbett haben! Untätig!"

Josephine schaute ihn an, holte dann zwei Federballschläger und einen Ball. „Majestät, spielen Sie doch mit mir! Bitte!"

Wie das Kind doch rücksichtslos sein konnte! „Josephine! Dem Kaiser geht es nicht gut!“, ermahnte ich sie.

Angelo wollte schon aufstehen, aber der Kaiser drückte ihn nieder und erhob sich. „Komm, mein kleines Patenkind. Du bist die Einzige, die mich nicht ständig schonen will!“ Er legte ihr die Hand um die Schultern, gemeinsam gingen sie etwas weiter auf die Lichtung und begannen zu spielen.

Ich legte mich an Angelos Brust, drehte dann meinen Kopf zu ihm. „Ich liebe dich so sehr, Angelo.“

Er beugte sich zu mir herab und küsste mich auf den Mund. „Ich liebe dich auch, Clara. Alles wird gut.“

Schon lange bedrückte mich etwas, das ich mich nicht getraute ihm zu offenbaren. Nach einer Weile überwand ich mich, leise sagte ich zu ihm: „Manchmal habe ich furchtbare Angst, dass wieder etwas passiert.“ Ich umarmte Angelo ganz fest, er legte sein Gesicht an meinen Kopf.

Plötzlich hörten wir den Kaiser schrecklich röcheln und alle sprangen auf. Er kniete auf dem Boden und bekam keine Luft mehr. Josephine stand erstarrt ein Stück weit weg von ihm. Joseph keuchte, schnappte verzweifelt nach Luft, dann verlor er das Bewusstsein und fiel ganz zu Boden. Josephine lief als Erste zu ihm. Sie hockte sich hinter den Kaiser, setzte den ohnmächtigen Mann auf, hielt seinen Kopf, drückte seinen Oberkörper mit der anderen Hand an sich, presste ihren Mund auf seinen und hauchte ihm stoßweise ihren Atem ein.

„Josephine! Was machst du denn?“, rief ich entsetzt. Ich wollte sie schon vom Kaiser wegreißen, da hielt Hoffmann mich am Arm und schüttelte den Kopf. Angelo schaute unsere Tochter bewundernd an. Joseph kam wieder zu Bewusstsein. Er atmete durch und blickte staunend Josephine an, die ihn immer noch in ihren Armen hielt.

Hoffmann strich ihr anerkennend über den Kopf und flüsterte ihr heiser zu: „Du weißt mehr als wir alle, Kind aus Afrika."

***

Der Kaiser hatte uns zu sich gerufen, nun standen wir an seinem Bett: Angelo, die kleine Josephine und ich. Joseph saß, gestützt von vielen Polstern, in seinem Krankenlager, sah sehr bleich und abgemagert aus, hustete manchmal unterdrückt. Eine Menge Blutegel saßen an seinem nackten Oberkörper. Hoffmann entnahm einer Schüssel weitere Blutegel und setzte sie an. „Lass Er uns ein wenig allein, Hoffmann."

Hoffmann verbeugte sich, lächelte uns schmerzlich an und verließ den Raum. Josephine blickte ihm mit einer Mischung aus Angst und Faszination nach. Angelo schaute den Kaiser an, drückte ihm die Hand. Er machte sich Sorgen um ihn. Der Kaiser streckte die Hand nach Josephine aus. Sie ging zu ihm und machte einen Knicks. Er nahm sie an der Hand und streichelte ihre Wange. Sie deutete angeekelt auf die schwarzen, wulstigen Würmer: „Was ist denn das?"

„Blutegel. Die saugen mir das schlechte Blut aus. Ist mir lieber als der ewige Aderlass. Da habe ich das Gefühl, ich blute aus."

„Aber Sie brauchen Ihr Blut doch, Majestät!", empörte sich Josephine.

„Wahrscheinlich hast du recht, Josephine. Aber Hoffmann gibt mir wenigstens keine Brechmittel. Setzt euch bitte zu mir." Josephine setzte sich aufs Bett, Angelo holte uns zwei Stühle. Der Kaiser hüstelte, er hatte nur Augen für unsere Tochter. „Wie geht es dir, Josephine?"

„Wenn ich auf meinem Pony sitze, geht es mir am besten, Majestät! Ich bin heute über vier Stangen gesprungen, es hat mich fast aus dem Sattel geworfen. Aber nur fast. Sie müssen unbedingt wieder einmal mit mir ausreiten!"

Warum tat sie immer, als wäre nichts? Warum nahm sie immer alles so leicht? Ihr Geplauder zerrte an meinen Nerven.

Joseph streichelte ihr über den Kopf. „Gern, wenn ich bei Kräften bin. Dann reiten wir zusammen durch die Praterauen, ja?"

Josephine lachte auf und klatschte in die Hände: „Oh ja, bitte! Aber nicht zu knapp hinter mir, weil der schlägt aus wie der Teufel!"

Der Kaiser lächelte. „Ich werde mich hüten!" Er schaute Josephine an, zog sie an sich und umarmte sie. „Weißt du, Josephine, ich hatte auch eine Tochter. Marie Theresia. Sie starb, als sie so alt war wie du. Ich liebte sie sehr. Dieses Kind war wie mein zweites Ich. Mit ihr wurde auch ein Teil von mir begraben." Plötzlich bekam er einen Hustenanfall. Er wandte sich von Josephine ab und hielt sich ein Taschentuch vor. Es färbte sich rot von Blut.

Angelo und ich standen besorgt auf. Ich nahm Josephine bei der Hand. „Wir wollen Majestät jetzt ausruhen lassen."

„Nein, nein, es geht schon wieder", wehrte Joseph ab, „bleibt noch einen Moment. Setzt euch, ich habe euch etwas Wichtiges zu sagen." Wir nahmen wieder Platz. Unsere Tochter hatte nun endlich aufgehört, die Fröhliche zu spielen. Der Kaiser schaute uns lange an, bevor er sprach: „Eben habe ich erfahren, dass das Volk von Paris die Bastille gestürmt hat. Mein Schwager und meine Schwester sind Gefangene der Revolution. Ich habe es Ludwig oft genug gesagt, dass es so kommen würde. Ohne Reform ist eine Revolution unausbleiblich. Er hat nicht auf mich gehört. Ich habe versucht, über meine Schwester Einfluss auf ihn zu nehmen, aber wie sollte das gehen? Maria Antonia ist ja genauso, sie denkt nur an Amusements und an ihre Toiletten. So gab ich mich der Hoffnung hin, Ludwig würde sein wüstes Leben mit seinem vorzeitigen Ende bezahlen und ein Klügerer würde nachkommen. Aber ich habe mich getäuscht. Mein Leben ist vor dem seinen beendet."

Ich legte meine Hand auf die seine. „Aber nein, Majestät ..."

Joseph war zutiefst deprimiert, er sprach weiter: „Sie werden nach meinem Tode alle meine Gesetze und Verordnungen wieder rückgängig machen. Auf meinem Grab wird stehen: *Hier liegt ein Fürst, der mit den besten Absichten keinen seiner Pläne durchsetzen konnte.*"

Angelo nahm jetzt seine Hand: „Alles, was einmal gedacht wurde, kann nicht mehr aus der Welt geschafft werden, Majestät."

Joseph beugte sich zu ihm und deutete ihm, näher zu kommen. Angelo legte sein Ohr an Josephs Mund. Auch ich beugte mich hinzu und konnte verstehen, was er Angelo zuflüsterte: „Sei vorsichtig, Angelo! Du hast Neider, Feinde. Du wirst Freiwild sein, wenn ich nicht mehr bin. Und deine Familie auch. Geht weg, geht weg aus Wien." Plötzlich bekam er einen heftigen Hustenanfall und ein Schwall von Blut schoss aus seinem Mund.

***

Es war im darauffolgenden Winter. An einem Seitenaltar des Stephansdoms war eine große Weihnachtskrippe aufgebaut. Angelo und ich standen vor ihr, Angelo hatte Josephine auf den Arm genommen, damit sie die Krippe besser überblicken konnte. Unter den Figuren waren die Heiligen Drei Könige aufgestellt, darunter auch einer mit dunkler Hautfarbe. Josephine betrachtete fasziniert die

Krippe und freute sich über den Mohrenkönig: „Der ist ja schwarz! Der ist schwarz, Papá!“

Angelo nickte und zeigte auf die Besucher des kleinen Kindes in der Krippe: „Das sind die drei Weisen aus dem Morgenland, Josephine. Ein Stern führte sie nach Bethlehem. Sie schenkten dem Jesuskind Gold, Weihrauch und Myrrhe. Hier, siehst du? Sie haben ihre Geschenke schon vor dem Kind ausgebreitet.“

Josephine hatte plötzlich Tränen in den Augen und verfiel in Angelos Muttersprache: „Das werde ich ihnen aber sagen!“

Wegen ihres Aufschluchzens hatte ich sie nicht verstanden. „Was sagst du, Fini?“ Sie wiederholte es auf Deutsch. Ich verstand auch jetzt noch nicht. „Wem denn?“

„Die immer Kaminkehrer zu mir sagen in der Schule und mich für dumm halten!“

Angelo wurde zornig. „Wer tut das? Wer tut das, Josephine?“

„Die Schuloberin, die anderen Mädchen, alle!“

„Warum hast du sie in diese Klosterschule gegeben?“, fragte ich Angelo verärgert. „Warum? Wir könnten uns nicht nur einen, sondern drei Hauslehrer leisten!“

Angelo wurde laut: „Sie muss unter Menschen kommen! Unter Gleichaltrige! Wie oft soll ich dir das noch sagen, Clara?“ Er küsste Josephine auf die Wange. „Ich rede mit der Oberin. Und droh ihnen mit Geldentzug. Darauf reagieren sie verlässlich.“

„Nein, Papá! Das wirst du nicht tun! Das erzähle ich ihnen schon selber, dass auch ein Afrikaner das Jesuskind besucht hat. Es hat sich doch gefreut, oder?“

Angelo lächelte. „Und wie sich das Kind gefreut hat! Weißt du, Jesus hatte ja selber eine dunkle Haut. Das hören die Weißen nur nicht gerne.“

Professor Hoffmann

Ich war ihm heimlich in die Kapuzinergruft gefolgt. Alle Habsburger finden in dieser Gruft am Neuen Markt ihre letzte Ruhestätte. Das Grabmal von Maria Theresia war ungeheuer pompös, das von Joseph befand sich direkt davor und stellte einen einfachen Sarg in Bronze dar. Angelo kniete vor dem Sarg und sang ein afrikanisches Totenlied. Ich stand hinter Maria Theresias Grabmal und lauschte entrückt. Noch nie wurde für einen europäischen Herrscher ein schöneres Totenlied gesungen.

Hoffmann – Kerkermeister, Mörder und Intrigant – sitzt vor uns, seinen Gefangenen. Seine Augen glühen auf, als er davon erzählt, wie er meinen Vater an Josephs Sarg singen hörte: „Das war das Ende. Das Ende von Kaiser Joseph – und damit das Ende von Angelo. Von Ihrem Ehemann, Gräfin Clara, von Ihrem Vater, Fräulein Josephine. Der große Beschützer war gestorben. Nun konnte ich wieder hoffen, nun hatte ich freie Hand. Aber es sollte alles recht würdig vonstattengehen. Es ging immerhin um den Tod eines Königs. Nur das Beste war gut genug." Ich muss aufweinen. Dieses Ungeheuer! „Weinen Sie nicht, Josephine! Auch Ihr Vater hat ein würdiges Requiem erhalten. Vom größten Komponisten aller Zeiten. Jedem das Seine."

Es war an einem kalten Herbsttag. Ich stieg aus der Kutsche und warf einen Blick zu Toni, der auf dem Kutschbock saß. Constanze wartete hochschwanger an der Haustür und fröstelte. Ich ging mit der Arzttasche zu ihr. „Wir können Sie nicht bezahlen, Herr Professor!“, lautete auch an diesem Tag die Begrüßung.

„Machen Sie sich darüber keine Sorgen, Constanze“, beruhigte ich sie. „Ich komme schon auf meine Rechnung.“

Sie führte mich ins Schlafzimmer zu Mozart, der schwer erkrankt war. Sein kleiner Sohn Karl stand besorgt bei ihm. Er trat beiseite und ich legte meine Hand auf die glühende Stirn des Kranken. „Lassen Sie beide uns ein wenig allein, bitte“, sagte ich zu Constanze. Sie küsste ihren Mann auf die Wange, er tätschelte tröstend ihre Schulter, dann verließ sie mit Karl den Raum. Ich begutachtete seine Augen, die trübe schienen, dann nahm ich eine Hand und betrachtete das geschwollene Handgelenk. „Können Sie sich aufsetzen?“

„Schwer. Jede Bewegung schmerzt.“

Ich schlug die Decke zurück und untersuchte seine Fußgelenke, auch sie waren stark geschwollen. „Hatten Sie schon früher Gelenksentzündungen?“

„Ja, schon als ich noch ganz jung war.“

„Die vielen Reisen, nehme ich an, die Kälte, die Feuchtigkeit ...“

Mozart grinste. „Jedes Wunderkind muss bezahlen!“

Ich drückte ihm an die Nieren – er schrie vor Schmerz auf. Aus meiner Tasche holte ich ein Fläschchen, schüttete etwas davon in ein Glas und hielt es Mozart an den Mund. Er trank und verzog das Gesicht. Ich nahm den Nachttopf vom Boden und hielt ihn bereit. Wie zu erwarten, überkam Mozart ein starker Brechreiz. Er richtete sich auf und erbrach sich würgend in den Nachttopf, den ich ihm unters Gesicht hielt. Aus seinem Mund quoll wässrige, grünlich-gelbe Flüssigkeit. Ich stellte den Topf unters Bett. „Das sieht leider schlecht aus, Herr Mozart. Ihnen ist nicht mehr zu helfen."

„Danke, Bruder, das ist ein feiner Trost! Sie entwenden aber nicht meinen Schädel, wenn ich tot bin, und schneiden mein Hirn in Streifen?" Die schlechte Nachricht schien ihn nicht seines Humors beraubt zu haben.

Ich musste lächeln. „Was denken Sie von mir?"

„Na, hoffentlich! Das wäre auch völlig sinnlos." Er deutete zwischen seine Beine und grinste. „Da sitzt der Tonsinn!"

„Wo immer er sitzt, Sie sollten ihn noch einmal benutzen. Ich möchte ein Musikstück bei Ihnen bestellen, Herr Mozart."

„Ich bin krank! Ich schaffe es nicht einmal bis zum Klavier."

„Sie haben Schulden, nicht wahr? Hohe Schulden. Wollen Sie Ihre Familie ohne einen Kreuzer zurücklassen?"

„Nein, verdammt, das will ich nicht."

Ich holte einen wohlgefüllten Lederbeutel aus der Tasche und legte ihn vor Mozart. „400 Gulden. Dasselbe noch einmal, wenn Sie fertig sind."

Mozart leerte das Geld vor sich aus dem Beutel. „Was wollen Sie denn für ein Musikstück?"

„Ein Requiem."

„Für wen?"

„Für Angelo Soliman."

„Angelo? Ist er tot?"

„Noch nicht. Aber auch mit ihm geht es zu Ende."

Mozart musste nicht lange nachdenken: „Ich schreibe es Ihnen. Angelo Soliman hat sich ein Requiem verdient. Der Einzige in Wien, der von Musik wirklich etwas versteht." Er lachte meckernd. „Außer mir, natürlich."

„Sie haben zwei Wochen Zeit."

Das mit den zwei Wochen war Mozarts Gesundheitszustand geschuldet. Ich wusste ja nicht wirklich, wie viel Lebenszeit ihm noch blieb. Ich selbst musste nun abwarten, denn der neue Kaiser war Leopold, vormals Großherzog der Toskana und Bruder von Joseph. Und eigentlich der noch schlimmere Aufklärer, wenn auch klüger in seiner Vorgangsweise. Bei ihm jedenfalls sah ich keine Chance, mit Angelo aufzutrumpfen. So war Geduld gefragt, und die brachte ich gerne auf. Denn ich wusste ja, wer nach Leopold kommen würde. Vorläufig konnte sich also die Familie Soliman in Sicherheit wiegen. Aber nur vorläufig.

***

Es war der Abend des 6. Dezember 1791, aber es lag kein Schnee. Dafür stürmte und regnete es. Mozarts Leiche wurde – eingenäht in einen Leinensack – von zwei Totenknechten aus dem Haus getragen und auf einen Karren geworfen, vor den ein Pferd gespannt war. Es lagen schon mehrere eingenähte Leichen auf dem Karren. Die Knechte stiegen auf und fuhren weg. Ich schaute ihnen nach und ging auf den Eingang des Hauses zu. Ein bitteres Ende. Und kein Hahn krähte nach ihm. Aber nicht jeder hatte einen Hoffmann. Nicht jeder verdiente einen Hoffmann.

Die Tür zur Wohnung stand offen. Ich fand Constanze im Schlafzimmer vor. Sie hatte sich auf das Ehebett – das Totenbett – geworfen und schluchzte. Dabei war sie doch gerade noch auf Kur in Baden gewesen, hatte den kleinen, sterbenden Kerl alleingelassen. Aber es stimmte schon: Ihr brandiges Bein machte ihr sehr zu schaffen. Welche Frau hat schon gern ein brandiges Bein? Eines, das man ihr abzuschneiden droht. Überall auf dem Bett und am Boden waren Notenblätter verstreut, das Brett mit dem Schreibzeug lag ebenfalls am Boden.

„Frau Mozart! Ist das Requiem endlich fertig?“, fragte ich sie.

Constanze schreckte hoch, schaute mich wütend an. Sie stand auf, raffte verzweifelt und weinend die Notenblätter zusammen und drückte sie mir in die Hand. „Sie haben ihn umgebracht! Sie haben ihn damit umgebracht, Hoffmann!“

„Nein, Frau Mozart, das habe ich nicht. Glauben Sie, ich weiß nichts vom Klarinettenkonzert und all den anderen Werken, die er statt des Requiems komponierte? Immerhin – er hat es im letzten Moment noch geschafft.“

Ich drückte ihr einen Geldbeutel in die Hand und verließ die Wohnung.

***

Dann wurde Kaiser Leopold vergiftet, nach nicht einmal zwei Jahren Regierungszeit. Ich schwöre, ich tat es nicht, denn andere waren viel ungeduldiger als ich, und über mangelnde Todfeinde konnte Leopold wahrlich nicht klagen.

Ich meldete mich sogleich zur Audienz an. Der neue Kaiser war der Sohn Leopolds, Franz II. genannt. Er hatte ein sehr langes Gesicht, wie ein Esel, seine wenigen, gebleichten Haare hatte er sich eng anlegen lassen. Vielleicht, um älter zu erscheinen. Franz war erst 24 Jahre alt, ein Jüngling also. In seinem Konservativismus stand er den alten Herren allerdings in nichts nach, im Gegenteil. Endlich! Wunderbar! Nun war meine Stunde gekommen.

Franz hatte das alte spanische Hofzeremoniell wieder eingeführt. Unbequem für Menschen meines Standes, aber es verwies die Untertanen auf ihren Platz. Feierlich angezogen kniete ich auf einem Schemel vor dem jungen Kaiser, der sehr prächtig gekleidet war und auf einem goldenen

Thron saß. An den Wänden standen im ganzen Raum verteilt Gardisten. Es war schon lange bekannt, dass der junge Mann panische Angst vor Attentaten hatte. Das war schon in seinem früheren Herrschaftsgebiet so gewesen, im österreichischen Herzogtum Toskana, wo er seinem Vater Leopold als Herrscher nachfolgte. Am kaiserlichen Hofe zu Wien jedoch bestand keine Sorge betreffs eines eventuellen Attentats, denn dort begrüßte man von Herzen seinen Amtsantritt als österreichischer Monarch.

Ein Diener hatte mein Lebenswerk an sich genommen und ging damit zum Kaiser. Er verbeugte sich tief, reichte ihm das Manuskript und trat diskret beiseite. Franz schaute auf den Titel, las ihn laut vor: *„Der Untergang der weißen Rasse* ..." Er schaute mich an – in seinem Blick lag Irritation.

„... und wie dieser Untergang verhindert werden kann, Majestät."

„Wir werden Uns bei Gelegenheit daraus vorlesen lassen." Er reichte das Manuskript dem Diener, der damit den Raum verließ. Trotz seiner Jugend lag in der Stimme des Kaisers keine Lebendigkeit, in monotoner Manier sagte er: „Ich bin davon informiert, Professor Hoffmann, dass Sie an Ihrem Platze alles getan haben, um das Schlimmste zu verhindern."

„Ach, Majestät ...!", winkte ich bescheiden ab.

„Doch, doch! Es gibt Aufzeichnungen von Maria Theresia, die das beweisen. Sie werden deshalb auch den Ihnen gebührenden Platz an Unserem Hofe einnehmen. Aber das Naturalienkabinett dürfen Sie mir nicht im Stich lassen."

„Das würde ich mir niemals erlauben, Majestät, das Naturalienkabinett ist mein Lebenswerk! Und es ehrt mich natürlich, dass Eurer Majestät so viel daran liegt. Wenn Majestät mir einen Blick auf die Schätze aus der Toskana gestatten würden ..." Franz stand geschmeichelt auf und gab mir einen Wink. Ich erhob mich vom Schemel und folgte dem Jüngling zu ein paar Reisekisten, deren Deckel zum Teil offen standen. Es befanden sich flache Glaskästen mit Käfern und Schmetterlingen darin. Der Kaiser deutete stolz darauf. Ich schaute in einen Kasten mit Käfern. „Unglaublich, Majestät, eine fabelhafte Sammlung!"

„Alle selbst gefunden, jedem einzelnen selber nachgejagt!"

„Was Majestät nicht sagen!" Ich zeigte auf einen aufgespießten Käfer. „Der da ist besonders interessant. Ein Pappelblattkäfer, nicht wahr?"

„Richtig, Hoffmann. Sie durchleben eine eigenartige Metamorphose. Zuerst sind sie schwarz, dann feuerrot."

Die Tür öffnete sich, ein Diener erschien und verbeugte sich tief. „Majestät", meldete er, „Herr Angelo Soliman ist soeben eingetroffen."

„Soll kommen." Angelo trat ein, ebenfalls feierlich gekleidet. Er schien erstaunt darüber, mich anzutreffen. Der Kaiser studierte ihn eine Weile, dann winkte er ihn zu sich: „Komm Er näher." Angelo kam zu uns und machte eine kurze Verbeugung vor dem Kaiser, die bei weitem nicht den Anforderungen des Hofzeremoniells entsprach. Franz schaute ihn mit seinen blässlichen, etwas vorstehenden Augen an und wartete darauf, dass er sich vor ihm niederkniete. Aber Angelo war das von Joseph anders gewöhnt.

„So, das ist also unser Hofmohr", begann der Monarch schließlich zu sprechen.

Wieder eine kurze Verbeugung, mehr ein Nicken von Angelo: „Zu Eurer Verfügung, Majestät."

„Joseph hat mir viel von Ihm erzählt. Ausschließlich Gutes. Aber von anderer Seite höre ich weniger Gutes."

Angelo blieb kühl. Er erwartete sich nicht viel. „Das tut mir leid, Majestät."

Da musste ich natürlich einspringen: „Majestät erlauben, dass ich dazu etwas sagen darf? Ich muss ausdrücklich festhalten, dass es unser Naturalienkabinett in seiner derzeitigen Form ohne Herrn Soliman nicht gäbe. Kaiser Joseph wollte nur Mineralien gestatten, Herr Soliman hat ihn überredet, auch Lebewesen auszustellen."

„Das ist allerdings lobenswert." Der junge Kaiser setzte sich wieder auf seinen Thron. „Weniger lobenswert ist es, dass Er unter skandalösen Umständen eine weiße Frau geheiratet hat. Sein Verhalten dem Hause Thurnstein gegenüber war äußerst unloyal, gelinde ausgedrückt. Nicht zuletzt ist Er verantwortlich für den Tod seines Oberhauptes. Bedauerlicherweise hat Fürst Thurnstein testamentarisch verfügt, dass Er dafür nicht belangt werden soll. Nun, wie auch immer, Soliman, der Bau der Hochwasserleitung wird von Uns eingestellt, es gibt Vorhaben, die wichtiger sind. Außerdem schätzen Wir keine Fremdkörper in Unseren Diensten. Er wird noch heute mit einer Militäreskorte zur venezianischen Grenze deportiert."

Das hätte mein Vorhaben komplett sabotiert! Ich musste handeln! „Verzeihen Sie untertänigst, Majestät, aber ich benötige Herrn Soliman dringend! Während seiner Direktionszeit wurde die genaue Inventarisierung des Naturalienkabinetts begonnen. Die ist noch nicht abgeschlossen, und dazu braucht es –"

„Gut", winkte der Kaiser ab, „Er hat noch eine Galgenfrist, Soliman. Drei Wochen." Angelo starrte den Kaiser verblüfft an. Ich gab ihm das dringliche Zeichen, sich zurückzuziehen. Angelo verbeugte sich kurz und ging hinaus. Der junge Kaiser war nicht erfreut: „Auf Etikette legt er auch nicht viel Wert."

„Wer würde die Nase nicht hoch tragen, wenn er mit einem Kaiser befreundet ist?"

„Mit mir aber nicht. Er ist ein Symbol dessen, was ich an den Reformen meines Onkels verabscheue. Er ist das Symbol der Aufklärung."

„Das ist er wahrhaftig."

„Vergessen wir ihn. Die Aufklärung ist vorbei. Hat Er alles vorgebracht, was Er mir zu sagen hat, Hoffmann?"

„Wenn Majestät erlauben, würde ich gerne noch einen Wunsch äußern."

„Einen Wunsch möchte Er äußern?"

„Ein Vorhaben, Majestät, für das Kabinett."

„Sprich Er."

„Wir sollten dem Kabinett auch einen Repräsentanten des Menschengeschlechts zuführen, finden Sie nicht?"

„Einen Wilden, meint Er?"

„Richtig, Majestät. Einen Wilden."

„Fabelhafte Idee, Hoffmann!"

Menschengewimmel am Naschmarkt. Ich stand mit Josephine an einem Stand und hielt meinen Einkaufskorb der Marktfrau hin, die das Gemüse hineingab. Plötzlich erkannte ich neben mir eine bürgerlich gekleidete Frau, die eben einem jungen Mann eine Menge Gemüse in seinen Rucksack stopfte. „Wally! Sind Sie das?"

Die Frau schaute mich irritiert an, dann Josephine. Da wusste sie wieder, wer ich war. „Nein, so was! Frau Gräfin!" Sie reichte mir die Hand. „Und das ist die Tochter, nicht wahr?"

„Ja, unsere Josephine!"

„Ganz der Vater! Grüß dich, Josephine!" Josephine machte einen Knicks.

Ich wandte mich an ihren Begleiter: „Dich hätte ich nicht mehr wiedererkannt, David! Du bist ja erwachsen geworden!" Lächelnd gab er mir die Hand.

„Er studiert jetzt an der Universität", verkündete Wally stolz. „Und er ist ein Dichter!"

David winkte ab: „Ein Verseschmied, mehr nicht."

Ich schaute auf die Unmengen Gemüse im offenen Rucksack. „Sie führen jetzt wohl einen großen Haushalt, Wally?"

„Ich führe ein Speiselokal, Frau Gräfin. Ich hab aus dem ‚Roten Hahn' ein Restaurant gemacht. Mit Küchenzettel, wo draufsteht, was es gibt. Hab ich den Franzosen abgeschaut. Wir sind gut besucht."

„Das freut mich für Sie."

„Zu verdanken hab ich das ja Kaiser Joseph, Gott hab ihn selig, er hat mir die Konzession erteilt. Ich stell auch Essen ins Haus zu, Frau Gräfin, wenn jemand viele Gäste hat, und die Köchin schafft das nicht."

„Das ist gut zu wissen, Wally."

„Sie können einfach einen Boten schicken, die Zustellung ist –"

In diesem Moment erschien ein Mann, der mir im Vorbeieilen mit einer Ahle ins Herz stechen wollte. Er hatte ein Halstuch über Mund und Nase gezogen. Wally reagierte schnell und riss den Angreifer von mir weg – dennoch traf er mich in die Seite. Josephine schrie erschreckt auf. Die Menschen rundherum wurden aufmerksam. David versuchte den Mann festzuhalten, er entschlüpfte ihm aber, dabei verrutschte sein Tuch. Der Angreifer verschwand in der Menge. David und ein paar andere Männer nahmen die Verfolgung auf. Ich war noch immer vor Schreck erstarrt. Plötzlich stand Hoffmann vor mir und schaute auf das kleine Einstichloch an meinem Kleid, Blut sickerte in den Stoff. Er nahm mich am Arm. „Kommen Sie, Frau Soliman."

***

Es war Nacht geworden. Bei Kerzenlicht lag ich im Bett, Josephine saß besorgt bei mir, Angelo stand bestürzt vor uns. Hoffmann entnahm einer kleinen Blechbüchse mit dem Finger eine dunkelbraune Paste, schmierte sie auf meine winzige Stichwunde und klebte ein Pflaster darauf. Wally stand respektvoll im Hintergrund. Hoffmann richtete sich auf und beruhigte mich: „Es ist kein lebenswichtiges Organ verletzt, Frau Soliman, nur eine kleine Fleischwunde."

Ich konnte es immer noch nicht fassen: „Wer war das, Angelo? Wer tut so etwas?"

Wally trat näher: „Ich hab ihn erkannt." Wir schauten alle zu ihr. „Toni. Es war Toni. Der zu unserem Kreis im ‚Roten Hahn' gehörte." Wir starrten sie entgeistert an. Wally war noch nicht fertig: „Herr Soliman, erinnern Sie sich? Er hat uns damals zu dem späten Kunden gelockt.

Und dann hat er an der Tür von hinten meinen Rul erstochen. Ich bin mir sicher. Auch damals trug er über Nase und Mund ein Halstuch. Und heute verrutschte sein Tuch und ich sah kurz sein Gesicht."

Angelo war außer sich: „In wessen Auftrag? In wessen Auftrag?"

Hoffmann nahm seine Tasche und machte sich mit betrübtem Gesicht zum Gehen bereit. „Sie sollten sich an die Polizei wenden, Herr Soliman", empfahl er, dann fragte er Wally: „Wo müssen Sie denn hin, Frau Wally?"

„Zum ‚Roten Hahn'."

„Das liegt auf meinem Weg. Sie können mit mir fahren."

Wally nahm das Angebot gerne an. „Danke, Herr Professor. In der Dunkelheit bekommt man so schwer eine Droschke. Wiederschaun, gute Besserung, Frau Soliman!"

Ich richtete mich im Bett auf: „Danke, Wally. Sie haben mir das Leben gerettet."

Angelo ging zu ihr und umarmte sie. „Das werden wir Ihnen nie vergessen. Nie."

Wally freute sich über die Umarmung. Angelo öffnete die Tür, Hoffmann ließ Wally den Vortritt. „Ich schaue wieder vorbei, Herr Soliman. Und was die kürzlich so unangenehm ausgefallene Audienz anbetrifft: Sie können mir glauben, ich habe mich beim Kaiser für Sie verwendet. Aber da ist nichts zu machen. Das mit der Inventarisierung war nicht nur eine Notlüge. Ich brauche Sie wirklich dafür."

„Ich danke Ihnen, Herr Professor. Sie sind ein treuer Freund."

Hoffmann klopfte Angelo lächelnd auf den Arm und ging hinaus.

In der Kutsche saßen Wally und ich uns gegenüber. Mein Kutscher bog in eine dunkle, menschenleere Gasse ein. Eindringlich schaute ich Wally an: die Mätresse des Kaisers, die Jodlerin, die Zitherspielerin, die Mäherin von Schönbrunn. Mein Blick irritierte sie. Ich lächelte sie an. „So sieht man sich wieder, nicht wahr?"

Nun wurde sie misstrauisch: „Also doch ... Die ganze Zeit dachte ich mir schon ... Ihre Stimme vor allem ... Woher kennen wir uns?"

„Erinnerst du dich nicht? An den Hendel-Herrn im leeren Haus? An das Feuer?"

Wally erschrak zutiefst. Der Kutscher drehte sich um, lachte meckernd. Sie schaute zu ihm hoch und erkannte Tonis Gesicht im Mondlicht. Sie schaute wieder zu mir. Es war ihr ins Gesicht geschrieben, dass sie wusste, was kommen würde.

Ich genoss die Situation. „Ich habe übrigens den Fehler von Toni wiedergutgemacht. Deshalb darf er weiterleben. Ich habe die Gräfin vergiftet. In drei Tagen ist sie tot. Niemand kann das ändern. Niemand kann ihr helfen." Ich zog mein langes Operationsmesser. Wally schaute auf die Waffe, Resignation zeichnete ihr Gesicht. „Du kommst mir jetzt schon zum zweiten Mal in die Quere, Wally. Das erste Mal habe ich es noch toleriert. Wie du dich aus dem Fenster auf das Vordach fallen ließest – beachtenswert! Du hast außerordentlichen Mut bewiesen. Und mutige Kreaturen haben immer meine Bewunderung."

Wally trug es unerwartet tapfer: „Das hat mit Mut nichts zu tun, Professor. Man will einfach nur überleben. Ich habe zu überleben gelernt. Und jetzt tu, was du tun musst. Menschenmetzger."

Und ich tat es.

Zu dritt lagen wir im Doppelbett, links von mir Josephine, an mich geschmiegt, rechts von mir Angelo. Ich hatte Fieber, ich spürte es. Keiner von uns konnte schlafen. Angelo setzte sich unruhig auf, erhob sich, ging zum Fenster und schaute hinaus. „Irgendwo da draußen im Dunkeln lauert ein Feind, der mich hasst aus tiefster Seele. Ich dachte, er hätte mich vergessen. Aber er hat mich nicht vergessen. Jetzt versucht er es anders. Er will meine Familie töten."

Ich versuchte, meine Finger zu bewegen, sie fühlten sich seltsam an. „Angelo! Ich habe so ein Taubheitsgefühl. Auch in den Füßen. Bitte! Lass uns nach Sizilien fahren!"

Josephine richtete sich auf. „Ja, bitte, Papá!"

***

Am nächsten Morgen saßen Josephine und ich in der vierspännigen Kutsche. Über uns am Dach viel Gepäck. Angelo stand an der offenen Tür. Auf dem Kutschbock saßen zwei kräftige Männer, die doppelläufige Pistolen im Gürtel befestigt hatten, einer der beiden hatte ein Gewehr bei sich. Angelo hatte auch noch zwei berittene und bewaffnete Wächter bestellt. Er selbst wollte aber in Wien zurückbleiben. Ich war außer mir: „Ich verstehe dich nicht, Angelo! Warum fährst du nicht mit uns?"

Sein Gesicht verfinsterte sich: „Ich muss diesen Mann finden."

„Vergiss ihn, Angelo! Vergiss ihn!"

„Das kann ich nicht, Clara. Man muss die Dinge zu Ende bringen."

„Er wird dich töten! Bitte, Angelo, komm mit! Deiner Tochter zuliebe!" Ich war der Verzweiflung nahe.

Josephine griff nach ihm: „Ja! Bitte, Papá!"

Er streichelte ihre Wange. „Dir zuliebe muss ich bleiben und den Mörder finden, Josephine. Du wirst sonst nie in Sicherheit leben können."

Wir sahen es nicht ein, aber verstanden sein Verhalten.

Angelo nahm mein Gesicht in seine Hände und küsste mich. Ich umarmte ihn voller Schmerz. Würde ich ihn jemals wiedersehen?

Josephine schlang ihre Arme um seinen Hals. „Ich will dich wiedersehen, Vater! Bitte! Ich will dich wiedersehen!", rief sie weinend in seiner Muttersprache.

„Du wirst mich wiedersehen, Josephine", antwortete er ihr auf Wándala. „Pass auf Mutter auf, ja?" Sie nickte unter Tränen. Angelo schloss die Tür, schaute zu den Kutschern, zu den Reitern. „Ihr garantiert mir für ihre Sicherheit."

Der Beifahrer tätschelte beruhigend seine Pistole, der Kutscher knallte mit der Peitsche. Wir fuhren los, hinter uns die Reiter. Wir beugten uns nicht aus dem Fenster, der Abschied war zu schwer.

Nun waren auch im Salon die Möbel und der Luster mit weißen Leintüchern bedeckt. Ich saß am Klavier und starrte vor mich hin. Wer könnte mein Verfolger sein? Wer? Auf dem Klavier lagen eine geladene Pistole und mein Stock. Ich schaute auf die hastig handgeschriebenen Noten vor mir. Ein Geschenk Mozarts. Den hatten sie in ein Massengrab geworfen. Unglaublich! Der größte Komponist aller Zeiten wird wie ein Hund verscharrt! Ich begann zu spielen. Es war die A-Dur-Sonate. Schön, großartig. Aber ich konnte mich nicht konzentrieren. Ich hörte wieder auf und grübelte weiter.

Plötzlich ertönte ein lautes Klopfen an der Tür. Ich erschrak, griff nach meinem Stock und zog das Florett heraus. Ich ging zur Tür und öffnete sie ruckartig. Im Flur war niemand zu sehen, aber ganz nah war eine gequälte Männerstimme zu hören: „Herr Soliman!“ Ich erkannte die Stimme, den Akzent, und schaute zu Boden: Es war der beinlose Josip auf seinem Brett. Er blickte mich verzweifelt an.

***

Josip hatte mich zu der Brücke geführt, unter der er hauste. Dort hatte sich eine Gruppe von Bettlern im Kreis versammelt, sie schauten auf etwas in ihrer Mitte. Ich drängte mich durch. David kam mir mit entsetzten Augen entgegen: „Sie haben sie aus der Donau gezogen, Herr Soliman.“

Vor mir der schreckliche Anblick: Am Boden lag die tote Wally. Ihre Kleider und die Haare waren durchnässt. Ich erkannte sie sofort, denn ihr Gesicht war unversehrt. Aber ihr Bauch und der Brustraum waren geöffnet. Alle Innereien fehlten. Sie waren wohl schon in der Donau von den Fischen gefressen worden. Ich fiel auf die Knie und brach in Tränen aus. Alles wegen mir! Alles wegen mir! Josip hatte Mitleid, legte mir die Hand auf die Schulter. David fiel ebenfalls auf die Knie und weinte um die Frau, die für ihn wie eine Mutter gewesen war. Nach einer Weile kam ich zur Besinnung. Ich erinnerte mich daran, dass Wally gestern Abend zu Hoffmann in die Kutsche gestiegen war. – Konnte das sein? Konnte es wirklich sein?

Auf einmal wurde mir alles klar. Auf einmal fiel es mir wie Schuppen von den Augen: Er hatte sich gegen mich verschworen. Über Jahre hinweg. Mit unendlicher Geduld hatte er meinen Aufstieg und Fall geplant. Mit welcher Absicht? Mit welcher Absicht, um Gottes willen?

***

Ich öffne ruckartig die Tür zum Präparationsraum, das Florett in der rechten, den Stock in der linken Hand. Schaue mich um. Kein Mensch zu sehen. Ich betrete den Raum, schließe die Tür. Reiße die Häute von exotischen Tieren herunter, die hier aufgehängt sind. Niemand dahinter versteckt. Fertig ausgestopfte Tiere stehen herum, mehrere Zebras, auch ein riesiger Gorilla, ich steche mit dem Florett mehrmals dahinter, werfe die Tiere um. Wo ist Hoffmann, wo hat er sich versteckt? Ist er gar nicht da?

Ich sehe eine Schatulle mit Glasaugen, gehe hin, nehme ein dunkelbraunes Auge heraus, schaue es an, lege es wieder zurück. Erblicke dann auf dem großen Präparationstisch das Buch aus der „Schwarzen Kammer“, erkenne es wieder, schaue am Ledereinband auf das Pentagramm mit dem Rad, in dem ein nackter Mann steht. Nehme das Buch, schaue mich weiter um, entdecke in einer Ecke einen mannshohen, runden, abgedeckten Gegenstand. Gehe hin, ziehe die Decke weg, zum Vorschein kommt ein hölzernes Rad mit Verstrebungen, die ein Pentagramm ergeben. Ich starre es an, schaue auf die Abbildung am Buch, auf den nackten Mann im Rad. Wieder auf das mannshohe Holzrad. Jetzt endlich begreife ich, jetzt endlich weiß ich alles. Das will er also. Mich in dieses Rad stellen. Mich töten und in dieses Rad stellen. Aber dann? Was dann? Was ist der Endzweck? Ich verstehe es nicht.

Plötzlich fällt lautlos ein großes Netz von der Decke, breitet sich über mich aus. Ich stürze trotz meiner Überraschung nicht auf den Boden, will mich mit ungestümen Armbewegungen befreien. Aber da werde ich schon von zwei Fäusten niedergestoßen. Ich sehe Toni über mir, er beugt sich herunter, erfasst blitzschnell das Netz, zieht es ruckartig an, es schließt sich um mich, auch unter meinem Körper. Toni wickelt den Anfang um sein Handgelenk, zieht unerbittlich vollends zu. Ich wehre mich verzweifelt, aber vergebens. Ich bin gefangen wie ein wildes Tier.

Dann kommt Hoffmann ohne Eile zu mir, hat eine große Spritze in der Hand, kniet sich hin, stößt mir die lange, dicke Hohlnadel durch die Seidenweste in den Bauch, drückt mir die Flüssigkeit hinein. Eine Lähmung kriecht blitzschnell durch meinen ganzen Körper, ich kann mich nicht mehr bewegen.

Hoffmann schaut Toni an, dieser hebt mich wie einen gelähmten Krüppel auf, schleppt mich zum Präparationstisch, lässt mich darauffallen. Dann schneidet er mit einem Messer das Netz von mir weg, wirft es unter den Tisch. Hoffmann steckt das Florett in den Stock und stellt diesen irgendwo außerhalb meines Sehfeldes ab. Dann entlässt er Toni mit einem Wink, dieser geht weg, verlässt den Raum.

Ich will meinen Kopf zu Hoffmann wenden, kann es nicht, spüre meinen ganzen Körper nicht mehr. Plötzlich erstarren auch meine Augen, ich kann sie nicht mehr bewegen, auch nicht blinzeln.

Hoffmann macht offenbar etwas an meinem Hals, greift danach, reißt etwas ab, schaut es an, hält es hoch, damit ich es sehen kann. Meine silberne Kette ist es, an der sich das Emailleporträt von Clara befindet. Das für den Fürsten Thurnstein gedacht war. Hoffmann legt meinen Kopf auf eine Art von metallenem Kissen, richtet ihn so, dass ich ihn sehen kann.

„Sie können sich zwar nicht mehr bewegen, Herr Maké, aber Sie können mich sehen, und Sie können mich hören. Ich gebe Ihnen jetzt noch eine Spritze. Die Sie zurückversetzen wird in Ihr heimatliches Dorf in Afrika. Ihre letzten Minuten werden sehr angenehm sein. Ich will Sie nicht quälen, kurz vor Ihrem Tod, denn dazu liebe ich Sie zu sehr."

Ich sehe die Spritze. Sie ist viel kleiner. Mit einer sehr langen, sehr dünnen Nadel. Und er sticht sie schräg in meinen rechten Augenwinkel hinein, führt die Nadel bis in mein Gehirn hinauf, drückt den Inhalt hinein. Absolut kein Schmerz.

Kurze Zeit später spüre ich schon große Erleichterung. Keine Angst mehr, nicht im Geringsten.

Und plötzlich bin ich am Dorfplatz. Sieben junge Männer an Trommeln. Die mit Federn geschmückte Heilerin tanzt – Beschwörungsformeln rufend – um einen Mann, der am Boden liegt und sich schreiend in Zuckungen wälzt. Ich erkenne ihn nicht, seine Umrisse erscheinen mir verschwommen. Was ist das jetzt? Wo ist der Magier, der Hexer, der dem Huhn den Kopf abreißt? Warum ist nun eine Heilerin da? Ich bin vollkommen verwirrt, ich muss mich meiner vergewissern. Bin ich, der ich bin? Ich schaue an mir hinunter. Und sehe einen kleinen Jungen, einen kleinen, nackten schwarzen Jungen. Ich blicke mich um. Sehe das große Lagerfeuer. Alle Dorfbewohner sind versammelt. Und tanzen ebenfalls.

Und dort drüben sitzt vor seinem prächtigen Haus auf einem Bastthron der König. Und daneben – ebenso auf einem Thron – die Königin. Die Kinder zu ihren Füßen. Vier Kinder. Eines ist so groß wie ich. Eines ist ich. – Nein, ich bin doch auf der anderen Seite. Ich bin auf der anderen Seite! Also ist der König nicht mein Vater? Ist die Königin nicht meine Mutter? Ich verstehe nicht! Ich verstehe nicht!

Die Heilerin ist von Schweiß überströmt, scheint vollkommen erschöpft, sinkt neben dem am Boden liegenden Mann in Hockestellung auf die Fersen nieder. Jetzt erkenne ich den Mann endlich, denn seine Konturen sind ganz scharf geworden. Es ist Professor Hoffmann. Er windet sich, schnellt herum, schreit in entsetzlichen Qualen auf. Dann erhebt er sich und läuft wie ein gehetztes Tier Richtung Dschungel. Die Trommler verstummen. Die Heilerin steht auf, schaut Hoffmann nach, der im Dunkeln verschwindet. Sie dreht sich zu mir, legt mir die Hand auf den Kopf.

„Es tut mir sehr leid, Mmadi", sagt sie traurig. „Ich kann ihm nicht helfen, er ist zu besessen. Zu besessen von seinen Machtgelüsten. Von den schrecklichen Irrtümern, die in ihm hausen. Unheilbar ist er. Vielleicht gelingt dir einmal, was mir nicht gelang. Du hast dieselben Kräfte wie ich. Du wirst eines Tages heilen wie ich. Mein geliebter Sohn."

Sie küsst mich auf den Kopf, fasst mich, hält mich hoch in die Luft, die Dorfbewohner jubeln auf einmal. König und Königin erheben sich, beginnen zu klatschen. Alle jubeln und klatschen uns zu. Der Heilerin und ihrem Sohn! Ihrem Nachfolger. Und sie rufen meinen Namen: „Mmadi Maké! Mmadi Maké! Mmadi Maké!"

Ich bin wieder im Präparationsraum. Auf dem Tisch. Hoffmann über mir.

„Sie sterben an einem Schlaganfall, Herr Maké. In wenigen Augenblicken. Sie werden sich fragen, warum ich das alles getan habe. Ich habe es getan, weil Sie der vollkommene Mensch sind. Weil Sie klug sind, edelmütig und schön wie keiner von uns. Sie sind der wahre Repräsentant des Menschengeschlechts. Adam, wie Gott ihn schuf. Wäre jeder Afrikaner wie Sie, Herr Maké, würdet ihr schon längst die Welt beherrschen. Denn ihr seid der Ursprung, die Kraft und die Herrlichkeit. Euch hat Gott nicht aus dem Paradies vertrieben. Eure Körper sind noch Adams Körper und Evas Körper. Das würde euch noch nicht viel nützen, denn wir haben die Waffen, als Verlängerung unserer elenden, verkommenen, bleichen Kadaver. Aber ihr habt auch Adams Geist und Evas Geist. Denn ihr dürft vom Baum der Erkenntnis die Früchte pflücken, und Gott lächelt dazu. Deshalb muss eure Bildung mit allen Mitteln verhindert werden. Deshalb müssen wir euch als Sklaven schuften lassen, damit ihr nicht zum Denken kommt. Deshalb werden wir Weißen weiterhin behaupten und beweisen, dass ihr minderwertig seid. Es wird uns nicht auf immer gelingen, und dann wehe uns. Leben Sie wohl, mein schwarzer König."

Ich bin wieder in meiner Heimat. Nein, ich bin über meiner Heimat. Ich fliege über meine Heimat. Ich schwebe. Es ist Nacht. Die Mondin über mir, am schwarzen Himmel, und die glitzernden Sterne. Ich schaue nach unten. Sehe die Strohhütten am Abhang. Mutter winkt mir zu. Die Heilerin winkt mir zu. Königin und König winken mir zu. Alle Dorfbewohner winken mir zu. Ich schwebe über meine Heimatlandschaft dahin. Über die bizarren, wunderschönen Berge.

Ich sehe den großen Fluss. Die Steppe, den Dschungel. Über die abgestorbenen Vulkankegel schwebe ich dahin.

Bis hin zum großen, rotglühenden Vulkan, der noch lebendig pulst. Uns Leben bringt, nicht Tod. Ich fliege hin zur Feuergöttin. Jetzt bin ich da. Jetzt bin ich am Ziel.

Aus dem Tagebuch von Clara Soliman

Es war Nacht. Ich habe nur undeutliche Erinnerungen. Wir befanden uns auf einer holprigen Landstraße, vielleicht schon in Umbrien. Ich hörte den Kutscher mit der Peitsche schnalzen, hinter uns das Trappeln der Hufe. Das mussten unsere Leibwächter sein. Eine Öllampe schaukelte über mir. Ich lag auf der gepolsterten Bank und hatte hohes Fieber. Eine warme Decke hüllte mich ein. Josephine musste mich zugedeckt haben. Vor mir am Boden kauerte sie. Und wischte mir immer wieder mit einem Tuch die Schweißperlen von der Stirn. Meine Lähmungserscheinungen verstärkten sich. Und immer größer wurden die Schmerzen an meiner erst so unscheinbaren Wunde, die Hoffmann versorgt hatte. Josephine schob die Decke beiseite, öffnete meine Kleidung und nahm mir den Verband von der Wunde. Ihr Gesicht zeigte blankes Entsetzen. Ich blickte auf meine Verletzung: Die kleine Stichwunde war entzündet, tiefrot, eitrig und geschwollen. Mein Kind fuhr mit dem Finger über die klebrige Paste, die Hoffmann aufgetragen hatte. Sie nahm ein Tuch, wischte die Paste vorsichtig weg, beugte sich hinunter und begann, an der Wunde zu saugen. Josephine spuckte die blutig-gelbe Mischung aus. Er musste mich vergiftet haben! Hoffmann musste mich vergiftet haben. Angelo war in großer Gefahr! Dann bricht die Erinnerung wieder ab.

Professor Hoffmann

Nacht. Fackeln an den Wänden. Ich hatte mein Werk getan. In einem bodenlangen weißen Mantel stand ich vor ihm, weiße Handschuhe an den Händen. Aber vom Weiß war vorne nicht mehr viel zu sehen, denn mein Mantel und meine Handschuhe waren voller Blut. Ich hatte es getan. Im mannshohen Rad mit dem Pentagramm in der Mitte hatte ich die perfekt abgezogene Haut von Mmadi Maké aufgespannt. Im dunklen Hintergrund hing am Fleischerhaken sein Körper, von dem das Blut troff. In einem Glas, in Spiritus eingelegt, sein Gehirn.

Aus dem Tagebuch von Clara Soliman

Meine Mutter wirkte stark gealtert in ihrem schwarzen Witwenhabit. Sie saß im Rollstuhl neben meinem Bett, hatte einen Rosenkranz in der Hand und schaute verbittert auf mich, ihre todkranke Tochter. Josephine kauerte am Boden und hielt meine Hand. Giulietta säuberte sorgfältig meine immer noch entzündete Wunde und legte einen Verband mit Kräutersud auf. Sie schaute zu ihrer Herrin und schüttelte bedrückt den Kopf. Meine Mutter aber fing schon wieder an, mich zu beschimpfen. „Du hast über uns alle Schande gebracht. Ich habe dich nur aufgenommen, weil du das nicht überlebst. Eine Pietrasanta stirbt nicht auf der Straße."

Ich wandte den Kopf von ihr ab. Ich konnte nur an Angelo denken, der in großer Gefahr war!

Josephine umarmte mich verzweifelt. Die alte Gräfin stieß sie mit ihrem Stock an. „Du! Geh mir aus den Augen!" Die kleine Josephine drehte sich zu ihr und blickte sie aus drohenden Augen an. „Was schaust du so, schwarze Hexe? Geh! Geh endlich!" Josephine verließ mich nicht, nein, sie legte sich zu mir ins Bett. Es schüttelte mich vor Fieber. Meine Mutter gab der Zofe ein herrisches Zeichen, daraufhin schob Giulietta sie in ihrem Rollstuhl zur Tür. Josephine zog die Decke über unsere Köpfe, trotzdem vernahmen wir noch den letzten Satz meiner Mutter: „Josephine! Wenn deine Mutter tot ist, wirst auch du büßen!"

Ich hatte mich schon lange entschlossen, meinen kostbaren Schatz im riesigen Kuppelsaal der Hofbibliothek zu präsentieren, wo Abertausende von alten Büchern mit dem Wissen des Abendlandes in den Regalen standen. Zum Zwecke einer möglichst eindrucksvollen Präsentation hatte ich in der Mitte des Saales auf einem Podest eine große Glasvitrine aufstellen lassen, die zu Beginn noch mit einem tiefroten Tuch bedeckt war. Im Hintergrund hatte ein großes Orchester Platz genommen, der Chor hatte sich entlang der Kuppelrundung aufgestellt. Die Hofgesellschaft, bestehend aus dem Kaiser sowie Vertretern der Regierung und des Hochadels, wartete gespannt. Unzählige bewaffnete Gardisten. Sobald dieser Rotzlöffel von Kaiser, dieses puppenhafte Bubengesicht sich endlich einmal aus der Hofburg hinauswagte, witterte er überall Meuchelmörder und revolutionäre Kugelbombenwerfer. Dem Anlass entsprechend war ich feierlich gekleidet und stützte mich auf Angelos Stock. Ich stand neben der abgedeckten Vitrine, blickte zum Dirigenten und nickte ihm zu. Der Dirigent hob den Taktstock, das Orchester begann das „Dies irae" aus Mozarts Requiem zu spielen. Ich blickte in die erwartungsvollen Gesichter der Gäste, spannte sie eine Weile auf die Folter und zog dann mit großer Geste das Tuch von der Vitrine. Ich trat zurück, das Tuch schwebte langsam zu Boden. Ein staunendes Raunen kam auf, dann schwieg man ehrfürchtig.

Mmadi Maké war von mir perfekt präpariert und wahrhaft wie ein König dargestellt worden. Er wirkte beinah noch lebendiger als zu seinen Lebzeiten. Da sich das Licht in seinen braunen Glasaugen spiegelte, erschienen sogar diese lebendig. Sein rechter Fuß war leicht gebeugt und zurückgerückt, die linke Hand hatte er vorgestreckt, in der rechten Hand hielt er einen Speer. Er war bis auf einen Federgürtel um die Lenden nackt, auf dem Kopf trug er eine Krone aus abwechselnd gereihten roten, blauen und weißen Straußenfedern. Angelos Hand- und Fußgelenke hatte ich mit einer Schnur weißer Glasperlen geziert, eine breite, aus gelblichweißen Münzporzellanschnecken geflochtene Halskette hing ihm bis tief auf die Brust herab. Der schwarze Panther, den Josephine so bewundert hatte, stand neben ihm.

Die Hofgesellschaft war sichtlich beeindruckt von Mmadi Maké. Selbst dem jungen Lackaffen von Kaiser stand der Mund offen. Das „Dies irae“ war zu Ende, lange Zeit herrschte absolute Stille. Der Kaiser begann langsam zu klatschen, die Gesellschaft stimmte ein. Franz ging auf mich zu und schüttelte bewegt meine Hand. „Ein schönes Exemplar, wahrhaft ein schönes Exemplar!“

Ich trat zur Vitrine und holte zu meiner Rede aus. „Majestät, hochverehrte Mitglieder des Hofes und der Regierung!“ Der Kaiser sah sich allein auf weiter Flur, begab sich eilig wieder zu seinem Hofstaat zurück und wurde auf einen Stuhl gesetzt. Recht getan, denn meine nun folgende Rede würde eine gewisse Zeit für sich in Anspruch nehmen. „Majestät, hochverehrte Mitglieder des Hofes und der Regierung! Ich habe Ihnen heute, an diesem denkwürdigen Tag, eine Eröffnung von weltgeschichtlicher Bedeutung zu machen. Durch lebenslange wissenschaftliche Studien, durch jahrelange Beobachtung meines Versuchsobjektes Angelo Soliman, von mir zu Lebzeiten stets mit seinem wirklichen Namen Mmadi Maké angesprochen, bin ich zur Überzeugung gelangt, dass die schwarze Rasse“ – hier machte ich eine Kunstpause – „der weißen weitaus überlegen ist.“

Der Kaiser und die Hofgesellschaft schauten mich verblüfft an. Ich hatte nichts anderes erwartet. Ich würde ihnen meine Argumente darlegen, und diesen würden sie sich, als Elite des Staates, wohl kaum verschließen können.

„Majestät, wir Weißen sind allesamt verrottet, verkommen, verbraucht. Sobald die schwarze Rasse denselben Zugang zu Bildung und Technik hat wie wir, wird sie über uns kommen und uns vernichten. Da draußen, Majestät, wartet ein riesiger, dunkler Kontinent, ein schlafender Riese, der das gesamte Abendland auffressen wird. Viele Jahre dachte ich, es würde genügen, wenn wir uns erneuern, wenn wir uns einen vollkommen veränderten, spartanischen Lebenswandel aneignen und ein Volk von Athleten und Kriegern heranzüchten. Damit, so glaubte ich, wären wir gewappnet gegen einen Angriff der schwarzen Horden, die zu einem großen Teil dem mohammedanischen Glauben anhängen. Was ich Ihnen sagen will, ist Folgendes: Als ich nun vor ein paar Tagen das Herz von Mmadi Maké in Händen hielt – sein noch heißes Herz –, da traf es mich wie ein Blitz! Zu spät, zu spät, die Afrikaner werden schon bald über uns kommen, wir haben nicht die Zeit, eine neue Generation abzuwarten! Deshalb, Majestät, muss der Angriff so bald wie möglich erfolgen! Ich rufe Sie auf zu einem neuen heiligen Kreuzzug! Die Nationen Europas und die Weißen Amerikas müssen sich zusammenschließen und alle Bewohner Afrikas mit militärischen Mitteln ausrotten. Das wird lange dauern, viele Jahre, und es wird viel Blut kosten, viel weißes Blut, aber es gibt keinen anderen Ausweg. Unser Lohn wird unermesslich sein, das versichere ich Ihnen, Majestät. Wir Weißen werden für immer die Welt beherrschen. Und es wird keine Armut mehr geben, keinen Hunger, keine Krankheiten. Denn Afrika, Majestät, besitzt ungeheure Reichtümer. Es gibt dort Vulkane, die speien Gold und Diamanten. Und es wachsen Kräuter, die jede Krankheit heilen. Aber unser höchster Lohn wird sein: Gott, unser allmächtiger Gott, der Eisen wachsen ließ, um daraus Waffen zu schmieden, unser furchtbarer Gott, der nur die Starken liebt, die Todesmutigen, wird uns endlich wieder seinen Respekt erweisen und bedingungslos auf unserer Seite stehen. Ich ersuche Sie, Majestät, sich an die Spitze dieses heiligen Kreuzzuges zu setzen. Die Geschichte wird es Ihnen auf ewig danken."

Meine Rede hatte offenbar großen Eindruck hinterlassen, denn ausnahmslos alle starrten mich mit offenem Munde an. Eine vollkommene Konsternation! Fassungslosigkeit, Bestürzung, Schock! Nun schauten einige zum Kaiser, dass er das Wort erheben möge. Das tat dieser dann auch, nachdem er sich nach einiger Zeit gefasst hatte. Er stand auf und räusperte sich mehrmals, dann begann er zu sprechen: „Hoffmann! Hoffmann! Ich bitte Sie! Das kann doch unmöglich Ihr Ernst sein! Die Schwarzen, diese Affen, diese Untermenschen sollen uns, der jahrtausendealten abendländischen Kultur, in irgendeiner Weise überlegen sein? Das ist doch lächerlich!"

Das Unverständnis dieses Rotzlöffels, dieses Mistkäfersammlers giftete mich! „Sie sind lächerlich, Majestät, schauen Sie sich an! Und schauen Sie Ihre Hofschranzen an! Allein Ihre Kleidung, meine Herrschaften, ist schon absolut lächerlich! Und ihr habt allesamt keine Gesichter, sondern degenerierte Fratzen! Seid ihr denn alle blind? Seht ihr nicht die Schönheit dieses Mannes? Sein edles Antlitz? Seine absolute Vollkommenheit? Hier vor euch steht der König von Afrika! Ihr habt ihm die Ehre zu erweisen! Ihr habt zu knien vor ihm! Los, alle auf die Knie! Auch Sie, Majestät!" Ich stürzte mich auf den Kaiser, auf die verkommene Meute der Hofschranzen – diese verweichlichten, dekadenten Schmalzflegel ohne Rückgrat –, zwang ihn und alle anderen auf die Knie, drückte sie aufgebracht der Reihe nach nieder, beginnend mit dem Monarchen: „Auf die Knie! Auf die Knie! Auf die Knie!", schrie ich. Sofort stürzten Gardisten herbei, zerrten mich von Franz weg und wollten mich aus dem Saal bringen, die anderen Gardisten umringten den kaiserlichen Rotzlöffel und brachten ihn in Sicherheit. Die ganze Hofgesellschaft folgte hastig. Ich zog das Florett aus dem Stock des schwarzen Fürsten, schlug damit um mich, die Gardisten wichen von mir zurück und zogen ihre Säbel. Ich stürmte hin zu Mmadi Maké. „Siehst du, König von Afrika, er begreift es nicht. Er ist einfach zu dumm. Alle sind sie zu dumm, überheblich, borniert! Ich stehe auf verlorenem Posten. Sollen sie zugrunde gehen. Freu dich, mein König!“ Ich kniete mich vor ihm nieder, da fielen die Gardisten schon über mich her.

Hoffmann kniet vor uns, atmet heftig wie nach einer Hetzjagd. Toni und der zweite Wärter stehen hinten an der Zellentür, sind sehr beunruhigt, weil Hoffmann sich so aufgeregt hat. Der Professor kommt langsam zur Ruhe, schaut mich dann mit entrücktem Blick an. „Morgen schon wirst du an der Seite deines Vaters stehen, Josephine."

Mutter umarmt mich. Sie hat es also gewusst. David muss es auch gewusst haben. Niemand hat es über sich gebracht, es mir zu sagen: Mein Vater steht ausgestopft wie ein Tier in der Hofbibliothek. Ausgestopft von diesem Ungeheuer, das vor uns steht.

„Das ist doch alles Irrsinn, Hoffmann!", sage ich verzweifelt und stehe auf. „Mein Vater war doch keine Gefahr für euch Weiße! Er hat die Menschen geliebt! Alle Menschen! Er wollte ihnen Wasser geben! Wasser! Auch ich bin keine Gefahr! Ich bin ein Mensch wie alle andern!"

Hoffmann erhebt sich, säubert seine Knie, setzt sich wieder auf seinen Stuhl und schlägt die Beine übereinander. „Das sind Sie nicht, Fräulein Josephine, Sie haben das selbst bewiesen. Wenn Weiß und Schwarz sich vermischen, siegt das Schwarze. Denn schwarzes Blut ist stärker. Auf der Insel Saint-Domingue, Fräulein Josephine, haben die schwarzen Sklaven ihren Göttern ein Schwein geopfert, sind in Verzückung gefallen, sind in die Städte marschiert und haben alle Weißen umgebracht! Alle! Männer, Frauen, Kinder! An der Spitze der Rebellen stand ein Mischling! Ein Mischling! Der Aufstand konnte bis heute nicht niedergeschlagen werden." Er starrt mich mit hervorquellenden Augen an. „Ich habe an den Präsidenten der Vereinigten Staaten von Amerika geschrieben: ‚Holt euch keine schwarzen Sklaven mehr ins Land. Sie werden sich mit den Weißen vermischen, und das wird das Ende der weißen Rasse sein.‘ Er hat mir nicht geantwortet. Er lacht bestimmt über mich. Die Zukunft wird zeigen, dass ich recht habe.“ Hoffmann wendet sich an meine Mutter: „Sie sind die erste weiße Frau, Clara Gräfin Pietrasanta, die sich in Europa mit einem Schwarzen vermischt hat. Eine gesunde, schöne weiße Frau. Mit Ihnen hätte die Aufzucht der neuen weißen Herrenrasse beginnen können. Sie haben sich anders entschieden. Deshalb sind Sie hier, Frau Soliman. Nun ist Ihre Strafe bald abgebüßt. Ich werde Ihren Körper zerteilen und den Hunden zum Fraß vorwerfen.“

Mutter schaut Hoffmann voll tiefer Verachtung an. „Ich fürchte den Tod nicht. Ich habe gelebt. Sie niemals, Hoffmann.“

„Das war auch nicht meine Aufgabe, Clara. Propheten leben nicht, sie *wirken*. Meine Wirkung war allerdings lächerlich gering. Ich bin am Endes meines Weges. Und ich bin gescheitert. Ich dachte, es würde mir wenigstens gelingen, eine Saat zu säen.“

Er dreht sich zu David: „Hältst du mich auch für einen Narren, junger Mann?“

„Nein, Herr Professor. Sie sind tatsächlich ein Prophet. Aber ein Prophet des Bösen, des Unmenschlichen. Ich hoffe sehr, dass Ihre Saat nicht eines Tages doch aufgeht. Dafür würde ich gerne kämpfen. Aber leider komme ich hier nicht mehr lebend raus.“

„Wir wollen uns noch eine letzte Chance geben, David. Weißt du, das menschliche Gehirn hat mich mein Leben lang beschäftigt. Und ich glaube, eine Möglichkeit gefunden zu haben, wie uneinsichtige Menschen vielleicht doch etwas lernen.“ Hoffmann klingt nun sehr verzweifelt: „Einen Jünger hätte ich gern, wenigstens einen!“ Er steht auf, geht zur Tür, Toni öffnet sie für ihn. Hoffmann deutet auf David: „In meine Zelle mit ihm.“ Hoffmann geht davon, Toni und der zweite Wärter machen David vom Wandring los, schleppen ihn aus der Zelle. David wirft einen verzweifelten Blick zu mir zurück. Toni schließt die Tür und verriegelt sie von außen.

Ich krieche zu Mutter, umarme sie und beginne zu schluchzen. Sie drückt mich an sich. „Mein armes Kind. Durch mich bist du in diese Falle geraten. Ich hätte bei dir bleiben sollen. Ich ahnte ja schon in Messina, dass Angelo tot ist. Ich ahnte es.“

Vor dem Herrenhaus in Messina wurde von zwei Dienern Gepäck auf dem Dach einer Kutsche verstaut, der Kutscher saß schon am Bock. Ziemlich schwach war ich noch, aber ich hatte überlebt. Dank Josephine, dank Giulietta. Nun trug ich Reisekleidung und verabschiedete mich von meiner kleinen Tochter, kniete mich zu ihr hin.

Sie schaute mich aufgebracht an: „Lass mich nicht allein, Mamá! Lass mich bitte nicht allein!"

„Es geht nicht, Josephine! Ich muss zurück und deinen Vater suchen! Ich kann dich nicht mitnehmen!" Ich schaute zur Veranda.

Oben an der Treppe saß meine alte Mutter im Rollstuhl und schaute finster zu uns. Josephine deutete auf sie: „Mamá! Sie sagt, ich bin eine schwarze Hexe! Sie wird mich verbrennen!"

Ich umarmte meine Tochter fest. „Das wird sie nicht. Sie wird dich ins Kloster geben. Dort bist du sicher."

Josephine löste sich zornig von mir. „Ich will nicht ins Kloster! Seit wann schickt man eine Zehnjährige ins Kloster?"

„Nur für eine kurze Zeit", versuchte ich sie zu besänftigen. „Ich komme bald wieder, ich verspreche es dir. Ich komme mit deinem Vater!" Ich umarmte und küsste die Widerstrebende.

***

In meiner staubigen Reisekleidung trat ich ungläubig ein. Es konnte doch nicht wahr sein, was sie mir erzählt hatten. Das konnte nicht sein! Schon beim Eingang hatte man Eintrittsgeld von mir verlangt. Eintritt zahlen musste unter Kaiser Joseph niemand. Im prunkvollen Kuppelsaal sah ich nun eine Menge Wiener Bürgerinnen und Bürger, die schweigend um eine große Glasvitrine standen. Ich ging an einem uniformierten Wärter vorbei, drängte mich durch die Besucher – und erblickte Angelo in der Vitrine. Ich verlor sofort das Bewusstsein.

Das Nächste, woran ich mich erinnere, ist, dass ich auf einem Armsessel erwachte. Alle Besucher waren schon weg, draußen wurde es langsam dunkel. Der Wärter brachte mir Wasser zu trinken, trat dann mit betrübter Miene wieder ab. Er ahnte wohl, wer ich war.

Ich schaute zur Vitrine, zu meinem Mann. Ich erhob mich, ging zu ihm und betrachtete ihn lange. Ich sank auf die Knie, breitete die Hände aus, legte sie an die Glasscheibe. Auf einem Schild am Schaukasten war zu lesen:

Angelo Soliman
aus dem königlichen Geschlechte der Numider,
ein Mann von schöner Gesichtsbildung und
großem Verstand,
in Afrika, Sizilien und Österreich allen theuer,
ein treuer Hausgenosse von Fürsten.
Stopfpräparat,
angefertigt auf Befehl Sr. Majestät Kaiser Franz II.
von Prof. Ernst Hoffmann

***

Der junge, übertrieben frisierte Kaiser Franz saß auf seinem prächtigen Audienzstuhl. Kardinalerzbischof Migazzi, der mit erhobenem Kopf vor ihm stand, wirkte wie ein Greis. Ich trug Trauerkleidung und kniete auf einem Schemel. Nicht, weil ich nicht von Adel wäre, sondern weil ich mich meinem Ehemann, dem Fürsten Thurnstein, verweigert und einen Schwarzen geheiratet hatte. So teilte es mir der kaiserliche Audienzbeamte mit.

„Majestät wissen“, sprach der Kardinal, „dass die katholische Kirche wieder ruhig schlafen kann, seit Sie im Amte sind. Dafür sind wir Ihnen aufs Äußerste verbunden. Heute aber führt mich eine Angelegenheit zu Ihnen, die mich etwas irritiert.“ Ich musste ihm zugutehalten, dass er offenbar sehr entrüstet war über die Angelegenheit, die uns zum Kaiser geführt hatte.

„Was irritiert Sie denn, Eminenz?“, antwortete der Kaiser nicht unfreundlich.

„Ist es richtig, dass Eure Majestät den Auftrag gaben, Herrn Angelo Soliman auszustopfen?“

Der Kaiser blieb weiterhin zuvorkommend: „Ja, natürlich, Eminenz. Herr Soliman ist die Krönung meiner Naturaliensammlung. Im Moment allerdings noch im Kuppelsaal der Hofbibliothek ausgestellt, der Andrang ist einfach zu groß.“

Ich konnte nicht mehr ruhig knien bleiben und erhob mich vom Schemel: „Majestät, das ist mein Ehemann, mein Gatte! Wie kommen Sie dazu, meinen Gatten und den Vater unseres Kindes wie ein Tier in einen Schaukasten zu stellen?“

„Gräfin! Generationen werden noch die Schönheit und Eleganz Ihres Mannes bewundern! Generationen! Warum soll so ein Prachtexemplar in der Erde vermodern? Wäre doch schade!“

„Er war ein Europäer!“, sagte ich bestürzt. „Er hat sieben Sprachen gesprochen! Er war nicht irgendein Wilder!“

„Er ist an seinen Ursprung zurückgekehrt, Gräfin. Es ist nicht gut, wenn wir uns von unserem Ursprung entfernen.“

Ich wandte mich verzweifelt und wütend ab. Der Kardinal antwortete an meiner Stelle, zuerst streng und ruhig, dann immer aufgebrachter: „Majestät, wir hatten alle unseren Ursprung, wir haben uns alle von Wilden zu zivilisierten Menschen entwickelt, wir sind alle einen weiten Weg gegangen. Sie können nicht einem Teil der Menschheit diese Entwicklung absprechen. Ich darf Sie daran erinnern, dass das Christentum, dass die katholische Kirche großen Anteil hatte an der Zivilisierung der Menschheit. Auch die Menschen in Europa waren einmal Heiden. Sie wurden erhoben und befördert durch die christliche, abendländische Kultur. Auch Herr Soliman, Majestät, war einmal Heide. Aber seit seiner frühen Kindheit ist er getaufter Christ. Ich finde es unerträglich, Majestät, dass man einem getauften Christen nach seinem Tode die Haut abzieht, ihn ausstopft und zur Befriedigung des lüsternen Auges nackend zur Schau stellt, anstatt ihn der geweihten Erde zu übergeben, wie es jedem Christenmenschen zusteht! Im Namen der Kirche protestiere ich heftigst dagegen! Und ich verlange die sofortige Auslieferung seines Körpers und seiner Haut an die Witwe Soliman!“

Der Kaiser schien sich nun doch sehr insultiert zu fühlen von diesem alten, gebrechlichen Kirchenfürsten. Er antwortete kurz und keine Widerrede zulassend: „Eminenz, Ihnen gehören die Seelen, mir hingegen die Körper meiner Untertanen. Die Audienz ist beendet.“

***

Als Professor Hoffmann seine Wohnungstür öffnete, sah ich, dass er in keinem guten Zustand war: Seine Hautkrankheit hatte sich erkennbar verschlechtert. Dennoch schien er hocherfreut über meinen Besuch: „Frau Soliman! Ich habe Sie bereits erwartet!“

Meine Empörung machte mich blind und dumm. „Wie können Sie so etwas tun, Hoffmann? Er war Ihr Freund! Ihr Freimaurerbruder! Er hat Kaiser Joseph überredet, das Naturalienkabinett auszubauen! Und zum Dank dafür stopfen Sie Angelo aus und machen ihn zum Prachtstück des Kabinetts!“

Hoffmann lächelte. „Das war immer meine Absicht, Frau Soliman.“

„Was sind Sie für ein Mensch? Sie müssen verrückt sein! Sie gehören ins Narrenhaus, Hoffmann!“

Weiterhin lächelte er mich unverfroren an. „Da bin ich schon, Frau Soliman.“

Hoffmann schaute hinter sich in die Wohnung zurück, Toni und der zweite Wärter erschienen. Letzterer trug einen Kartoffelsack und einen Strick. Toni packte mich brutal an den Armen, hielt sie fest, der andere Wärter stülpte den Sack über mich. Ich wehrte mich verzweifelt, aber vergeblich. Der Strick wurde um meine Mitte festgebunden.

Beim Fenster am Boden kauernd, lese ich die letzten Zeilen im Tagebuch meiner Mutter. Ich klappe das Buch zu, gehe zu ihr, knie mich hin, umarme sie. „Ich bin sehr stolz auf dich, Mamá! Du hast immer gekämpft." Mutter drückt meine Hand. Ich fahre über ihren kahlgeschorenen, vernarbten Kopf. „Und Hoffmann soll es nicht leicht haben mit uns." Toni hat vor kurzem das Essen durch die Luke geschoben. Ich nehme eine der beiden Suppenschüsseln und das Brot, reiche es meiner Mutter. Sie schaut verständnislos darauf, blickt mich fragend an. „Iss, Mutter, wir brauchen Kraft." Sie beginnt, die Suppe zu schlürfen, bricht Brot hinein, isst davon. Und ich stärke mich ebenso, bereite mich vor auf das Kommende.

Meine Zelle war nicht größer als die der anderen. Aber dafür hatte ich sie für mich allein, ich fühlte mich sehr wohl. Ja, in meiner Wohnung hatte es mehr Platz für die Präparate gegeben, aber hier stand mir Tag und Nacht Menschenmaterial zur Verfügung. Nur genügend Kerzenlicht konnte ich mir jetzt nicht mehr leisten, dafür verstärkten mit Wasser gefüllte Kugeln das Licht der wenigen Kerzen. Meine wichtigsten Schriften und Bücher hatte ich mitgebracht, sie stapelten sich sogar auf dem Boden. Die alten Präparate hatte ich zurückgelassen, denn hier entstanden ohnehin täglich neue. Nur ein Präparat hatte ich mitgenommen – den Kopf von Franz Hebenstreit. Den Kopf eines Aufrührers. Ein kluger, begabter Mann. Daher ein gefährlicher Mann. Das Porträt von Mmadi Maké hing auch hier an der Wand. Seinen Stock hatte ich damals an mich genommen, das Glas mit seinem Gehirn stand auf meinem Schreibtisch. Mein Lebenswerk, inzwischen in vielen Kopien, stapelte sich auf einem separaten Regal.

David hatte ich an einen Stuhl schnallen lassen. Sein Schädel war in einem Metallgerüst fixiert, ich hatte ihm bereits die Haare abgeschoren. Von einer Maschine führten Drähte zu seinem Kopf. Um das Gerüst waren Drähte gewunden, die an der Kopfhaut befestigt waren. Auf einem Tischchen neben mir lagen sorgfältig angeordnet Zangen, Skalpelle und Operationsinstrumente. Gleich begann mein Versuch.

David schien furchtbare Angst vor dem Kommenden zu haben. Ich musste ihn beruhigen: „Du brauchst keine Angst haben, David, ich töte dich nicht. Im Gegensatz zu Franz Hebenstreit, der hingerichtet wurde. Du siehst dort seinen Kopf." David schielte voller Angst auf das Regal mit Hebenstreits Kopf. Ich wurde langsam ungeduldig: „Hörst du mir nicht zu, David? Ich sagte dir doch, du musst keine Angst haben! Denn der da, Hebenstreit, der war tatsächlich ein Jakobiner, ein Anhänger von Robespierre. Kämpfte für den Umsturz, für die Revolution. Du dagegen bist ein harmloser Josephiner, ein Anhänger von Kaiser Joseph. Dich kann ich vielleicht umstimmen."

David glaubte, sich tapfer geben zu müssen. „Ich wüsste nicht, wie."

„Du bist an eine Elektrisiermaschine angeschlossen, David. Sie stellt Blitze her, in gebändigter Form, ich kann die Dosierung selbst bestimmen."

„Wozu das? Wozu?" Er wirkte zunehmend mutloser.

„Ich versuche, deinem Gehirn etwas beizubringen, David", erklärte ich und griff nach einem Porzellankopf, auf dem die phrenologischen Zonen am Schädel eingezeichnet waren. Ich zeigte ihn David und deutete auf eine bestimmte Stelle. „Hier ist der Sitz des Gehorsams, der Einsicht. Ich werde diese Stelle mit Elektrizität behandeln und du wirst dadurch Einsicht gewinnen. In meinem Sinne."

Ich drehte am Rad der Maschine, der Zeiger in der Armatur stieg an. Elektrizität schoss durch die Drähte, Funken sprühten. Als David den Stromstoß erhielt, durchrüttelte es ihn, er schrie übertrieben auf. Akribisch notierte ich die Ergebnisse.

Es ist Nacht und stockdunkel. Wir hören die sich nähernden Schritte draußen auf der Galerie, Mutter und ich machen uns bereit. Wir liegen auf dem fauligen Strohlager und stellen uns schlafend. Ich höre die Luke an der Zellentür sich knarrend öffnen, ein Lichtschein fällt auf uns. Die Luke wird wieder geschlossen, die Tür entriegelt und aufgemacht. Ich öffne ein Auge etwas und schiele hin, sehe Toni und den zweiten Wärter hereinkommen. Beide haben sie Ochsenziemer in den Händen, beide ihre langen Messer in der Scheide. An Tonis Gürtel klirrt der Schlüsselbund. Der zweite Wärter steckt die Fackel in die Wandhalterung, dort flackert sie unruhig. Toni zieht die Tür zu und spricht uns an: „Aufwachen, die Damen!“ Mutter und ich richten uns auf. Toni schaut mich grinsend an: „Jetzt is es so weit, schwarzes Fräulein. Die Haut deines Vaters hat übrigens zwölf Kilo gewogen, exakt zwölf Kilo. Deine wird ein bissl leichter sein. Bevor du aber ausgestopft wirst, sollst du noch erfahren, was richtige weiße Kerle sind. Du willst doch sicher nicht als Jungfrau sterben, oder?“ Die beiden gehen langsam auf mich zu. Toni hat Branntwein getrunken, ich rieche seinen giftigen Atem bis zu mir. Er stößt meine Mutter mit seinem genagelten Schuh ins Stroh: „Ein falscher Rührer, und du bist hin!“

Mutter kriecht ins Eck. Ich stehe auf, weiche an die Wand zurück. Toni kommt mir ganz nahe, grinst mich mit seinen faulen Zähnen an. Sein Branntweinatem nimmt mir fast die Luft. Er greift mit seinen dreckigen Händen nach mir. Da nehme ich allen Mut zusammen und stoße ihm den langen, rostigen Nagel tief ins linke Auge. Fast gleichzeitig reißt Mutter dem zweiten Wärter das Messer aus der Scheide, sticht es ihm in den Rücken, er sinkt tot zu Boden. Toni brüllt auf, fällt auf die Knie, reißt sich den Nagel heraus und hält sich die Hände ans auslaufende Auge. Mutter ist wieder erschöpft zu Boden gesunken. Ich ziehe Tonis Messer aus der Scheide, setze es ihm an die Kehle und reiße ihn hoch. Er schreit ununterbrochen weiter. Man muss es durch den ganzen Narrenturm hören. Aber hier schreien viele, wen kümmert es?

Ich ziehe den schreienden Toni zur Tür, öffne sie und zerre ihn hinaus. Ich halte ihm weiterhin das Messer an die Kehle. Mutter folgt uns, sie hält das Messer des anderen Wärters in der Hand, kann sich kaum auf den Beinen halten. Sie taumelt, hält sich am Geländer fest. Wir gehen die Galerie entlang, ich schaue im Schein der unruhigen Fackeln auf die Namensschilder. Toni hört auf zu schreien, drückt sich nur leise jammernd die Hände an die Augenhöhle. Ich halte bei der letzten Zelle. Hier sind wir richtig: *Prof. Ernst Hoffmann, Direktor.*

Ein entsetzlicher Schrei ertönt im Inneren der Zelle. Ich drücke Toni das Messer in die Kehle, er reagiert prompt: „Herr Professor! Herr Professor! Entschuldigen, ganz dringend! Herr Professor!"

Mutter sinkt neben der Tür an der Wand zu Boden. Drinnen ist es nun ganz still. Die Tür wird aufgerissen, Hoffmann erscheint und setzt mir blitzschnell – an Tonis Kopf vorbei – das Florett meines Vaters an den Hals. Durch die geöffnete Tür erkenne ich David: Er sitzt angeschnallt auf einem Stuhl, in sich zusammengesunken. An seinem Kopf ein merkwürdiges Metallgestell, das mit Drähten an einer Maschine befestigt ist.

„Das Messer weg, Josephine!", fordert mich Hoffmann auf. Ich denke nicht daran, drücke mein Messer noch tiefer in Tonis Kehle. „Dann muss ich Sie gleich jetzt töten, Fräulein Josephine."

„Spielt das eine Rolle?" Diese Antwort kommt aus tiefstem Herzen.

Mit einem Aufschrei taucht Mutter von unten her auf, bohrt ihr Messer in Hoffmanns Brust und sinkt zurück auf den Boden. Fassungslos starrt Hoffmann auf das Messer in seiner Brust, das Florett entfällt seiner Hand, er wankt vor zum Geländer und krächzt hinunter: „Wache! Wache! Zu Hilfe!“

Hoffmann will sich am Geländer abstützen, aber er kippt vornüber und stürzt in die Tiefe. Ich lasse Toni los, er sinkt mit den Händen vor dem auslaufenden Auge zu Boden. Ich trete ans Geländer – Hoffmann fällt und fällt. Im Innenhof steht das mannshohe Rad mit den Pentagrammverstrebungen. Wollte er darin auch meine Haut aufspannen? Hoffmann fällt genau auf das Rad, das zerbirst. Der Professor kracht mit den Trümmern auf die Steinplatten. Die Insassen des Narrenturms werden unruhig. Sie beginnen zu schreien und an die Türen zu trommeln. Einer singt wieder Mozarts Lied aus der „Zauberflöte“: „Der Vogelfänger bin ich ja ...“ Aus einer Zelle auf der anderen Seite der Galerie antwortet ihm endlich eine weibliche Stimme. Mutter kommt schwankend zu mir, stützt sich am Geländer ab. Sie schaut hinab auf Hoffmann, der bewegungslos am Boden liegt. Das Ungeheuer ist gerichtet.

Ich ziehe Mutter vom Geländer weg, stoße die Tür zu Hoffmanns Zelle ganz auf. Ich befreie David von der grässlichen Apparatur und gebe ihm eine Ohrfeige. Er wacht auf, schüttelt vehement seinen Kopf und schlägt sich mit den Handballen an die Schläfen.

Mutter tritt ein. Ich sehe, wie sie auf einen Glasbehälter mit einem Gehirn zugeht, der auf Hoffmanns Schreibtisch steht, und ihn an sich nimmt. Sie deutet auf das Schild – es ist das Gehirn, das Hoffmann meinem Vater geraubt hat.

Draußen herrscht inzwischen unbeschreiblicher Lärm. Mutter verlässt die Zelle mit dem Behälter im Arm, ich komme nach. Ich zerre den verletzten Toni hoch, setze ihm wieder das Messer an. David tritt mit dem Stock meines Vaters in der Hand aus der Zelle und schiebt das Florett hinein. Ich nehme den Schlüsselbund von Tonis Gürtel und dirigiere Toni zur Treppe in den unteren Stock: „Zum Ausgang, Toni! Los! Mach schon!"

„Warte, Josephine!", ruft David und nimmt mir den Schlüsselbund ab. Er läuft damit an der Galerie entlang und beginnt, alle Zellen aufzusperren und zu öffnen.

Ich schaue an Toni vorbei nervös in den Innenhof hinunter. Vier Wärter starren auf den toten Hoffmann, dann blicken sie zu uns herauf. „Wir brauchen sofort die Gewehre!", ruft einer von ihnen. Die Wärter laufen weg.

Ich dränge zum Aufbruch. „David! Beeil dich!"

Aus den überbelegten Zellen kriechen und stolpern furchtbar aussehende Elendsgestalten, fast alle nackt oder in Fetzen gekleidet. Viele haben Narben an den rasierten Schädeln, lange, schlampig vernähte Narben am Körper. Also hat Hoffmann auch sie für seine Experimente missbraucht.

Am auffallendsten aber ist ein Insasse: Er fliegt förmlich aus seiner Zelle, sein Körper ist über und über mit einer Art buntem Federkleid bedeckt. Grotesk hüpft er herum und singt sein Lied: „Der Vogelfänger bin ich ja ..."

Mutter wankt auf ihn zu und scheint ihn zu erkennen. „Herr von Sonnenberg! Herr von Sonnenberg! Ich bin es, Clara, die Frau von Angelo!" Sie hält ihm sinnlos den Behälter mit dem Gehirn meines Vaters entgegen, aber Sonnenberg erkennt sie nicht. Er hat keine Augen für sie, starrt beharrlich auf die andere Seite der Galerie. Dort ist David nun dabei, die Türen aufzuschließen. Aus einer Zelle strömen Frauen, unter ihnen eine, die wie Sonnenberg ein bizarres Kleid aus Federn trägt. Uns bleibt keine Zeit, die Wärter sind alarmiert, aber diese Gestalt fesselt meinen Blick: Als sie Sonnenberg entdeckt, streckt sie strahlend die Arme nach ihm aus. Die Federfrau will schon auf das Geländer steigen und die Flügel zum Flug ausbreiten, da reißt David sie im letzten Moment herunter. Sonnenberg läuft um die Galerie herum singend auf sie zu, die Frau im Federkleid kommt ihm flatternd entgegen. Als sie sich dann treffen, fassen sie sich singend an den Händen:

„Pa-Pa-Pa-Pa-Pa-Pa-Papagena!" – „Pa-Pa-Pa-Pa-Pa-Pa-Papageno!"

„Bist du mir nun ganz gegeben?" – „Nun bin ich dir ganz gegeben!"

„Nun, so sei mein liebes Weibchen!" – „Nun, so sei mein Herzenstäubchen!"

Sie drehen sich an den Händen im Kreise:

„Welche Freude wird das sein, wenn die Götter uns bedenken, unsrer Liebe Kinder schenken, so liebe kleine Kinderlein!"

„Erst einen kleinen Papageno!" – „Dann eine kleine Papagena!"

„Dann wieder einen Papageno!" – „Dann wieder eine Papagena!"

„Papagena! Papageno! Papagena! Es ist das höchste der Gefühle, wenn viele, viele, viele, viele Pa-Pa-Pa-Pa-geno, Pa-Pa-Pa-Pa-gena der Eltern Segen werden sein."

Um uns herum quellen die Gefangenen weiter aus den Zellen, Papageno und Papagena singen. Mutter beginnt wieder vor Anstrengung zu schwanken, ich fange sie auf. Toni nutzt seine Chance und entreißt mir das Messer. Er grinst triumphierend und holt mit dem Messer gegen mich aus. Ich weiche zurück, zerre Mutter mit mir Richtung Treppe. Toni nimmt die Hand von seinem ausgelaufenen Auge und kommt auf uns zu. Er hat es nun nicht mehr eilig, denn im Innenhof sind bereits zahlreiche Wärter eingetroffen. Sie schießen auf die Menschen auf den Galerien, laden hastig nach. „Zurück! Zurück in die Zellen! Sonst töten wir euch alle!“, schreien sie.

Jetzt wird es gefährlich. Der Ausweg ist uns abgeschnitten. Wir sind in der Falle.

Mehrere Insassen werden von Kugeln getroffen. Auch die Frau im Federkleid trifft es, sie stürzt über das Geländer in den Innenhof hinunter. Im Sturz flattert sie mit den Flügeln.

Toni kommt Mutter und mir immer näher. Da höre ich harte Stöße an Eisen knallen. Es klirrt, scheppert, kracht – das muss das Eingangsgitter sein! Schreie sind zu hören und ersticken, als das schwere Tor zu Boden fällt.

In den Innenhof quillt nun eine Armee von Bettlern. An ihrer Spitze der beinlose Josip auf seinem Brett, mit einer Eisenstange in den Händen. Er benutzt sie als eine Art Ruder zur Fortbewegung, andererseits schlägt er damit den bewaffneten Wärtern auf die Beine. Auch die anderen sind bewaffnet mit Prügeln, Eisenstangen, Äxten, Brecheisen. Einige Bettler werden von den letzten noch stehenden Wärtern erschossen, bis auch diese schwer verletzt oder tot am Boden liegen.

Wir reißen uns vom Anblick dieses grausigen Schauspiels los, auch Toni. Er bekommt es nun eilig: Mit erhobenem Messer stürzt er auf Mutter und mich zu. Mutter droht über den Absatz der Treppe zu kippen und hinunterzustürzen, ich ziehe sie zurück. Toni grinst und stößt mit seinem Messer zu. Knapp bevor mich die scharfe Spitze erreicht, wird Toni zurückgerissen. Er geht zu Boden und schaut sich erschreckt um. Kriechend, stolpernd und schwankend haben sich die Elendsgestalten genähert, eine von ihnen zerrt nun Toni am Fuß zurück. Mit dem Messer sticht er auf die ihn festhaltende Hand ein, aber es nützt ihm nichts.

David taucht neben uns auf, er stützt Mutter und geht mit ihr die Treppe hinunter. Ich folge, sehe noch im Augenwinkel, wie Toni in Panik auf die Angreifer einsticht, aber es sind zu viele: Sie kommen über ihn, zerreißen ihn bei lebendigem Leibe, er schreit furchtbar.

***

Es ist nun schon nach Mitternacht. Wir sind am Josephsplatz angelangt. Ich trage eine Ölkanne in der Hand, meine Mutter das Glas mit dem Gehirn meines Vaters, David den Stock mit dem Löwenknauf. Mutter hält sich mit letzter Kraft aufrecht. Der beinlose Josip rollt hinter uns her. Im Schatten der Gebäude schleichen die bewaffneten Bettler entlang, geben uns Begleitschutz. Wir passieren das Reiterdenkmal, ich schaue zu Joseph hoch: „Majestät", spreche ich zu ihm, „mein verehrter Taufpate, wir bestatten jetzt Ihren treuen Freund."

Josip verharrt nun, schaut sich sichernd um, auch die anderen Bettler halten ein, verbergen sich in Nischen, sperren die Zugänge von der Michaelerkirche und zur Augustinergasse. Mutter, David und ich gehen auf einen Seiteneingang der Hofbibliothek zu.

David schlägt mit dem Stock ein Fenster ein. Wir stellen die Ölkanne und das Glas mit dem Gehirn meines Vaters an den Rand der Fensterbrüstung und zwängen uns durch das Gitter, David hilft Mutter dabei.

Der Kuppelsaal ist nur durch das riesige Mittelfenster vom Vollmond beleuchtet. Aber wir sehen genug. – Wir stehen vor Angelo.

Er wirkt tatsächlich wie lebendig in seiner Glasvitrine. Ich sehe meinen Vater zum ersten Mal wieder, nach so vielen Jahren. Ich sinke auf die Knie, betrachte ihn. Meine Hand berührt einen Zettel am Vitrinenglas, ich lese darauf: *Durch Zwang, nicht nach Verdienst ist ein En-*

gel unter die Tiere gestellt. – Also waren doch nicht alle einverstanden!

Mutter legt mir die Hand auf die Schulter, sie schaut zu ihrem Mann. Auch der schwarze Panther neben Angelo scheint zu leben.

David stößt mich an. Ich weiß, wir haben nicht viel Zeit. Bald wird das Militär anrücken. Die Schüsse aus dem Narrenturm waren sehr laut, und die Insassen sind in die Innenstadt geströmt. Sie werden auffallen. Auf dem Weg hierher habe ich Sonnenberg schmerzlich singen gehört. Ich hoffe, sie plündern das Palais Thurnstein.

Ich stehe auf und schaue mich um. Ich entdecke einen Stuhl, nehme ihn und gehe damit zur Vitrine. Mit dem Stuhl stoße ich die Scheibe ein, die gläserne Wand der Vitrine stürzt in sich zusammen. Mutter sinkt vor Schwäche zu Boden, David kann sie gerade noch auffangen. Ich nehme Mutter den Glasbehälter mit Vaters Gehirn ab, steige zu ihm in den Schaukasten und stelle das Gefäß vor seine Füße, dann richte ich mich auf und schaue ihm ins Gesicht. „Ich werde unserem Volk berichten von dir – von Mmadi Maké. Sie werden es an den Feuerplätzen weitererzählen. In ganz Afrika. Sie werden singen von dir.“ Ich streichle ihm über das Gesicht. „Wir treffen uns bei der Göttin des Vulkans wieder. Leb wohl, Vater“, verspreche ich ihm in seiner Muttersprache.

Ich steige aus der Vitrine, nehme die Ölkanne und öffne den Verschluss. Ich verschütte das Öl auf dem Lehmboden rund um meinen Vater, hole Schwefelhölzer hervor und entzünde ein Feuer. Flammen beginnen, um Angelo und den schwarzen Panther aufzulodern. Ich schaue ins Feuer, knie mich dann zu Mutter hin, die entkräftet und müde in Davids Armen am Boden liegt. „Es ist getan, Mutter.“

Sie hebt ihren Kopf ein wenig, schaut auf Angelo – und lächelt. „Ja, es ist getan. Endlich“, sagt sie mit schwacher

Stimme in Wándala. „Danke, Kind." Ihr Kopf sinkt beiseite. Ich umarme sie, die so viel leiden musste, küsse sie auf den Mund. Sie ist tot.

David und ich tragen sie zum Schaukasten. Vorsichtig legen wir sie zu meinem Vater, zu ihrem Ehemann. Das Feuer versengt uns die Haut.

Im Gehen schauen wir noch einmal zurück: Die Flammen lodern nun hoch auf um die beiden, steigen immer höher.

***

Als David und ich über den Josephsplatz gehen, kommen Josip und seine Bettlerarmee aus ihren Verstecken, schauen stumm und ehrfürchtig zum Kuppelsaal. Beim Josephsdenkmal drehen David und ich uns um: Ein Feuerschein, wie aus einem Vulkan entsprungen, erhellt das große Mittelfenster. Hinter dem Mutter und Vater sich eben zu den Vorfahren begeben.

Plötzlich spüre ich eine unbändige Kraft in mir aufsteigen. Ich recke die Arme hoch und stoße einen unglaublichen Schrei aus. Explosionsartig zerbirst das große Mittelfenster und die Flammen schießen heraus. Josip und die anderen Bettler stimmen nun in meinen Schrei vielstimmig ein, recken ihre Waffen empor. David holt das Florett aus dem Stock, stößt es ebenfalls in die Luft und schreit seinen Befreiungsruf.

Für einen Moment, für die Länge des vielstimmigen Aufschreis der Bettlerarmee, bin ich auf einmal dort, wo ich nie war. In der Heimat meines Vaters. Die Angehörigen des Stammes der Wándala knien am roten Lehmboden und schauen ehrfürchtig zum großen Vulkan, der ausgebrochen ist und Feuer speit. Mein Vater kniet nicht. Er steht ganz vorne, federngeschmückt, reckt die Arme hoch und ruft die Göttin des Vulkans an. Plötzlich erfolgt ein neuerlicher, ganz und gar eruptiver Ausbruch. Feuersäulen, Feuerwände, Feuerfetzen schießen hoch in den Nachthimmel, die Lava ergießt sich in Strömen über die Abhänge herunter. Die Wándala stehen auf, sie halten Waffen in den Händen, recken sie in die Luft, stoßen Kampfesrufe aus.

Dann sitzen David und ich am Kutschbock einer alten, klapprigen Droschke. Ich halte die Leitseile, denn David hat seine immer noch nicht verheilte Schulter in letzter Zeit ziemlich überstrapaziert. Wir fahren durch die endlose Allee stadtauswärts, halten am Denkmal der Spinnerin am Kreuz. Drehen uns nach der Stadt um. Dort hat sich ein Großbrand ausgebreitet. Wien brennt. Ich wende wieder den Kopf, schaue, mich verabschiedend, zur Spinnerin, lasse die Leitseile schnalzen, das magere Pferd trabt los. Richtung Süden.

Felix Mitterer wurde 1948 in Achenkirch/Tirol geboren. Seit 1978 ist er erfolgreicher Theater- und Drehbuchautor, mitunter auch selbst Schauspieler, und zählt zu den meistgespielten Dramatikern in Österreich. Sein Blick gilt oft den Außenseitern, den sozial Randständigen und jenen, die den Mut aufbringen, gegen den Strom zu schwimmen. Seit 1987 erscheinen Felix Mitterers Stücke und Drehbücher im Haymon Verlag, einzeln sowie gesammelt in bisher fünf Bänden. 2018 erschien seine Autobiografie „Mein Lebenslauf“.